Neue Tendenzen im Strafprozessrecht –
Deutschland, Polen und die Ukraine

Studien des Instituts für Ostrecht München

Begründet von Professor Dr. Reinhart Maurach
Herausgegeben von
Professor Dr. Friedrich-Christian Schroeder,
Dres. h. c., Regensburg

Band 79

PL ACADEMIC RESEARCH

Friedrich-Christian Schroeder / Tina de Vries (Hrsg.)

Neue Tendenzen im Strafprozessrecht – Deutschland, Polen und die Ukraine

PL ACADEMIC RESEARCH

Bibliografische Information der Deutschen Nationalbibliothek
Die Deutsche Nationalbibliothek verzeichnet diese Publikation in der Deutschen Nationalbibliografie; detaillierte bibliografische Daten sind im Internet über http://dnb.d-nb.de abrufbar.

Umschlaggestaltung:
© Olaf Gloeckler, Atelier Platen, Friedberg

ISSN 0073-8492
ISBN 978-3-631-65082-0 (Print)
E-ISBN 978-3-653-04281-8 (E-Book)
DOI 10.3726/978-3-653-04281-8

PL Academic Research ist ein Imprint der Peter Lang GmbH.

Peter Lang – Frankfurt am Main · Bern · Bruxelles · New York · Oxford · Warszawa · Wien

Diese Publikation wurde begutachtet.

www.peterlang.com

Vorwort

Seit dem Jahre 2008 veranstalten das Institut für Ostrecht München und das Institut für Gesetzgebung des ukrainischen Parlaments gemeinsame Konferenzen zu aktuellen juristischen Themen. Seit einiger Zeit haben wir unsere bilaterale Rechtsvergleichung zu einer trilateralen erweitert und Polen hinzugezogen, das zwischen unseren beiden Ländern liegt und die Rechtsentwicklung in der Ukraine ebenfalls mit großem Interesse verfolgt und daher gewissermaßen eine Brücke zwischen Deutschland und der Ukraine bildet. Diese Erweiterung hat sich bei den bisherigen Konferenzen als äußerst fruchtbar erwiesen.

Für die Tagung 2012 in Fischbachau bot sich das Thema Strafprozessrecht an, weil die Ukraine vor kurzem eine ganz neue Strafprozessordnung geschaffen hat, über die lange Jahre diskutiert wurde und bei der sowohl deutsche als auch amerikanische Berater und der Europarat hinzugezogen wurden. Es ist außerordentlich interessant, wie die neue ukrainische Strafprozessordnung im internationalen Vergleich dasteht. Auch in Polen wird derzeit eine neue Strafprozessordnung vorbereitet.

Für organisatorische Hilfe bei der Vorbereitung und Durchführung der Tagung danken wir der Deutschen Stiftung für internationale rechtliche Zusammenarbeit.

An die Tagung konnten mit Unterstützung des Deutschen Akademischen Austauschdienstes eine wissenschaftlich-praktische Konferenz und ein Lehrseminar für junge Juristen über das gleiche Thema im November 2013 in Kiew angeschlossen werden. Die Organisation vor Ort lag in den Händen des Instituts für Gesetzgebung des ukrainischen Parlaments.

Der Band gibt die auf den beiden Veranstaltungen gehaltenen Referate wieder, die Übersetzung der fremdsprachigen Texte nahm eine gewisse Zeit in Anspruch.

Für die aufwändige Organisation der beiden Tagungen gebührt der Referentin des Instituts für Ostrecht für Polen, Frau Tina de Vries, große Anerkennung.

Regensburg, im Januar 2015
Prof. Dr. Dres. h.c. Friedrich-Christian Schroeder,
Wiss. Leiter des IOR München

Inhaltsverzeichnis

I. Grundsatzfragen

Prof. Dr. Dres. h.c. Friedrich-Christian Schroeder: Wissenschaftlicher Leiter des Instituts für Ostrecht München, Regensburg
Die Typen des Strafprozesses 13

Prof. Dr. Burkhard Jähnke: Vizepräsident des BGH a.D., rechtswissenschaftliche Fakultät der Universität Jena
Grundzüge eines gemeineuropäischen Strafprozessrechts 21

Prof. Dr. habil. Piotr Hofmański: Richter am Obersten Gericht der Republik Polen, Lehrstuhl für Strafprozessrecht, Jagiellonen-Universität Krakau
Der polnische Strafprozess – zwischen Inquisitionsprinzip und akkusatorischem Verfahren 39

II. Die ukrainische Strafprozessordnung von 2012

Prof. Dr. Dres. h.c. Friedrich-Christian Schroeder: Wissenschaftlicher Leiter des Instituts für Ostrecht München, Regensburg
Zeittafel zur Entstehung der ukrainischen Strafprozessordnung von 2012 63

Prof. Dr. Oleh Zaichuk: Direktor des Instituts für Gesetzgebung der Verchovna Rada der Ukraine, Kiew
Die Entstehung der neuen Strafprozessordnung der Ukraine 65

Prof. Dr. Lorena Bachmaier Winter: Facultad de Derecho de la Universidad Complutense
The 2012 Criminal code of Procedure of Ukraine: Achievements and pending issues from a European perspective 83

Dr. Olexandr Banchuk: Direktor für kriminal- und verwaltungsjuristische Projekte, Zentrum für politische und rechtliche Reformen, Kiew
Erste Ergebnisse der Umsetzung der neuen Strafprozessordnung der Ukraine 101

III. Effektive Verteidigung im Ermittlungsverfahren

Prof. Dr. Mark Zöller: Lehrstuhl für Deutsches, Europäisches und Internationales Strafrecht und Strafprozessrecht sowie Wirtschaftsstrafrecht, Universität Trier
Effektive Verteidigung und Rechtsschutz im Ermittlungsverfahren in Deutschland 115

Prof. Dr. habil. Cezary Kulesza: Lehrstuhl für Strafprozessrecht Universität Białystok
Effektive Verteidigung und Rechtsschutz im Ermittlungsverfahren in Polen 133

Prof. Dr. Taras Andrusiak: Direktor des juristischen Kollegs an der Nationalen Ivan-Franko-Universität, Lwiw
Das Recht auf Verteidigung in der neuen Strafprozessordnung der Ukraine 153

IV. Verdeckte Ermittlungsmaßnahmen

Dr. Thomas Bode: Europa-Universität-Viadrina, Frankfurt/Oder
Verdeckte Ermittlungsmaßnahmen in Deutschland und Polen im Vergleich 163

Prof. Leonid Loboiko: Universität des Innern, Donezk
Neuregelung der verdeckten Ermittlungsmaßnahmen nach der neuen Strafprozessordnung der Ukraine 183

V. Vereinbarungen im Strafprozess

Prof. Dr. Arndt Sinn: Lehrstuhl für Deutsches und Europäisches Straf-und Strafprozessrecht, Internationales Strafrecht sowie Strafrechtsvergleichung, Universität Osnabrück
Die Verständigung (§ 257c StPO) im deutschen Strafverfahren 197

Prof. Dr. habil. Sławomir Steinborn: Lehrstuhl für Strafprozessrecht und Kriminologie, Universität Danzig
Vereinbarungen im polnischen Strafprozess 217

VI. Sonstiges

O. W. Ignatiuk: Sekretär der Strafkammer des Berufungsgerichts der Oblast Kiew; O. P. Milewskyj: Dozent am Lehrstuhl für Strafrecht, Strafprozess und Kriminalistik der Nationalen Universität des Staatlichen Steuerdienstes der Ukraine
Die Stellung des summarischen Gerichtsverfahrens bei Strafvergehen im Strafprozess der Ukraine 239

T. M. Barabasch: Sektorenleiter beim Institut für Gesetzgebung der Verchovna Rada der Ukraine
Die Verwirklichung der normativen und der rechtlichen Grundlagen der Gerichtsverhandlung im Strafverfahren der Ukraine 247

I. Grundsatzfragen

Prof. Dr. Dres. h.c. Friedrich-Christian Schroeder

Wissenschaftlicher Leiter des Instituts für Ostrecht München, Regensburg

Die Typen des Strafprozesses

I. Einführung

Aufgabe des Strafprozesses ist die Implementierung des Strafrechts, allerdings nicht nur im Wege der Bemessung und der Verhängung der dort vorgesehenen Sanktionen, sondern schon und vor allem im Wege der Prüfung, ob eine darin vorgesehene verbotene Handlung vorgenommen wurde. Hieraus ergeben sich bestimmte sachlogische Inhalte aller der über 200 gegenwärtigen (und der mindestens 600 historischen) Strafprozessordnungen der Welt. Allerdings gibt es im Rahmen dieser sachlogischen Inhalte alternative Modelle, und diese Alternativen beeinflussen die Schaffung der Strafprozessordnungen und lassen sich umgekehrt wieder aus ihnen ablesen.

II. Anklage- und Inquisitionsprozess

Eine erste Unterscheidung besteht darin, ob das Gericht nur auf eine Anklage durch eine Person oder Institution hin tätig werden oder von sich aus Sachverhalte aufgreifen kann (sog. Inquisitionsprozess). Das Erfordernis einer Anklage ist das historisch ursprüngliche Modell. Der darauf folgende „Inquisitionsprozess" beruhte nicht auf einem Machtstreben der Obrigkeit, sondern darauf, dass private Verletzte wegen des damit verbundenen Risikos zunehmend von einer Anklage absahen.

Die Bezeichnung „Anklageprozess" ist allerdings ziemlich grob. Denn danach fällt auch der altdeutsche Strafprozess mit seiner privaten Anklage unter den Anklageprozess. Entscheidend ist jedoch heute nicht mehr die bloße Tatsache einer Anklageerhebung, sondern dass die Anklage durch eine professionelle Institution erfolgt, die den Sachverhalt auf seine Strafbarkeit hin vorprüft, also die Verbindung des Akkusationsprinzips mit dem Offizialprinzip zur Offizialakkusation. Die Vorteile dieses Systems liegen zunächst in einer Verdoppelung der Prüfung, außerdem in der Verbesserung der Objektivität des Gerichts und seiner Befreiung von der durch die Ermittlungstätigkeit ausgehenden Voreingenommenheit. Die Gefahr dieses Systems besteht allerdings darin, dass eine

Institution geschaffen worden ist, die ohne das Kosten- und Haftungsrisiko des Privatklägers eine Anklage entwirft.

Aus der Vorprüfungspflicht der Staatsanwaltschaft ergibt sich eine charakteristische Zweiteilung in ein Ermittlungs- und das eigentliche Gerichtsverfahren. Diese Zweiteilung weisen heute wohl alle Strafprozessordnungen auf.

III. Adversatorisches und inquisitorisches Modell

Die Vorschaltung einer anderen Institution zur Vorermittlung entscheidet aber noch nicht über die Ausgestaltung der Hauptverhandlung. Hier ergibt sich der wichtige Unterschied, ob die Anklageinstitution ihre Herrschaft über die Beibringung der für eine Verurteilung erforderlichen Tatsachen behält oder diese auf das Gericht übergeht. Letzteres ist in Deutschland in starkem Maße der Fall; der Schlüsselpunkt ist die Pflicht des Gerichts zur eigenständigen Ermittlung der Tat. *Roxin/Schünemann* bezeichnen daher den deutschen Strafprozess als Akkusationsprozess mit inquisitorischer Hauptverhandlung[1]. Wie weit diese Charakterisierung zutrifft, werden wir erst später prüfen.

Im adversatorischen Prozess tritt dagegen der Staatsanwalt dem Beschuldigten mit seinem Verteidiger gegenüber: „Parteiprozess".

Allerdings sind diese beiden Modelle nirgendwo rein durchgeführt. Das adversatorische Modell gilt am reinsten im klassischen Schwurgerichtsprozess. Dieser ist aber in den USA auf höchstens 5 % aller Strafverfahren reduziert, während im übrigen ein Verfahren mit starken Befugnissen der Polizei herrscht. Umgekehrt bestehen in Deutschland starke Partizipationsrechte des Beschuldigten in der Hauptverhandlung, insbesondere das Recht zur Stellung von Beweisanträgen. Die beiden Modelle haben viele Elemente ihres jeweiligen Kontrastmodells übernommen, wodurch diese ihre Typizität verloren haben. Besonders *Gerson Trüg* hat in seiner Tübinger Dissertation von 2003 erhebliche „Lösungskonvergenzen trotz Systemdivergenzen" zwischen dem deutschen und dem amerikanischen Strafverfahren festgestellt[2].

Es kann daher nur noch darum gehen, adversatorische und inquisitorische *Elemente* im jeweiligen Strafverfahren zu identifizieren und bestenfalls ein Überwiegen der jeweiligen Elemente festzustellen. Bevor wir dazu übergehen, sollen noch zwei andere Typisierungen dargestellt werden.

---

1 *Roxin/Schünemann*, Strafverfahrensrecht, 27. Aufl., 2012, § 17, Rn. 6.

2 Lösungskonvergenzen trotz Systemdivergenzen im deutschen und US-amerikanischen Strafverfahren. Ein strukturanalytischer Vergleich am Beispiel der Wahrheitserforschung.

IV. Crime control vs. due process

1964 wollte der US-Amerikaner *Herbert Packer* die Strafprozesse danach unterscheiden, ob sie in erster Linie das Ziel der crime control verfolgten oder mehr dem due process mit seinem Schutz des Verdächtigen verpflichtet seien[3]. Diese Dichotomie benennt zutreffend die wichtigsten gegensätzlichen Pole des Strafverfahrens, nämlich die Verbrechensbekämpfung einerseits und den Schutz des Beschuldigten andererseits. Andererseits sind diese beiden Pole so allgemein, dass sie für eine Charakterisierung konkreter Strafprozessordnungen wenig hergeben.

V. Einfluss der Organisation der Staatsmacht und von deren Grundverhalten

Großen Einfluss erlangte die Verknüpfung der Prozessmodelle mit politischen Faktoren, nämlich der hierarchischen oder eher auf Koordination ausgerichteten Organisation der Staatsmacht und dem aktivistischen oder dem reaktiven Staat durch *Mirjan Damaska*[4]. Daraus folgen vier mögliche Kombinationen:

aktiv/hierarchisch

aktiv/koordiniert

reaktiv/hierarchisch

reaktiv/koordiniert.

Hieraus ergab sich eine interessante Erläuterung grundsätzlicher Institutionen, z.B. Laienrichter gegen Berufsrichter. Grundsätzlich ergaben sich die beiden Typen der Konfliktlösung und der Politikverwirklichung. Aber hierbei handelt es sich eher um eine Darlegung der politischen und ideologischen Wurzeln der Prozessordnungen als um ihre Typisierung.

VI. Adversatorische und inquisitorische Elemente im einzelnen

Als Merkmal eines adversatorischen Strafprozesses gilt vor allem die Herrschaft der Parteien über den Prozess. Dementsprechend gilt die Freiheit der Staatsanwaltschaft über die Einleitung des Prozesses, also das Opportunitätsprinzip,

---

3 University of Pennsylvania Law Review 113 (1964), S. 1; *ders.*, The Limits of the Criminal Sanction, 1968.

4 The Faces of Justice and State Authority, 1986. Letztere Alternative weit gehend übernommen von *Trüg* (Fußn. 2).

allgemein als Hauptmerkmal eines adversatorischen Prozesses, während die Pflicht der Staatsanwaltschaft zur Anklage (in Deutschland sog. Legalitätsprinzip) den Inquisitionsprozess charakterisiert.

Allerdings zeigt sich hier neben der eingangs erwähnten Einschränkung der Prozessmodelle auf bestimmte Elemente eine weitere Relativierung der Dichotomie: denn der Anklagezwang kann auf bestimmte Deliktsgruppen beschränkt werden; insbesondere in Deutschland werden mehr als 50 % aller Ermittlungsverfahren nach Opportunitätsgrundsätzen eingestellt, davon wiederum etwa die Hälfte mit einem Ablehnungsrecht des Beschuldigten und entsprechender Tendenz zur Konfliktlösung im Sinne *Damaschkas* (s. o. V).

Eine eigentümliche Vermischung der Prozessmodelle zeigt das deutsche „Klageerzwingungsverfahren": wenn die Staatsanwaltschaft die Eröffnung eines Verfahrens ablehnt, kann der Verletzte beim Oberlandesgericht dagegen klagen (§ 172ff. StPO).

Die Polarität setzt sich fort bei der im adversatorischen Prozess bestehenden Möglichkeit der jederzeitigen Rücknahme der Klage, während diese in Deutschland nach Eröffnung des Hauptverfahrens verboten ist (§ 156 StPO), sog. Mutabilitätsprinzip. Dieses Klagerücknahmeverbot wurde früher mit dem Verlust der Verfügungsgewalt der Staatsanwaltschaft über den Verfahrensgegenstand begründet, heute mit dem Legalitätsprinzip: „sonst hätte ja der Anklagezwang gar keinen Wert[5]". Hierfür scheinen einige Vorschriften zu sprechen, nach denen nach dem Wegfall der Opportunitätsgründe eine Klagerücknahme auch noch nach der Eröffnung des Hauptverfahrens zulässig ist. Bei näherem Zusehen trägt die Begründung mit dem Legalitätsprinzip aber nicht, denn bei Wegfall der „zureichenden tatsächlichen Anhaltspunkte" für eine Klageerhebung bleibt die Klagerücknahme unzulässig[6]. Grund hierfür ist der Anspruch des Angeklagten auf einen Freispruch.

Dafür sind im inquisitorischen Prozess eine Änderung des Prozessgegenstandes nach der rechtlichen Würdigung und eine Erweiterung auf weitere Taten durch das Gericht, jedenfalls bei Zustimmung des Angeklagten, möglich (§§ 265, 266 dt. StPO). Das Fehlen dieser Möglichkeit im adversatorischen Prozess führt zu umfangreichen Anklageerhebungen „auf Vorrat" (sog. „over-charging")[7].

Auf der anderen Seite besteht im adversatorischen Prozess für den Beschuldigten die Möglichkeit, die Anklage anzuerkennen (guilty plea) und damit über

---

5 *Roxin/Schünemann* (Fußn. 1), § 14, Rn. 28.

6 *Schroeder*, Das Immutabilitätsprinzip als Merkmal des inquisitorischen Strafprozesses, GA 2011, 501ff.

7 *Eser*, Vorzugswürdigkeit des adversatorischen Prozesssystems der internationalen Strafjustiz?, Festschrift für H. Jung, 2007, S. 167ff., 172ff.

den Prozessgegenstand zu verfügen. Diese Möglichkeit hat zu entsprechenden Angeboten an den Beschuldigten und damit zu dem umstrittenen „Handel" („plea bargaining") dem „deal" geführt[8]. Deutschland hat versucht, in die sog. „Verständigung" das Gericht einzubeziehen und trotz des Geständnisses Gericht des Gerichts zur Erforschung der Wahrheit beizubehalten (§ 257c StPO).

Eindeutiger Ausdruck des Inquisitionsverfahrens ist auch die in der deutschen Strafprozessordnung vorgesehene Pflicht der Staatsanwaltschaft, auch zu Gunsten des Beschuldigten zu ermitteln (§ 160 Abs. 2 StPO). Dies zeigt, dass sich das Inquisitionsprinzip keineswegs nur gegen den Beschuldigten richtet.

Nicht ganz passt in das Schema adversatorischer – inquisitorischer Prozess die Einbeziehung des Gerichts in das Vorverfahren in Richtung einer Genehmigung von prozessualen Zwangsmaßnahmen als sog. präventiver Rechtsschutz nach Art. 19 Abs. 4 GG mit Anhörung der Staatsanwaltschaft und des Beschuldigten (§ 33 StPO). Hierdurch erhält das Vorverfahren stark adversatorische Züge.

Ausdruck des Inquisitionsverfahrens ist die Vorentscheidung des Gerichts über die Annahme der Strafsache für die Hauptverhandlung (in Deutschland sog. Eröffnungsbeschluss). Zwar schützt sie den Beschuldigten vor unberechtigter Anklage, aber andererseits wird dem Gericht seine Unbefangenheit genommen, zumal das Verfahren grundsätzlich schriftlich ist[9]. Besonders „inquisitorisch" ist die Befugnis des deutschen Gerichts zur Anordnung zusätzlicher Beweiserhebungen vor der Zulassung der Anklage (§ 202 StPO).

Das kontradiktatorische Modell verlangt eine Anwesenheit des Staatsanwalts in der Hauptverhandlung. In der Sowjetunion war dies nicht erforderlich, und fand die Gerichtsverhandlung häufig ohne Anwesenheit des Staatsanwalts statt. Dies bedeutete jedoch keineswegs einen Vorteil für den Angeklagten, sondern im Gegenteil: es war ein Ausdruck dessen, dass die Anklage vom Gericht als unangreifbar angesehen wurde und der Staatsanwalt sie nicht vertreten musste.

Wenn für den adversatorischen Prozess Mündlichkeit und Öffentlichkeit, für den inquisitorischen dagegen Schriftlichkeit und Heimlichkeit als charakteristisch angesehen werden, so beruht diese Charakterisierung auf der Entartung des inquisitorischen Prozesses im 16.–18. Jahrhundert, die bereits im 19. Jahrhundert, insbesondere durch *Anselm Feuerbachs* Schrift „Betrachtungen über Öffentlichkeit und Mündlichkeit in der Gerechtigkeitspflege" von 1821, überwunden wurde. Immerhin ist die Verlesung von Zeugenaussagen und sind Zeugenaussagen über

---

8 *Schünemann*, Zur Kritik des amerikanischen Strafprozessmodels, Festschrift für Gerhard Fezer, 2008, S. 525ff., 566.

9 *Paeffgen*, Syst. Kommentar zur Strafprozessordnung, 4. Aufl., Bd. IV, 2011, Vor §§ 198ff., Rn. 2a.

fremde Aussagen („Zeugen vom Hörensagen") im Inquisitionsprozess leichter möglich als im kontradiktatorischen. Dagegen wirkt jedoch zunehmend über die EMRK das aus dem kontradiktatorischen Prozess stammende Konfrontationsrecht, allerdings bisher teilweise mit einer eigenartigen Verschriftlichung, indem nur schriftliche Fragen an den Zeugen zugelassen werden.

Charakteristisch ist für den adversatorischen Prozess, dass die Staatsanwaltschaft und der Angeklagte als „Parteien" gelten und „ihre" Zeugen und sonstigen Beweismittel dem Gericht vorführen. Demgegenüber leitet im inquisitorischen Modell der Gerichtsvorsitzende die Beweisaufnahme. Er ist nicht an eine bestimmte Reihenfolge der Beweismittel gebunden und kann sogar von sich aus eigene Beweise erheben. Das Gericht hat – wie es in vielen Strafprozessordnungen heißt und neuerdings in Russland wieder eingeführt werden soll – „die Wahrheit zu erforschen". Diese Formulierung hat viele Einwände hervorgerufen, vor allem gegen die Existenz einer solchen „objektiven Wahrheit". In Wahrheit geht es nur darum, so weit wie möglich die relevanten Tatsachen zu ermitteln. Charakteristisch für den inquisitorischen Prozess ist auch ein Recht des Gerichts auf Fragen an den Zeugen, während dies im adversatorischen Prozess unzulässig ist und leicht als Verletzung der neutralen Rolle des Richters gilt. In der letzten Zeit erweitern die adversatorischen Systeme die Befugnis des Richters zur Kontrolle und Ergänzung der Beweisaufnahme[10].

Wichtiges Element für die Pflicht des Gerichts zur Sachverhaltserforschung ist die Kenntnis der Akten des Ermittlungsverfahrens. Sie wird als Ursache für eine unzulässige Voreingenommenheit des Gerichts angesehen. Auf der anderen Seite hat in Deutschland auch der Verteidiger ein Recht auf Kenntnis der Akten des Ermittlungsverfahrens (§ 147 StPO), während dem amerikanischen Strafverfahren nur ein mehr oder weniger beschränktes Recht auf disclosure besteht[11].

Das Rechtsmittelverfahren widerspricht dem reaktiven Staat und damit dem kontradiktatorischen Prozess[12]. Andererseits enthält die Befugnis beider Parteien zu Rechtsmitteln ein starkes adversatorisches Element. Eine Inquisition wird durch die Beschränkung auf die Anträge der Beteiligten verhindert[13]

---

10 *Hermann*, Models for the Reform of the Criminal Trial in the People's Republic of China, in: Kühne (Hrsg.), Festschrift für Miyazawa, 1995, S. 611ff.

11 *Trüg* (Fußn. 2), S. 330ff.

12 *Trüg* (Fußn. 2), S. 18f.

13 *Lilie*, Das deutsche Strafverfahren zwischen den Modellen, in: Schroeder/Kudratov (Hrsg.), Das strafprozessuale Vorverfahren in Zentralasien zwischen inquisitorischem und adversatorischem Modell (Studien des Instituts für Ostrecht München, Bd. 71), S. 105ff., 112.

In der Revisionsverhandlung selbst wird das Adversatorischelement allerdings in Deutschland zunehmend durch die Möglichkeit der Entscheidung durch bloßen Beschluss in Abwesenheit der Parteien eingeschränkt (§ 349 StPO).

VII. Kontradiktion auf Russisch

In der Sowjetunion bestand und in ihren Nachfolgestaaten besteht im Strafprozess der Grundsatz der sog. sostajatel'nost', d.h. des Widerstreits. Dieser stammt allerdings aus den Anfangszeiten des russischen Strafprozesses und bedeutet dem gemäß ein heute so selbstverständliches Prinzip wie die Trennung der Funktionen von Anklage und Entscheidung, ferner die Gleichberechtigung der sog. „Seiten des Strafprozesses" und die Pflicht des Gerichts zur Neutralität[14]. In der Sowjetzeit wurde mit ihm sogar eine aktive Rolle des Gerichts begründet[15]. Heute versucht die russische Strafprozessrechtslehre, den russischen Strafprozess mittels dieses Prinzips als kontradiktorisch einzuordnen. Die Befugnisse des Beschuldigten sind nach wie vor sehr schwach[16].

VIII. Bewertung

Die Frage, welches Prozessmodell „besser" ist, ist trotz ausgedehnter und lebhafter Auseinandersetzungen immer noch nicht beantwortet. Hier wurden Einwände gegen beide Modelle vorgebracht. Der Streit um die bessere Fähigkeit zur Ermittlung der begangenen Tat ist nach wie vor nicht entschieden; gegen die Überlegenheit des kontradiktatorischen Prinzips sprechen das fehlende Interesse beider Parteien an der Wahrheit und die Unmöglichkeit des entscheidenden Richters zur Einschaltung in die Zeugenbefragung[17]. Die Antwort hängt auch davon ab, ob man für die Verhütung weiterer Straftaten und das Schuldprinzip

---

14 *Aladyev*, „Sostjazatel'nost'" im russischen Strafprozessrecht (Diss. Regensburg 2012), 2012.

15 *Schroeder*, Die neue russische Strafprozessordnung – Durchbruch zum fairen Strafverfahren?, forost Arbeitspapier Nr. 10, 2002, S. 16.

16 *Schroeder* (Fußn. 15), S. 18.

17 *Schünemann*, Information über das Vorverfahren und die Befugnisse des Richters in der Hauptverhandlung aus deutscher Sicht, „Die Hauptverhandlung in Zentralasien zwischen inquisitorischem und adversatorischem Modell" in: Schroeder/ Kudratov (Hrsg.), die strafprozessuale Hauptverhandlung zwischen inquisitorischem und adversatorischem Modell (Studien des Instituts für Ostrecht München, Bd. 75), S. 91ff, 97f. Almaty/Kasachstan am 23.9.2011, S. 8f. (im Erscheinen).

einen genauen Bezug der Sanktion auf eine bestimmte Tat verlangt[18] oder ob eine spürbare Sanktion überhaupt für ausreichend erachtet wird. Die dem kontradiktatorischen Modell zugesprochene Fähigkeit zur Konfliktlösung wird man zurückweisen müssen, da eine Straftat einen Verstoß des einzelnen gegen die Interessen der Gesamtheit darstellt, dessen Natur als „Konflikt" verharmlost wird[19]. Indessen wird man ihm eine bessere Fähigkeit zur Resozialisierung zusprechen können, da sie dem Angeklagten die Möglichkeit gibt, an der Bemessung der Strafe mitzuwirken.

Als untaugliches Kriterium für die Bewertung der Modelle erscheint im Gegensatz zu vielen Analysen die Zahl der Freisprüche. Zwar hat in der Sowjetunion die Anweisung an die Staatsanwaltschaft, die Zahl der Freisprüche zu vermindern, zur (weiteren) Beschneidung der Rechte der Angeklagten geführt. Aber andererseits muss sich auch bei einem guten Ermittlungsverfahren und entsprechenden Einstellungen des Verfahrens zwangsläufig eine Verminderung der Freisprüche ergeben.

Im übrigen hat sich der rein kontradiktorische Prozess als so zeitraubend und kostspielig erwiesen, dass er in den USA nur noch in wenigen Verfahren angewendet wird. Das inquisitorische Modell erscheint auch durchaus fähig, einen hinreichenden Schutz des Angeklagten in Richtung der in Deutschland entwickelten „Fürsorgepflicht" des Gerichts für den Angeklagten in sich aufzunehmen.

---

18 *Schünemann* ebd. S. 97, S. 7; BVerfG Neue Juristische Wochenschrift, 2013, S. 1058ff., 1060.

19 *Weigend*, Zeitschrift für die gesamte Strafrechtswissenschaft, Bd. 104, S. 486, 500.

Prof. Dr. Burkhard Jähnke

Vizepräsident des BGH a.D., rechtswissenschaftliche Fakultät der Universität Jena

Grundzüge eines gemeineuropäischen Strafprozessrechts

Meine Damen und Herren,
mein Thema könnte ein Wagnis sein. Die Ukraine hat gerade erst eine neue Strafprozessordnung verabschiedet. Polen ist Mitglied der EU, die Ukraine nicht. Damit könnte sich die Frage stellen, ob es für das Thema, für das Projekt eines gemeineuropäischen Strafprozessrechts, überhaupt eine Grundlage gibt. Aber das wäre sehr vordergründig gedacht. Zum einen ist die Europäische Union im Bereich der Rechtspolitik kein einheitlicher Block. Nach den Protokollen 21 und 22 zum Lissabon-Vertrag gelten die Bestimmungen, welche sich auf die justizielle Zusammenarbeit der Mitgliedsstaaten beziehen, nicht für Großbritannien, Irland und Dänemark. Großbritannien und Irland gehören auch nicht zu dem Schengen-Raum, dem wiederum die Nicht-EU-Länder Schweiz, Norwegen und Island angehören. Zum anderen steht ein Assoziierungsabkommen zwischen der Europäischen Union und der Ukraine wohl kurz vor dem Abschluss, und - auch wenn das vielleicht noch Zukunft ist - der Beitritt zum Schengen-Raum steht auch der Ukraine offen. Vor allem aber gehört die Ukraine zum europäischen Kulturkreis, ist Mitglied des Europarates. Ich meine daher, dass die formale Mitgliedschaft in den verschiedenen Organisationen Betrachtungen über mein Thema nicht gegenstandslos macht.

Wenn der Bürger in Europa frei reisen kann, dann kann es auch der Verbrecher. Das Verbrechen kennt keine räumlichen Beschränkungen, und es wäre unhaltbar, wenn die Strafverfolgung wegen nationalstaatlicher Empfindlichkeiten an der Staatsgrenze Halt machen müsste und deshalb immer zu spät käme. Die Mobilität unserer Bürger, die zunehmende Verflechtung der Volkswirtschaften unserer Staaten, Migrationsbewegungen und Asylströme bringen offensichtlich Sachzwänge im Bereich der Strafverfolgung und damit für das Strafverfahrensrecht mit sich, denen sich kein Staat entziehen kann.

Vor einigen Jahren spielte sich vor einer Pizzeria in der deutschen Stadt Duisburg ein Mordgeschehen ab, das 7 Menschen das Leben kostete. Hintergrund war ein Streit verfeindeter Mafia-Clans aus Kalabrien (Süditalien); die Täter kamen von dort und verschwanden sofort nach der Tat wieder dorthin.

Wie in diesem Beispiel stellen sich vergleichbare Probleme in vielen Zweigen grenzüberschreitender Kriminalität, etwa im Drogenbereich oder im Waffenhandel. Sie erzeugen einen großen Druck zur Angleichung der Vorschriften über die Strafverfolgung in Europa. Und über diesen rein faktischen Angleichungsdruck im Verfahren ergibt sich die Notwendigkeit zur Harmonisierung auch der materiellrechtlichen Strafvorschriften. Deutschland kann einen ukrainischen Staatsanwalt nicht um die Verhaftung eines Menschen bitten, der eine Handlung begangen hat, welche nur in Deutschland, nicht aber in der Ukraine strafbar ist. Warum sollte der ukrainische Staatsanwalt die Verhaftung durchführen? Er würde einem Bürger die Freiheit nehmen, obwohl dieser nach dem Verständnis der Ukraine gar nichts getan hat.

Andererseits: Der Gedanke der staatlichen Souveränität spielt nach wie vor eine herausragende Rolle. Er hat seine Ausprägung im 19. Jahrhundert im Begriff des Nationalstaats gefunden. Souveränität heißt, dass der Staat alle die Kennzeichen, die einen Staat ausmachen - Staatsvolk, Staatsgebiet, Staatsgewalt - in vollem Umfang innehat, so dass er über die Lebensverhältnisse im Land aus eigener Machtvollkommenheit bestimmen kann. Und in besonders empfindlicher Weise wird die demokratische Selbstbestimmung eines Staates durch Straf - und Strafverfahrensnormen berührt, wie das deutsche Bundesverfassungsgericht in seinem Urteil zum Lissabon-Vertrag formuliert hat, Ein Staat, der keine Befugnis zur Aburteilung seiner Verbrecher hätte, wäre also in Wahrheit kein Staat. Der Staat aber, der seine Verbrecher aburteilt, muss naturgemäß auch Wert darauf legen, *selbst* zu bestimmen, welches Verhalten er in seiner Rechtsordnung als gemeinschaftswidrig betrachtet und welchen Weg er zur Durchsetzung seines Rechts einschlägt. Das mindert die Bereitschaft zur Schaffung eines gemeineuropäischen Strafrechts und Strafprozessrechts.

In diesem Dilemma befindet sich die Europäische Union. Der Vertrag von Lissabon ermöglicht zwar die Schaffung einer europäischen Staatsanwaltschaft und auch supranationaler Rechtsnormen, die in allen Mitgliedstaaten gelten. Diese Befugnis ist aber sachlich begrenzt; sie bezieht sich nur auf die Wahrung der finanziellen Interessen der Europäischen Union. Die damit verbundenen Probleme sind zudem außerordentlich groß und lassen es als zweifelhaft erscheinen, ob die Befugnis in absehbarer Zeit ausgeschöpft werden kann[1].

1 Zum Projekt einer Europäischen Staatsanwaltschaft und den erforderlichen Verfahrensregeln jüngst *Satzger* NStZ 2013, 206; ferner Beilage Verteidigung StV 2003, 115–144; *Brand* DRiZ 2012, 369.

Art. 82 des Vertrages über die Arbeitsweise der Europäischen Union geht deshalb einen anderen Weg. Nach seinem Absatz 1 beruht die Zusammenarbeit in Strafsachen innerhalb der Europäischen Union auf dem Grundsatz der gegenseitigen Anerkennung gerichtlicher Urteile und Entscheidungen; die Angleichung von Rechtsvorschriften ermöglicht die Vorschrift nur, soweit sie diesem Ziel sowie der rechtlichen Zusammenarbeit in Fällen dient, die typischerweise eine grenzüberschreitende Dimension aufweisen.

Auf diesem Wege sind wichtige Ergebnisse erzielt worden. So haben in der gesamten EU und im Schengen-Raum Urteile nationaler Strafgerichte die einheitliche Wirkung eines Verbrauchs der Strafklage. Die Aburteilung des Täters in einem Land erzeugt ein Doppelverfolgungsverbot in allen anderen Staaten. Dieses - völlig neuartige - transnationale „Ne bis in idem" beruht auf Art. 54 SDÜ[2] und, wo dieses nicht gilt, auf Art. 50 der Charta der europäischen Grundrechte. Innerhalb der Europäischen Union haben Urteile nationaler Strafgerichte darüber hinaus auch überall materiellrechtlich dieselben Wirkungen. So ist eine frühere Verurteilung in einem fremden Mitgliedstaat in genau derselben Weise zu berücksichtigen wie im eigenen Staat und also etwa bei der Strafzumessung als Vorstrafe zu werten.

Ein gelungenes Beispiel der Überwindung nationalstaatlicher Grenzen durch das Prinzip der gegenseitigen Anerkennung gerichtlicher Entscheidungen bietet auch der Europäische Haftbefehl. Die Ersetzung des früheren Internationalen Rechtshilfeverkehrs hat viele alte Zöpfe abgeschnitten. Die Auslieferung erfolgt sehr viel schneller als bisher. Knapp mehr als die Hälfte der Festgenommenen stimmt einer Übergabe zu; in den anderen Fällen dauert die Auslieferung im Durchschnitt 48 Tage – und damit deutlich weniger als vor der Einführung des Europäischen Haftbefehls (ca. 1 Jahr). Mehr als die Hälfte der Europäischen Haftbefehle wurden 2008 und 2009 in Polen, Deutschland und Rumänien erlassen (50–65 %) und auch in diesen drei Ländern vollstreckt (58–68 %).

Aber dieses System stößt an seine Grenzen. Ein Beispiel bietet die Europäische Beweisanordnung, mit welcher die EU versucht hat, vorhandene Beweise über Staatsgrenzen hinaus transferierbar zu machen, indem sie auch Beweisanordnungen dem Anerkennungsprinzip unterwerfen wollte. An sich ist der Gedanke, dass ein polnisches Gericht die Durchsuchung der Wohnung und die Beschlagnahme eines Beweisgegenstandes bei einem Zeugen in Portugal anordnet und

2 Übereinkommen zur Durchführung des Übereinkommens von Schengen vom 14.6.1985 betreffend den schrittweisen Abbau der Kontrollen an den gemeinsamen Grenzen vom 19.6.1990 – SDÜ – (BGBl. 1993 II S. 1013).

die portugiesischen Behörden die Anordnung ohne große Förmlichkeiten zu vollstrecken haben, faszinierend. Die Umsetzung ist bisher jedoch daran gescheitert, dass die einzelnen Mitgliedstaaten der Europäischen Union unterschiedlich hohe Schwellen für einen Eingriff in Grundrechte - hier das Grundrecht auf Unverletzlichkeit der Wohnung - haben, und dass die Rechtsschutzprobleme nicht befriedigend gelöst sind. Es macht einen großen Unterschied, ob der portugiesische Zeuge, der sich gegen die Durchsuchung und Beschlagnahme wehren will, die Gerichte Portugals oder das polnische Gericht anzurufen hat.

Solche Probleme dürften hinlänglich deutlich machen, dass Erfolge in der grenzüberschreitenden Strafverfolgung ein Mindestmaß an Harmonisierung des Verfahrensrechts voraussetzen. Der Grundsatz der gegenseitigen Anerkennung gerichtlicher Entscheidungen allein trägt Fortschritte bei der Bekämpfung der Kriminalität nicht. Es ist notwendig, dass die Länder Europas in Zukunft dem Prinzip der Staatensouveränität geringeres Gewicht beimessen als bisher.

Hierin liegt die Rechtfertigung meines Themas. Ich sagte, dass in Europa Sachzwänge ein Zusammenwirken der nationalen Strafverfolgungsorgane gebieten, und dass dazu die geltenden Verfahrensregeln harmonisiert werden müssen. Das bedeutet nichts anderes, als dass ein gemeineuropäisches Strafprozessrecht, dem alle europäischen Staaten verpflichtet sind, zu entwickeln ist.

Aber: Muss eine solche Rechtsmaterie wirklich erst noch entwickelt werden? Haben wir nicht bereits zumindest Grundzüge eines Europäischen Strafprozessrechts, die sich im geltenden Recht widerspiegeln und sich in lebhafter Entwicklung befinden? Ich glaube, diese Frage bejahen zu können.

Zunächst haben wir in Europa ein Gerüst gleichartiger Institutionen und Verfahrensregeln, die auf gemeinsamen Überzeugungen und gemeinsamen Traditionen beruhen. Ich will das hier nicht im einzelnen ausführen und belegen. Aber etwa das Anklageprinzip, die Trennung von Ankläger und Richter, das Prinzip effektiven Rechtsschutzes, die Institution der Rechtskraft und schließlich die Überzeugung vom notwendigen Schutz der Grundrechte im Strafprozess gehören zweifellos hierher, und weitere Beispiele lassen sich zwanglos finden.

Aber das ist nicht alles. Wir haben grundlegende europäische Vertragswerke, welche das Strafprozessrecht einschließen, und dazu liegt eine reichhaltige Rechtsprechung vor.

In allen 47 Mitgliedstaaten des Europarates gilt die Europäische Konvention zum Schutz der Menschenrechte und Grundfreiheiten (EMRK), also auch für die Ukraine, Polen und Deutschland. Die Konvention enthält eine Vielzahl von Regeln, welche das Verfahren betreffen, insbesondere Art. 5 und 6. Verstöße gegen das Recht der Konvention sind von den Staaten zu beheben; diese haben ferner Vorkehrungen dagegen zu treffen, dass sich gleichartige Verstöße wiederholen. Die Gerichte der Mitgliedstaaten sind völkerrechtlich und innerstaatlich gehalten, die EMRK in ihrer Rechtsprechung zu berücksichtigen. Die Organe des Europarates, insbesondere das Ministerkomitee, achten darauf, dass die Staaten die Pflichten aus der EMRK befolgen.

Die Grundrechte, wie sie in der EMRK gewährleistet sind, sind darüber hinaus als allgemeine Grundsätze Teil des Rechts der Europäischen Union (Art. 6 Abs. 3 EUV). Die europäische Union wiederum hat eine Charta der Europäischen Grundrechte angenommen, welche in ihren Artikeln 47ff. Verfahrensgrundrechte wie die der EMRK enthält. Zwischen dem Recht der Union und dem Recht der Konvention bestehen nach dem Lissabon-Vertrag auch sonst zahlreiche Wechselbeziehungen. Die Europäische Union wird zudem der EMRK beitreten. Es gibt darüber hinaus noch den Internationalen Pakt über Bürgerliche und Politische Rechte der UN. Dieser Pakt weist insbesondere in seinem Art. 14 Vorschriften auf, die denen der EMRK weitgehend gleichen. Ich erwähne diesen Pakt der Vollständigkeit halber, befasse mich aber mit ihm nicht näher. Hinzuweisen ist jedoch darauf, dass Art. 14 Abs. 5 des Paktes jedem Verurteilten die Befugnis zuspricht, dass gegen ihn ergangene Urteil durch ein höheres Gericht nachprüfen zu lassen.

Die Lektüre der einschlägigen Artikel der Menschenrechtskonvention und der Grundrechtecharta zeigt bereits, dass strafprozessuale Verfahrensgarantien in weitem Umfang und bis in Einzelheiten hinein Grundrechtsschutz genießen und damit gemeineuropäisches Strafprozessrecht darstellen.

Art. 5 Abs. 1 Buchst. c) EMRK regelt im einzelnen die zulässigen Gründe für die Anordnung von Untersuchungshaft. Absatz 2 derselben Vorschrift bestimmt, dass und wie dem Verhafteten die Gründe der Festnahme und die gegen ihn erhobene Beschuldigung mitzuteilen sind. Daraus folgen zugleich allgemeine Maßstäbe für die Begründung richterlicher Entscheidungen, die nicht formelhaft sein darf, auf den Einzelfall abzustellen hat und alle Umstände des Falles abwägen muss[3]. Absatz 3 ordnet die unverzügliche Vorführung des Festgenommenen vor einen Richter an, und in Absatz. 4 ist das Recht auf Haftprüfung verankert. Der dadurch erreichte einheitliche europäische Standard des Freiheitsschutzes war eine wesentliche Grundlage für das Funktionieren des Europäischen Haftbefehls.

Noch weitergehend regelt Art. 6 EMRK für alle Teile Europas, in denen die EMRK gilt, Einzelheiten des Verfahrens. Oberstes Verfahrensprinzip ist der

---

3 EGMR, Entscheidung vom 2.10.2012 – Sefilyan ./. Armenien, Beschwerdenummer 22.491/08, Rdn. 86.

Grundsatz des fairen Verfahrens. Alle Einzelrechte, welche Art. 6 EMRK gewährt, sind Ausfluss dieses Prinzips. Allerdings ist der Begriff „fair" recht unbestimmt. Er stammt aus dem Englischen und ist selbst für den dortigen Parteienprozess kaum geeignet, weil er die Behandlung des Gegners als gleichberechtigten Partner verlangt. Eine solche Behandlung ist sowohl in England, wie auch auf dem Kontinent Illusion; man wird das Wort treffender vielleicht mit „anständig", „menschenwürdig" übersetzen können.

Neben dem Prinzip des fairen Verfahrens fordert Art. 6 EMRK Unabhängigkeit und Unparteilichkeit des Gerichtes - was beispielsweise Vorschriften über Ausschließung und Ablehnung von Gerichtspersonen erzwingt[4]-, die Beachtung des Beschleunigungsgrundsatzes, Vorkehrungen zur Gewährleistung umfassenden Rechtsschutzes und effektiver Verteidigung. Art. 6 Abs. 2 enthält ferner die Unschuldsvermutung. Art. 47 der Charta enthält vergleichbare Vorschriften; Art. 52, 53 stellen sicher, dass beide Vertragswerke zusammen dasselbe Schutzniveau für den Bürger ergeben.

Aber nicht nur die Texte der EMRK und des Vertrages über die Europäische Union selbst befassen sich mit dem Strafprozessrecht bis hin zu detaillierten Regelungen der Materie.

Beide Vertragswerke haben oberste europäische Gerichte geschaffen, deren Aufgabe auch die Auslegung und Fortbildung der Verfahrensgrundrechte ist. Sie unterziehen sich dieser Aufgabe gemeinsam, das wird in ihrer Rechtsprechung deutlich sichtbar. Der Europäische Gerichtshof in Luxemburg, der bereits frühzeitig Grundrechte entwickelt hatte, nimmt jetzt ständig Bezug auf die Urteile des EGMR in Straßburg. Der EGMR in Straßburg seinerseits enthält sich einer Nachprüfung von Akten der Europäischen Union, solange die Vermutung, dass in der EU ein ausreichender Grundrechtsschutz gewährleistet ist, nicht widerlegt wird. Beide Gerichte vermeiden Rechtsprechungsdivergenzen; zwischen ihnen besteht ein Verhältnis der Kooperation, nicht der Konfrontation. Die Rechtsprechung des Luxemburger Gerichtshofes ist daher mittelbar auch für alle anderen Mitgliedstaaten der EMRK von Bedeutung und geeignet, Wirkungen in ganz Europa zu entfalten. Ein Beispiel bildet die übereinstimmende Rechtsprechung beider Gerichte zum Begriff derselben Tat und damit zum Umfang der Rechtskraft.[5]

---

4 EGMR, Entscheidung vom 13.11.2012 – Margus ./. Kroatien, Beschwerdenummer 4455/10.

5 EuGH, C-463/04, Urteil v. 9.3.2006 – Van Esbroeck; C-261/09, Urteil v. 16.11.2010 – Mantello; - EGMR, Entscheidung vom 10.2.2009 – Zolotuchin, Beschwerdenummer 14.939/03, Rdn. 82; zur früher uneinheitlichen Rechtsprechung des EGMR *Esser*, Auf dem Weg zu einem europäischen Strafverfahrensrecht (2002) S. 97.

Die Rechtsprechung der beiden Gerichte umfasst reichhaltiges Fallmaterial zum Strafprozess. Selbstverständlich betreffen die gerichtlichen Entscheidungen jeweils nur Einzelfälle. In wichtigen Bereichen lassen sich aber Leitlinien aufzeigen, welche die Bezeichnung „Grundzüge eines gemeineuropäischen Strafprozessrechts“ durchaus verdienen. Das mag hier im einzelnen exemplifiziert werden.

1.) Organisation der Strafverfolgungsorgane

Art. 1, Art. 2 Abs. 1 Satz 1 EMRK bestimmen, dass das Recht jedes Menschen auf Leben gesetzlich geschützt wird. Aus diesen Vorschriften hat der EGMR eine staatliche Pflicht zu effektiver Strafverfolgung in Tötungsfällen hergeleitet. Als effektiv betrachtet er dabei eine Strafverfolgung, bei der die handelnden Personen rechtlich und tatsächlich unabhängig und unparteiisch sind. Eine hierarchische oder institutionelle Verbindung von Ermittlungsorganen zu Personen, die in den Fall verwickelt sind, ist unzulässig; jeder Anschein von Kollusion, also eines Zusammenwirkens von Ermittlungsorganen mit Verdächtigen, muss vermieden werden. Der EGMR hat diese Grundsätze immer weiter ausgebaut und verfeinert, sie gelten mittlerweile nicht mehr lediglich in Fällen, in denen die Ermittlungen offensichtlich auf höhere Weisung völlig unzureichend geführt worden waren[6], und auch nicht mehr bloß für Tötungsdelikte.

Auch zur Organisation der Geschworenengerichte hat der EGMR Stellung genommen[7]. Geschworenengerichte sind nach der EMRK nicht ausgeschlossen, es müssen aber Vorkehrungen gegen willkürliche Entscheidungen und dagegen getroffen sein, dass dem Angeklagten das Urteil unverständlich bleibt. Wesentliche Bedeutung kommt dabei der Ausführlichkeit und der Präzision der Fragen zu, welche den Geschworenen zur Entscheidung vorgelegt werden. Beifällig äußert sich der EGMR zu einem französischen Gesetz von 2011, das die Geschworenen nunmehr zur Angabe von Gründen verpflichtet.

---

6 Entscheidung vom 15.2.2011 – Tsindsabadze ./. Georgien, Beschwerdenummer 35.403/06, Rdn. 75; Entscheidung vom 24.4. 2011 – Enukidze & Girgvliani ./. Georgien, Beschwerdenummer 25.091/07, Rdn. 241 ähnlich: Entscheidung vom 8.7.2010 – Vachkovi ./. Bulgarien; Entscheidung vom 11.12.2012 – Timofejevi ./. Lettland-Beschwerdenummer 45.393/04.

7 Entscheidung vom 10.1.2013 – Agnelet ./. Frankreich-Beschwerdenummer 61.198/08.

2.) Legalitätsprinzip

Die Gewährleistungen individueller Rechtsgüter in der EMRK sind nach Auffassung des EGMR nicht bloße Abwehrrechte gegen den Staat. Gestützt auf den Wortlaut von Art. 1 EMRK hat er ausgeführt, dass aus den Menschenrechten Schutzpflichten des Staates entstehen können, die auch die Pflicht zur Strafverfolgung einschließen. So hat der EGMR die bereits erwähnte Pflicht zur Aufklärung des Sachverhalts und zur Strafverfolgung in Tötungsfällen[8] mittlerweile auf Körperverletzungen mit Lebensgefährdung[9] und auf fahrlässige Tötungen[10] ausgedehnt. Art. 3 ist Grundlage für die entsprechenden Pflichten bei unmenschlicher oder erniedrigender Behandlung[11]. In einem anderen Fall hat er Art. 4 EMRK (Verbot von Sklaverei und Zwangsarbeit) dahin ausgelegt, dass auch Menschenhandel unter die Vorschrift falle. Sie begründe ebenfalls eine Schutzpflicht des Staates und die Verpflichtung, Menschenhandel unter Strafe zu stellen und wirksam zu verfolgen.[12] Aus Art. 8 EMRK (Achtung des Privat - und Familienlebens) hat er eine Pflicht zur Strafverfolgung bei sexuellem Missbrauch hergeleitet[13].

Das Legalitätsprinzip hat auch der EuGH betont. In dem Fall „Griechischer Mais“ war Mais aus Drittstaaten unter Verschleierung seiner Herkunft nach Belgien geliefert worden; die Eingangsabgaben waren so unter Mitwirkung griechischer Beamter hinterzogen worden. Da Griechenland keine Strafverfolgung betrieb, wurde es vom Europäischen Gerichtshof in einem Vertragsverletzungsverfahren verurteilt[14]. Ähnlich erging es Frankreich, das trotz Aufforderung der Kommission nicht gegen französische Landwirte einschritt, die gewalttätig Importe landwirtschaftlicher Erzeugnisse aus anderen Mitgliedstaaten der EU zu verhindern suchten, indem sie Transporte blockierten, Ladungen zerstörten, Händler einschüchterten.[15]

---

8 ferner beispielsweise EGMR vom 13.11.2012 – Bajic ./. Kroatien sowie C.N. ./. Großbritannien-Beschwerdenummern 41.108/10 und 4239/08; weitere Nachweise bei *Esser*, Auf dem Weg zu einem europäischen Strafverfahrensrecht (2002) S. 105.

9 Entscheidung vom 12.2.2013 – Popa ./. Moldawien-Beschwerdenummer 17.008/07.

10 Entscheidung vom 13.11.2012 – Bajic ./. Kroatien-Beschwerdenummer 41.108/10.

11 Entscheidung vom 13.12.2012 – El Masri ./. Mazedonien-Beschwerdenummer 39.630/09, Rdn. 182 bis 184.

12 Entscheidung vom 7.1.2010 – Rantsev ./. Zypern und Russland-Beschwerdenummer 25.965/04.

13 EGMR vom 26.3.1985 – 16/1983/72/110 – X. und Y. ./. Niederlande.

14 Rechtssache 68/88, Urteil vom 21.9.1989, Slg. 1989, 2979 – Kommission ./. Griechenland.

15 C-265/95, Urteil vom 9.12.1997 – Kommission ./. Frankreich.

3.) Stellung des Verteidigers

a) Aus Art. 6 Absatz 1, 3 EMRK hat der EGMR eine Fürsorgepflicht des Gerichts gegenüber dem Angeklagten hergeleitet, dessen Verteidigerin offensichtliche formale Fehler begangen hatte. Statt das von ihr eingelegte Rechtsmittel zu verwerfen, hätte das Gericht unter den besonderen Umständen des Falles einen entsprechenden Hinweis und die Gelegenheit zur Korrektur geben müssen. Der Grundsatz, dass die Verteidigung unabhängig ist und keiner Aufsicht unterliegt, stehe dem in einem solchen Fall nicht entgegen.[16] Von Bedeutung erscheint hier die prinzipielle Anerkennung der Freiheit der Verteidigung einerseits, das Bestehen einer - beschränkten - Fürsorgepflicht des Gerichts andererseits.

b) Nach Art. 6 Abs. 3 Buchstabe c EMRK muss dem Angeklagten das Recht, sich zu verteidigen, uneingeschränkt gewährleistet sein. Allerdings kann dieses Recht in der Praxis auch Probleme bereiten.

Ein Verteidiger kann einen Beschuldigten nur dann sachgemäß verteidigen, wenn er die Akten kennt. Was ihm sein Mandant mitteilt, genügt dazu nicht, weil es in aller Regel subjektiv gefärbt und unvollständig ist und eine Auseinandersetzung mit den von der Staatsanwaltschaft erhobenen Beweisen nicht gestattet. Wenn sich der Beschuldigte in Untersuchungshaft befindet und über deren Verlängerung zu entscheiden ist, können jedoch Interessen der Strafverfolgung verlangen, dass dem Beschuldigten noch nicht alle Ermittlungsergebnisse bekannt werden. In Betracht kommt das etwa, wenn es darum geht, Hintermänner oder Gehilfen der Tat zu überführen. Dennoch gilt auch in frühen Stadien der Ermittlungen der Satz: Was dem Gericht vorliegt, muss auch der Verteidiger kennen.

Das ergibt sich nicht nur aus dem grundlegenden, universellen Gebot, dem Beschuldigten zu jeder gegen ihn gerichteten Entscheidung rechtliches Gehör zu gewähren. Es ergibt sich nach der Rechtsprechung des EGMR außerdem aus Art. 5 Abs. 3, 4 EMRK, in dem die Garantien bei Freiheitsentziehungen aufgeführt sind. Der Verteidiger muss hiernach in geeigneter Weise Zugang zu jedem Beweisgegenstand haben.[17]

c) Zur wirksamen Verteidigung gehört auch ein ausreichender Schutz des Verteidigers. Nicht nur die Wohnung, sondern auch die Kanzlei des Anwalts

---

16 EGMR, Entscheidung vom 10.10.2002 – Czekalla ./. Portugal, Beschwerdenummer 38.830/97.

17 Entscheidung vom 27.1.2009 – Ramishvili & Kokhreidze ./. Georgien-Beschwerdenummer 1704/06, Rdn. 124; Entscheidung vom 9.7.2009 – Mooren ./. Deutschland, - Beschwerdenummer 11364/03, Rdn. 124.

unterfällt dem Schutzbereich des Art. 8 EMRK. Durchsuchungen in den Geschäftsräumen von Anwälten berühren den „Kernbereich des Konventionssystems". Daher ist bei Maßnahmen gegen Verteidiger besonders sorgfältig zu prüfen, ob wirksame Garantien gegen Missbrauch und Willkür bestehen. Die Durchsuchungsanordnung des Gerichtes muss vor allem erkennen lassen, dass sie auf einer eigenen Prüfung der gesetzlichen Voraussetzungen beruht, eine Begrenzung der Maßnahme enthalten und sicherstellen, dass kein privilegiertes Material beschlagnahmt wird[18]. Der EGMR setzt hier als selbstverständlich voraus, dass es „privilegiertes Material" gibt, dass also die Verteidigerkorrespondenz keiner Beschlagnahme unterliegt.

4.) Grundsätze für die Hauptverhandlung

a) Der EuGH hat das Recht des Angeklagten auf Anwesenheit in der Hauptverhandlung als einen wesentlichen Teil des Rechts auf ein faires Verfahren bezeichnet, dieses auf Art. 47, 48 der Charta der Grundrechte gestützt und betont, dass seine Entscheidung mit der Rechtsprechung des EGMR übereinstimmt. Im einzelnen hat er weiter ausgeführt, dass das Recht zur Anwesenheit in der Verhandlung kein absolutes Recht sei. Der Angeklagte kann aus freiem Willen ausdrücklich oder stillschweigend darauf verzichten, vorausgesetzt, dass der Verzicht eindeutig feststeht, seiner Bedeutung entsprechend Mindestgarantien vorgesehen werden und ihm kein wichtiges öffentliches Interesse entgegensteht. Eine Verletzung des Rechts auf ein faires Verfahren ist insbesondere nicht erwiesen, wenn der Angeklagte von Termin und Ort der Verhandlung in Kenntnis gesetzt oder er durch einen Rechtsbeistand verteidigt wurde, dem er ein entsprechendes Mandat erteilt hatte. - Die Entscheidung betraf zwar einen Europäischen Haftbefehl, durch den die Auslieferung zum Zwecke der Vollstreckung eines Abwesenheitsurteils begehrt wurde[19]. Aber mittelbar wurde dadurch auch die Zulässigkeit von Abwesenheitsurteilen bestätigt; zugleich betonte das Gericht, dass öffentliche Interessen - damit ist hier die Sachaufklärung zur Gewährleistung eines gerechten Urteils gemeint - die Anwesenheit des Angeklagten in der Hauptverhandlung gebieten können.

b) In diesen Zusammenhang gehört auch eine Entscheidung des EGMR. Nach deutschem Recht wird die Berufung des Angeklagten ohne Sachverhandlung verworfen, wenn der Angeklagte trotz Ladung nicht erscheint (§ 329 StPO). Das gilt auch, wenn er für die Berufungsverhandlung einen Verteidiger bestellt hat

18 Entscheidung vom 9.4.2009 – Kolesnichenko ./. Russland-Beschwerdenummer 19.856/04.

19 EuGH, Urteil vom 26.2.2013, C-399/11 – Melloni, Rdn. 49ff.

und sich vertreten lassen will. Der EGMR ist der Auffassung[20], dass das Verteidigungsinteresse des Angeklagten gemäß Art. 6 Abs.3 Buchst.c EMRK Vorrang habe. Das Ausbleiben des Angeklagten liefere daher auch dann, wenn er keine genügende Entschuldigung für sein Fernbleiben hat, keine Rechtfertigung dafür, ihm das Recht zu entziehen, sich durch einen Anwalt verteidigen zu lassen. Die Pflicht zur Anwesenheit könne anders als durch Verwerfung des Rechtsmittels durchgesetzt werden.

c) Im Beweisverfahren ist die Unmittelbarkeit der Beweisaufnahme ein immer wiederkehrendes Problem, welches der EGMR im Zusammenhang mit dem Konfrontations - oder Befragungsrecht nach Art. 6 Abs. 3 Buchst. d) EMRK und weiter mit dem Gebot des fairen Verfahrens sieht. Es geht meist um die Frage, ob die schriftliche Aussage eines in der Hauptverhandlung nicht erschienenen Zeugen verlesen werden darf, wenn der Angeklagte oder der Verteidiger keine Gelegenheit hatte, den Zeugen zu befragen. Es gibt hier sehr unterschiedliche Fallgestaltungen. Einige Beispiele:

- *Das Tatopfer hatte den Angeklagten wegen Menschenhandels und Zuhälterei angezeigt, war dann aber in sein Heimatland zurückgekehrt und weigerte sich, zur Hauptverhandlung nach Deutschland zu kommen. Die Frau war in Deutschland von der Polizei vernommen worden, ohne dass der Angeklagte und die Verteidigung Möglichkeiten der Befragung hatten. In der Hauptverhandlung wurde das Opfer als unerreichbare Zeugin betrachtet, die Protokolle über ihre Vernehmungen wurden verlesen und die Ermittlungspersonen wurden als Zeugen gehört.*[21]
- *Der Angeklagte war beschuldigt, eine Minderjährige sexuell missbraucht zu haben. Einziger unmittelbarer Beweis war die Aussage des Opfers. Im Ermittlungsverfahren wurde das Opfer vom Ermittlungsrichter vernommen, ohne dass der Angeklagte anwesend war. Auch in der Hauptverhandlung wurde die Zeugin, um sie zu schonen, in Abwesenheit des Angeklagten gehört.*[22]
- *Der Angeklagte ist wegen Drogenhandels angeklagt. Er war aufgrund der Aussage einer Vertrauensperson der Polizei ermittelt worden und wurde sodann bei der Übergabe von Rauschgift festgenommen. Die Personalien der Vertrauensperson werden von der Polizei geheim gehalten, so dass der Angeklagte diese nicht befragen kann.*[23]

---

20 EGMR, Entscheidung vom 8.11.2012 – Neziraj ./. Deutschland-Beschwerdenummer 30.804/07.

21 Fall BGHSt 51, 150.

22 Entscheidung vom 12.7.2007 – Kovac ./. Kroatien, - Beschwerdenummer 503/05.

23 Vgl. BGHSt 42, 15, 25.

- *Ein Arzt war beschuldigt, sexuelle Übergriffe an zwei Patientinnen verübt zu haben. Eine der Patientinnen war von der Polizei vernommen worden und hatte die Vorfälle auch zwei Bekannten erzählt. Später verübte sie Selbstmord. In der Hauptverhandlung wurden die Bekannten und die zweite Patientin gehört; das Protokoll über die Vernehmung der ersten Patientin wurde verlesen. Der Arzt wurde wegen Übergriffen an beiden Patientinnen verurteilt.*
- *Der Angeklagte war beschuldigt, während einer körperlichen Auseinandersetzung im „Milieu" einen seiner Gegner durch einen Stich in den Nacken vorsätzlich verletzt zu haben. Kein Zeuge konnte oder wollte in der Hauptverhandlung eindeutige Aussagen machen. Vor der Polizei hatte ein anderer Zeuge den Beschwerdeführer belastet. Er hatte aber Angst, vor Gericht auszusagen.*

In solchen Fällen sind die Interessen der Strafrechtspflege, die Interessen des Zeugen und die Interessen des Angeklagten in ein ausgewogenes Verhältnis zu bringen. Der Angeklagte oder sein Verteidiger muss aber in jedem Fall eine ausreichende und adäquate Möglichkeit haben, den Zeugen zu befragen. Diese Möglichkeit muss er entweder bei der Zeugenaussage selbst oder zu irgendeinem späteren Zeitpunkt erhalten.[24] Bestand eine solche Gelegenheit nicht, kommt es darauf an, ob das Verfahren insgesamt gleichwohl fair war. Für die Beurteilung dieser Frage war bisher von erheblicher Bedeutung, ob das Fehlen der Befragungsmöglichkeit der Justiz zuzurechnen ist. Ist das nicht der Fall, sondern beruht die unterbliebene Befragung des Zeugen etwa auf einem Verhalten des Verteidigers, war dieser Mangel hinzunehmen. Er musste aber ausgeglichen werden durch eine besonders sorgfältige Beweiswürdigung. Ist der Mangel der Justiz zuzurechnen, bedurfte es zu einer Verurteilung des Vorliegens weiterer, gewichtiger Beweise.

Nunmehr hat der EGMR in einem Grundsatzurteil[25], dem die beiden zuletzt geschilderten Sachverhalte zu Grunde lagen, seine Auffassung modifiziert. Er betont in seiner Entscheidung die Bedeutung des Prinzips der Unmittelbarkeit der Beweisaufnahme. Danach bedarf es eines „guten Grundes", damit die persönliche Anhörung eines Zeugen in der Hauptverhandlung unterbleiben darf. Bei dem Tod des Zeugen liegt ein solcher Grund selbstverständlich vor. Furcht

---

24 Entscheidung vom 12.7.2007 – Kovac ./. Kroatien-Beschwerdenummer 503/05, Rdn. 26.

25 EGMR (Große Kammer), Entscheidung vom 15.12.2011 – Al-Khawaja und Tahery ./. Großbritannien-Beschwerdenummern 26.766/05 und 22.228/06; ebenso Entscheidung vom 19.2.2013 – Gani ./. Spanien-Beschwerdenummer 61.800/08; Entscheidung vom 28.2.2013 -Mesesnel ./. Slowenien-Beschwerdenummer 22.163/08.

des Zeugen rechtfertigt seine Abwesenheit, wenn er durch den Angeklagten, in dessen Auftrag oder mit dessen Kenntnis und Billigung bedroht wird. Solche Drohungen müssen nicht ausdrücklich ausgesprochen sein; eine bloß subjektiv empfundene Furcht oder gar eine allgemeine Scheu vor den Folgen der Zeugenaussage genügen jedoch nicht. Liegen Bedrohungen in dieser Form vor, hat der Angeklagte sein Konfrontationsrecht verwirkt; die Verurteilung kann allein auf die schriftliche Aussage des Zeugen gestützt werden.

Ist die Furcht des Zeugen begründet, ohne dass eine Bedrohung nachweisbar ist, kommt es darauf an, ob die schriftliche Aussage des Zeugen das einzige oder ein entscheidendes Beweismittel ist („sole or decisive rule"). Ist das der Fall, müssen Gegenvorkehrungen durch das Gesetz oder im Einzelfall getroffen sein, welche die fehlende Befragungsmöglichkeit ausgleichen. In dem entschiedenen Fall hat der EGMR im Ergebnis darauf abgehoben, ob neben der Aussage des abwesenden Zeugen weitere, gewichtige Beweismittel vorhanden waren. - Beim Einsatz verdeckter Ermittler, die in der Hauptverhandlung nicht zur Verfügung stehen, hat der EGMR die Zulässigkeit schriftlicher Fragen an den Zeugen nicht grundsätzlich abgelehnt[26].

5.) Ermittlungsverfahren

a) Eingriffe in *Grundrechte* (außerhalb von Art. 5) - hier die Überwachung des Fernmeldeverkehrs als Eingriff nach Art. 8 EMRK - fordern eine hinreichend bestimmte Ermächtigung, so dass für den Beschuldigten die Entscheidung des Strafverfolgungsorgans vorhersehbar ist. Zu den sachlichen Mindestvoraussetzungen für die Zulässigkeit des Eingriffes gehören Bestimmungen hinsichtlich der Natur des Delikts, des Kreises der Betroffenen, Regelungen über das Verfahren, über die Verwendung und Aufbewahrung der Daten sowie die Änderung des Verwendungszwecks, eine zeitliche Begrenzung der Telefonüberwachung und Schutzvorschriften gegen Willkür und Missbrauch. Die Entscheidung muss die Umstände anführen, welche die Maßnahme rechtfertigen[27]. Es dürfte zu den gesamteuropäischen Überzeugungen gehören, dass ein Eingriff in die klassischen Grundrechte prinzipiell einem Richtervorbehalt unterliegen muss. Für Eingriffe in andere Positionen des Bürgers gilt das aber nicht ohne weiteres.

26 Entscheidung vom 26.2.2013 – Papadakis ./. Mazedonien-Beschwerdenummer 50.254/07; s. auch Entscheidung vom 8.1.2013 – Baltins ./. Lettland, Beschwerdenummer 25.282/07.

27 Entscheidung vom 2.10.2012 -Sefilyan ./. Armenien, Beschwerdenummer 22. 491/08, Rdn. 120ff.

So erhob der EGMR keine Einwendungen gegen die frühere deutsche Regelung der GPS - Überwachung (§ 100c Abs. 1 Nummer1b StPO a.F.; jetzt § 100g StPO), solange sie nicht im Verein mit anderen Maßnahmen in eine Totalüberwachung umschlägt[28]. Den Umstand, dass seinerzeit ein Richtervorbehalt nicht vorgesehen war, hat das Gericht nicht beanstandet, weil die Nachprüfung im späteren Strafverfahren genüge.

Allgemein kann man vielleicht sagen: Die Grenzen strafrechtlicher Zwangsmaßnahmen hat der EGMR aus Art. 8 EMRK entwickelt. Erforderlich ist eine ausreichend bestimmte gesetzliche Grundlage, sie müssen ein legitimes Ziel verfolgen (Art. 8 Abs. 2 EMRK), einer strengen Verhältnismäßigkeitsprüfung standhalten und wirksame Sicherungen gegen Willkür und Missbrauch vorsehen[29].

b) Wiederholt hat sich der EGMR zur Frage der *Zulässigkeit von Beweiserhebungen* und zur Verwertung unzulässig erhobener Beweise im Prozess geäußert. Seine Generallinie geht dahin, dass diese Fragen der nationalen Gesetzgebung überlassen sind und seine Prüfung sich darauf beschränkt, ob das Verfahren insgesamt fair gewesen ist. Seine Entscheidungen sind daher im wesentlichen Einzelfallentscheidungen, welche für die Erarbeitung von Grundsätzen wenig hergeben. Einige allgemeine Aussagen lassen sich dennoch treffen. Zunächst ein Fall, der in Deutschland gespielt hat[30]:

Ein Jurastudent entführte das Kind einer Bankiersfamilie, um von den Eltern Geld zu erpressen. Er geriet aufgrund erdrückender Beweise bald in den Verdacht, der Täter zu sein und wurde festgenommen. Das erpresste Geld wurde bei ihm sichergestellt, so dass kein ernsthafter Zweifel mehr an seiner Täterschaft bestand. Aber das Kind wurde nicht gefunden, und in den Vernehmungen weigerte er sich, dessen Aufenthaltsort preiszugeben. Die vernehmenden Polizeibeamten befürchteten nun, dass das Opfer in Lebensgefahr sei. Sie drohten dem Täter deshalb an, ihm Schmerzen zuzufügen, wie er sie noch nie verspürt habe. Darauf führte er sie zu dem Opfer, das er aber sogleich nach der Entführung getötet hatte.

In der Hauptverhandlung wurde er als Angeklagter belehrt, dass die Aussagen, welche er aufgrund der Drohungen der Polizei gemacht hatte, nicht verwertbar seien und nicht verwertet würden. Er erklärte aber, er wolle freiwillig und aus Reue in der Hauptverhandlung ein Geständnis ablegen; das tat er und wurde verurteilt. Auch die beteiligten Polizeibeamten wurden wegen der Vernehmungsmethoden verurteilt.

---

28 EGMR, Entscheidung vom 2.9.2010 –Uzun ./. Deutschland, Beschwerdenummer 35.623/05.

29 *Esser*, Auf dem Weg zu einem europäischen Strafverfahrensrecht (2002) S. 822.

30 Entscheidung vom 1.6.2010 – Gäfgen ./. Deutschland, Beschwerdenummer 22.978/05.

Hierzu hat der EGMR ausgeführt, dass die Drohung der Polizei zwar noch keine Folter, aber eine unmenschliche Behandlung darstellte. Eine solche Behandlung sei auch dann unzulässig, wenn mit ihr die Rettung eines Menschenlebens oder sogar einer Vielzahl von Menschen bezweckt werde. Ein Beweisverwertungsverbot folge daraus aber nicht zwangsläufig. Das Gebot der Verfahrensfairness gebiete es in der Regel - jedoch nicht stets -, durch unmenschliche Behandlung erlangte Beweismittel aus dem Verfahren auszuschließen. Falls nicht Folter vorliege, komme eine Verletzung des Fairnessgebots aber überhaupt nur dann in Betracht, wenn der fehlerhaft erhobene Beweis einen Einfluss auf das Urteil hatte. Das war hier zu verneinen, weil der Angeklagte nach eingehender Belehrung freiwillig und aus Reue in der Hauptverhandlung ein Geständnis abgelegt hat.

Schließlich äußerte sich der EGMR auch zu der Frage einer Fernwirkung von Verstößen gegen Art. 3 EMRK. Fernwirkung bedeutet, dass nicht nur das erzwungene Geständnis selbst, sondern weitere, aufgrund des Geständnisses erlangte Ermittlungsergebnisse von der Verwertung ausgeschlossen sein können („fruit of the poisened tree"). Anlass zur Erörterung dieser Frage bestand, weil das deutsche Gericht seine Überzeugung von der Richtigkeit des in der Hauptverhandlung abgelegten Geständnisses auch auf die Sachbeweise gestützt hat, welche die Polizei durch die unzulässige Drohung erlangt hatte, wie etwa der Fund der Leiche und Spuren am Tatort. Die Verwertung dieser Beweise zur Prüfung des Geständnisses hat das Gericht, ohne sich klar festzulegen, mit dem Hinweis auf unterschiedliche Auffassungen in den Vertragsstaaten, ihren Gerichten und der Literatur nicht beanstandet.

c) Die zentrale Bedeutung des in Art. 6 EMRK niedergelegten Gebots des fairen Verfahrens illustriert ferner die Rechtsprechung zur *unzulässigen Tatprovokation.*

Der Beschwerdeführer war Staatsanwalt. - A., ein Angehöriger einer Einheit zur Korruptionsbekämpfung, trat an ihn mit der Bitte heran, er möge gegen die Zahlung einer bestimmten Summe in einer bestimmten Sache einen Freispruch erwirken. Der Beschwerdeführer weigerte sich zunächst, nahm das Angebot später aber an. Er wurde wegen Bestechlichkeit verurteilt.

Der EGMR betont, dass der Gebrauch verdeckter Ermittlungsmethoden nicht unzulässig sei. Die Verwertung der dadurch gewonnenen Beweise vor Gericht könne aber dem Gebot der Verfahrensfairness zuwiderlaufen. Das sei der Fall bei einer unzulässigen Tatprovokation. Hierbei sei eine materielle und eine prozessuale Seite zu unterscheiden. Materiell unzulässig ist eine Tatprovokation, wenn eine Person, deren Tätigkeit dem Staat zuzurechnen ist, sich nicht in erster Linie auf eine passive Aufklärung strafbarer Aktivitäten beschränkt, sondern einen solchen Einfluss auf den Betroffenen ausübt, dass sie diesen zur Begehung einer Straftat anstiftet, die anderenfalls nicht begangen worden wäre.[31] Prozessual obliegt dem Gericht, wenn die Behauptung des Angeklagten über eine unzulässige Tatprovokation nicht offensichtlich abwegig ist, eine besonders intensive Pflicht zur Aufklärung[32]. In der deutschen Rechtsprechung wird insoweit formuliert, dass die Tatprovokation unzulässig ist, wenn eine unverdächtige, nicht tatgeneigte Person verleitet wird. Der EGMR führt weiter aus, dass in jedem Fall für die Tätigkeit der verdeckten Ermittlung klare Grenzen und Regeln vorhanden sein müssten.

d) Die Zulässigkeit *verdeckter Ermittlungen* beurteilte die EGMR nach Art. 8 und nach Art. 6 EMRK

> Der Beschwerdeführer, ein Geschäftsmann, erteilte einem seiner Angestellten die Anweisung, einen früheren Partner zu ermorden und übergab ihm dazu eine Waffe. Der Angestellte offenbarte sich jedoch der Polizei. Diese gab wahrheitswidrig in der Presse bekannt, dass im Hause des früheren Partners zwei Tote gefunden worden seien. Auf Weisung der Polizei begab sich der Angestellte sodann zu dem Beschwerdeführer. Aus dem geführten Gespräch mit ihm, welches mit technischen Mitteln aufgezeichnet wurde, ergab sich, dass der gegen den Beschwerdeführer erhobene Vorwurf zu Recht bestand.

Der EGMR beurteilte dieses operative Vorgehen als Verstoß gegen Art. 8 EMRK (Recht auf Achtung des Privat - und Familienlebens). Er meinte, verdeckte Ermittlungen seien zwar nicht unzulässig. Erforderlich seien aber präzise Vorschriften, welche Inhalt und Grenzen der Ermächtigung klar bestimmen. Dazu gehören insbesondere Sicherungen für den Betroffenen, welche im vorliegenden Fall fehlten und die operativen Ermittlungen ungesetzlich machten.[33] Keinen Verstoß erblickte das Gericht dagegen in dem Umstand, dass der Betroffene durch Täuschung zu selbstbelastenden Äußerungen verleitet wurde. Das Verfahren sei insofern fair gewesen, denn der Betroffene sei hier nicht in einer Zwangslage - etwa in Haft - gewesen. Vielmehr habe er aus freier Entscheidung und ohne Druck seine Äußerungen gemacht.[34]

---

31 Entscheidung vom 5.2.2008 – Ramanauskas ./. Litauen – Beschwerdenummer 74420/01, Rdn. 73; Entscheidung vom 9.6.1998 – Teixeira de Castro ./. Portugal – Beschwerdenummer 44/1997/828/1034, Rdn. 39.

32 Entscheidung vom 8.1.2013 – Baltins ./. Lettland-Beschwerdenummer 25.282/07, Rdn. 55.

33 Entscheidung vom 10.3.2009 – Bykov ./. Russland-Beschwerdenummer 4378/02, Rdn. 78.

34 Entscheidung vom 10.3.2009 – Bykov ./. Russland-Beschwerdenummer 4378/02, Rdn. 101, 102.

e) Als Frage des Einzelfalls betrachtet der EGMR das Problem, wann das *Schweigerecht* des Beschuldigten verletzt ist. Das Schweigerecht und das Recht auf Selbstbelastungsfreiheit sind in der EMRK zwar nicht eigens erwähnt, doch handelt es sich dabei um allgemein anerkannte internationale Normen, die zum Kernbestand des Begriffs des fairen Verfahrens nach Art. 6 EMRK gehören[35] In jedem Fall bedarf es aber der Belehrung des Beschuldigten über sein Schweigerecht und auch darüber, dass er vor einer Äußerung eine rechtliche Beratung durch einen Verteidiger verlangen kann. Das hat der EGMR anhand eines Falles entschieden, in dem ein Minderjähriger nicht so, dass er die Tragweite seiner Entscheidung verstehen konnte - also unzulänglich -, belehrt worden war[36].

Eine andere Frage ist, ob und welche Schlüsse daraus gezogen werden dürfen, dass der Beschuldigte von seinem Schweigerecht Gebrauch macht oder sich auf einzelne Fragen nicht äußert. Der EGMR hat betont, dass das Schweigerecht kein absolutes Recht sei. Auch die Frage, ob das Recht auf ein faires Verfahren verletzt ist, wenn das Gericht aus dem Aussageverhalten des Angeklagten für ihn ungünstige Schlüsse zieht, sei vielmehr unter Würdigung aller Umstände des Einzelfalls zu beantworten[37].

f) Die Beachtung der *Unschuldsvermutung* gehört für den EGMR ebenfalls zum fairen Verfahren. Das Gericht hat den Anwendungsbereich des Prinzips allerdings außerordentlich weit ausgedehnt. Ich will mich hier darauf beschränken, einen einzelnen Fall zu referieren.

Der Sohn der Beschwerdeführer gerät in den Verdacht, Anführer einer Verbrecherbande zu sein. Als er erfährt, dass ein Bandenmitglied verhaftet wurde, erschießt er sich. Im Strafverfahren gegen die Bandenmitglieder und in Zivilprozessen wird festgestellt, dass der Verstorbene Drahtzieher und Anführer der Bande gewesen ist. Die Eltern halten diese Feststellung für einen Verstoß gegen die Unschuldsvermutung.

Der EGMR führt aus[38], dass es keine Rechtfertigung für eine solche Vorverurteilung gebe. Es sei ein grundlegender Unterschied zwischen der Feststellung von Schuld und dem Ausspruch eines bloßen Tatverdachts zu machen. - Die deutsche Praxis ist hier zu Recht anders; nach meiner Auffassung ist die Entscheidung

35 Entscheidung vom 19.7.2012 – S. ./. Deutschland-Beschwerdenummer 29881/07, Rdn. 61 = JR 2013, 170, 174 m. Anm. F.C. Schroeder.

36 Entscheidung vom 11.12.2008 – Panovits ./. Zypern-Beschwerdenummer 4268/04, Rdn. 74, 84.

37 Entscheidung vom 2.5.2000 – Condron ./. Großbritannien – Beschwerdenummer 35.718/97.

38 Entscheidung vom 10.1.2012 – Vulakh ./. Russland-Beschwerdenummer 33.468/03, Rdn. 36.

des EGMR unhaltbar. Wenn mehrere eine Straftat begangen haben, stellt sich immer die Frage, ob Mittäterschaft vorliegt und der Tatbeitrag eines Täters den anderen zuzurechnen ist. Das kann nicht auf der Basis eines bloßen Tatverdachts geschehen.

Wenn wir zusammenfassen, so ergibt sich ein recht buntes Bild. Grundlegende Gemeinsamkeiten wie das Anklageprinzip oder die Trennung von Ankläger und Richter, der Schutz von Grundrechten sind unbestritten. Die EMRK enthält in ihrem Text viele Gewährleistungen, die etwa beim Recht der Untersuchungshaft bis in Einzelheiten gehen. Die Rechtsprechung der europäischen Gerichte hat neue Gewährleistungen entwickelt und insbesondere, etwa zur Zulässigkeit verdeckter Ermittlungen oder einer Tatprovokation, dem Begriff des fairen Verfahrens einige Konturen verliehen.

Bei dieser Sachlage gewinnt die Frage Bedeutung, in welchen Bereichen Gemeinsamkeiten *nicht* festzustellen sind. Sie sind vielleicht zahlenmäßig überschaubar, aber gewichtig. So ist insbesondere die Entscheidung für einen Parteiprozess oder einen Inquisitionsprozess zweifelsfrei Gegenstand nationaler Systemwahl. Dabei sind unterschiedliche Lösungen zum Umfang der Pflicht zur umfassenden Wahrheitserforschung einerseits, der Parteiherrschaft über den Tatsachenstoff andererseits allenfalls für Grenzfälle ausgeschlossen. Diese Beurteilung dürfte auch für das Institut des „Deals", der Verständigung im Strafverfahren, zu gelten haben. Die Zulässigkeit einzelner Beweiserhebungsmethoden und Beweismittel, ihrer Verwertung im Prozess sowie die Zulässigkeit von Abwesenheitsurteilen ist bisher lediglich in Randbereichen auf gesamteuropäischer Basis geklärt. Das größte Hindernis für eine gemeinsame Entwicklung in Europa dürften gegenwärtig deshalb die unterschiedlich hohen Eingriffsschwellen bei prozessualen Zwangsmaßnahmen in den einzelnen Mitgliedsländern sein. Und schließlich ist die gesamte Regelung der Gerichtsverfassung Sache der Nationalstaaten.

Aber Grundzüge eines gemeineuropäischen Strafprozessrechts haben wir. Sie sind bisher nicht formuliert. Doch wenn man den Versuch ihrer Formulierung unternähme, so entstände ein ansehnliches Rahmenwerk. Die Rechtsprechung des EGMR ist über die Gewährleistung von Mindeststandards bei den Menschenrechten längst hinausgewachsen. Sie kann zusammenfassend als „Nukleus eines Europäischen Strafverfahrensrechts"[39] bezeichnet werden.

---

39 *Esser*, Auf dem Weg zu einem europäischen Strafverfahrensrecht (2002) S. 817, 821.

Prof. Dr. habil. Piotr Hofmański

Richter am Obersten Gericht der Republik Polen, Lehrstuhl für Strafprozessrecht, Jagiellonen-Universität Krakau

Der polnische Strafprozess – zwischen Inquisitionsprinzip und akkusatorischem Verfahren[1]

1. Einführung

In allen polnischen Lehrbüchern über den Strafprozess kann man lesen, dass das polnische Strafverfahren sich auf das Akkusationsprinzip stützt, wobei gleichzeitig unterstrichen wird, dass es ein Beispiel für ein sog. gemischtes Verfahren ist.[2] Allgemein wird dabei hervorgehoben, dass sich der kontradiktorische Grundsatz in erster Linie auf das Gerichtsverfahren bezieht, in dem die Anklage und die Verteidigung einen von dem unparteiischen und unabhängigen Gericht zu entscheidenden Streit führen. In einem geringeren Grad gilt dieser Grundsatz auch für das Ermittlungsverfahren, wo einige auch hier bestimmte Anzeichen des Modells in dem Streit zwischen dem Beschuldigten und dem Verletzten[3] erkennen bzw. im Hinblick auf den Streit zwischen dem Organ, das das Verfahren führt,

1 Bei der Erarbeitung diese Referats wurde der Beitrag des Autors „*Wielka nowelizacja Kodeksu postepowania karnego 2013. Założenia podstawowe*“ (Die große Novelle des Strafverfahrens 2013, Grundlegende Prinzipien) in größerem Maß verwendet, der für die Veröffentlichung in der Zeitschrift: „Forum Prawnicze“ eingereicht wurde.

2 W. Cieślak, *Polska procedura karna. Podstawowe założenia teoretyczne,* (Polnisches Strafverfahren. theoretische Grundlagen) Warszawa 2011, S. 206; S. Waltoś, P. Hofmański, *Proces karny. Zarys system*, (Der Strafprozess, Darstellung des Systems) Warszawa 2013, S. 274; W. Daszkiewicz, *Proces karny. Część ogólna*, (Strafverfahren, Allgemeiner Teil) Poznań 1996, S. 94; A. Murzynowski, *Istota i zasady procesu karnego*, (Wesen und Prinzipien des Strafprozesses) Warszawa 1994, S. 171; T. Grzegorczyk, J. Tylman, *Polskie postępowanie karne*, (Das polnische Strafverfahren) Warszawa 2011, S. 123; J. Grajewski, i inni, *Prawo karne procesowe – część ogólna*, (Strafverfahrensrecht, allgemeiner Teil) Warszawa 2009, S. 112); K. Marszał, *Proces karny,* (Strafprozess) Katowice 1998, S. 69.

3 M. Cieślak, *Polska procedura*, (Polnisches Strafverfahren) S. 209–211.

und dem Beschuldigten in Zusammenhang mit inzidenten Gerichtshandlungen im Rahmen des Ermittlungs- oder Untersuchungsverfahrens.[4]

Nach meiner Auffassung aber hinterließ der langjährige Einfluss des sowjetischen Modells auf den polnischen Strafprozess Spuren, die bis heute nicht überwunden werden konnten. Freilich machen sich im Gerichtsverfahren kontradiktorische Elemente bemerkbar wie die dem Angeklagten zustehende Rechtsstellung als Partei und die unzweifelhaft vorhandene richterliche Unabhängigkeit, dieses reicht aber bei Weitem nicht aus, um das Verfahren vor dem polnischen Strafgericht als kontradiktorisch zu bezeichnen. Für diese These sprechen folgende Gründe:

1. Das Strafverfahren wird durch das Ermittlungsverfahren dominiert. Es sind der Staatsanwalt und der Verfolgungsapparat, denen die Aufklärung aller Umstände des Falls sowie das vollständige Beweisverfahren obliegen (gegenwärtig Art. 297 § 1 pkt 5 StPO). Das Gericht hat lediglich die Richtigkeit der Tatsachenfeststellungen zu verifizieren und darauf gestützt eine Entscheidung zu fällen.
2. Die polnischen Strafgerichte, auch wenn sie unbestritten unabhängig sind, können kaum Anspruch auf volle Unparteilichkeit erheben, da ihnen der Gesetzgeber eine aktive Rolle im Beweisverfahren zugedacht hat (gegenwärtig Art. 167 StPO). Auch wenn dies nirgendwo ausdrücklich festgestellt worden ist, so ist doch klar, dass gerade auf dem Gericht die Pflicht lastet, die den Angeklagten schützende Unschuldsvermutung umzustoßen. Das Gericht ist nicht nur berechtigt, sondern geradezu verpflichtet, von Amts wegen neue Beweismittel einzuführen, zumal es bei bestehenden Zweifeln erst dann zu Gunsten des Angeklagten entscheiden darf, wenn diese nicht zu widerlegen sind (die gegenwärtige Formulierung der Regel: *in dubio pro reo* – Art. 5 § 2 StPO).
3. Von einer „Waffengleichheit" im gerichtlichen Strafverfahren kann überhaupt nicht gesprochen werden, was vor allem für Berechtigungen der Parteien im Beweisverfahren gilt. Der Ankläger, dem der gesamte Staatsapparat zur Seite steht, hat nicht nur mehr Möglichkeiten, Beweise zu erlangen, sondern diese auch in den Prozess einzuführen. Die Möglichkeiten der Verteidigung sind in dieser Hinsicht drastisch begrenzt. Unzulässig sind jegliche Privatbeweise, die zur Verwertung im Gerichtsverfahren erlangt wurden (gegenwärtig Art. 393 § 3 StPO). Am besten ist dies am Beispiel eines Beweises in Form eines Sachverständigengutachtens zu sehen. Der Staatsanwalt, der ein solches Gutachten im Ermittlungsverfahren eingeholt hat, legt es dem Gericht zusammen mit

4 S. Waltoś, P. Hofmański, *Proces,* (Der Strafprozess) S. 277.

den Akten des Ermittlungsverfahrens vor, das auf dessen Grundlage Tatsachenfeststellungen vornimmt. Ein vom Verteidiger bestelltes und dem Gericht vorgelegtes Sachverständigengutachten bildet kein Beweismittel und kann vom Gericht höchstens als Signal dafür betrachtet werden, dass im Gerichtsverfahren ein zusätzliches Gutachten einzuholen wäre.
4. Im Ermittlungsverfahren sind keine kontradiktorischen Elemente erkennbar. Kommt es zu einem Streit zwischen den Verfahrensbeteiligten, so gilt er nicht dem eigentlichen Prozessgegenstand.

Die Anwendung dieses Strafverfahrensmodells hatte in Polen eine nicht zu akzeptierende Verschleppung des Strafverfahrens zur Folge, auch in Fällen, in denen Freiheitsentziehung als eine Zwangsmaßnahme angeordnet wird. Ein wahres Problem des polnischen Strafverfahrens liegt in einer kontraproduktiven Wiederholung von bereits im Ermittlungsverfahren durchgeführten Handlungen im Gerichtsverfahren. Die Straßburger Rechtsprechung spricht in diesem Zusammenhang von einem strukturellen Problem.[5]

Es kommt allerdings die Zeit für Veränderungen. Im Jahr 2012 legte der Ausschuss für die Kodifizierung des Strafrechts dem polnischen Parlament den Entwurf einer grundlegenden Modelländerung der polnischen Strafprozessordnung vor. Die Novellierung bezweckt in erster Linie ein funktionaleres Verfahren unter Beibehaltung oder gar Stärkung von Rechten der Verfahrensbeteiligten. Man versucht, dieses Ziel durch eine Rückkehr zum kontradiktorischen Gerichtsverfahren unter gleichzeitiger grundsätzlicher Einschränkung der Rolle des Ermittlungsverfahrens zu erreichen. Diese sog. große Novellierung der StPO wurde vom Sejm am 27 September 2013 verabschiedet.[6] Mit ihrem Inkrafttreten ist ein komplizierter intertemporaler Mechanismus verbunden. Prinzipiell tritt das novellierte Recht am 1. Juli 2015 in Kraft.

2. Auf dem Weg zum kontradiktorischen Verfahren

Die Verfahrensparteien werden in einem im Vergleich zum jetzigen Stand viel höheren Grad zu Verfügungsberechtigten über den Verfahrensgegenstand, was für Gerichtsverfahren sowohl im ersten als auch im zweiten Rechtszug gilt.

---

5 Urteil des EuGMR vom 3.2.2009, Kauczor gegen Polsce, Rz. 43–47. Siehe auch Resolution des Ministerkomitees des Europarats Nr. CM/REsDH (2007) 75.

6 Dz. U. 2013, Pos. 1247.

a) Rücknahme der Anklage

In diesem Zusammenhang ist auf die gegenwärtig in Art. 14 § 2 StPO vorgesehene Institution des Rücktritts des Anklägers von der Anklage hinzuweisen. Sie funktioniert grundsätzlich wie eine Ausnahme vom Anklageprinzip, sie bietet nämlich dem Gericht die Möglichkeit, das Verfahren fortzusetzen, obwohl die Anklageschrift bereits von niemandem mehr gestützt wird. Ein Verfahren hört in diesem Fall auf, kontradiktorisch zu sein, da die Konstruktion aus drei Subjekten, die die Grundlage des kontradiktorischen Verfahrens ist, eingerissen wird, und es folglich unmöglich ist, den Streit mit einem günstigen Verfahrensausgang zu führen.

Gegenwärtig führt das Absehen von der Anklage nicht immer zur Vereitelung des Verfahrens. Erstens deswegen, weil die in Art. 14 § 1 StPO verwendete Formulierung „bindet das Gericht nicht" bedeutet, dass es dem Gericht freisteht, das Verfahren fortzusetzen, obwohl eine Anklage fehlt, gleichwohl das Gericht dies nicht tun muss. Alternativ kann es immer anerkennen, dass eine negative Prozessvoraussetzung vorliegt, die in Art. 17 § 1 Pkt. 9 StPO geregelt wird, und das Verfahren einstellen.[7] Es sind auch andere Szenarien möglich. Wenn in einer Sache, die aufgrund einer Beschwerde nach Art. 54 § 2 StPO eingeleitet wurde, eine Partei als Nebenkläger auftritt, so verliert bei einem Rücktritt des öffentlichen Anklägers von der Anklage der Nebenkläger nicht seine Berechtigungen und deswegen kommt es in dieser Situation nicht zu einer Einstellung des Verfahrens und der Prozess bleibt - faktisch zwar nur noch mit dem Nebenkläger - ein Streit mit drei Subjekten.[8]

---

7 T. Grzegorczyk, *Odstąpienie oskarżyciela od oskarżania w sprawach o przestępstwa ścigane z urzędu* (Der Rücktritt des Anklägers von der Anklage in Sachen der Amtsklagedelikte (in:) *Rzetelny proces karny. Księga jubileuszowa Profesor Zofii Świdy*, (Der ehrliche Strafprozess. Festschrift für Prof. Zofia Świda) Warszawa 2009, S. 298; P. Hofmański, E. Sadzik, K. Zgryzek, *Kodeks postepowania karnego. Komentarz*, (Strafverfahrensgesetzbuch. Kommentar) Bd. I, Warszawa 2011, S. 157.

8 Etwas ganz anderes gilt für den Fall, in dem es um eine Sache geht, bei der ein Amtsklagedelikt verfolgt wird, und in diesem Fall der Geschädigte subsidiärer Hilfsankläger ist (Art. 55 StPO). Tritt dieser von der Anklage zurück, so wandelt der Prozess sich nicht in einen kontradiktorischen um, weil er aufgrund des Fehlens einer Anklagebeschwerde eingestellt wird, es sei denn, der Staatsanwalt tritt in den Prozess ein (Art. 57 § 2 StPO). Nieco inaczej ma się rzecz cała w przypadku, gdy w sprawie o przestępstwo ścigane z oskarżenia publicznego oskarżycielem jest pokrzywdzony jako oskarżyciel posiłkowy subsydiarny (Art. 55 StPO). Jeśli ten odstąpi od oskarżenia, proces nie przekształca się w kontradyktoryjny, ponieważ z uwagi na brak skargi

Die Fragestellung, die hier behandelt wird, steht in Zusammenhang mit der Novelle vom 27. September 2013, die den polnischen Strafprozess in Richtung auf ein kontradiktorisches Verfahren lenkt, in einem völlig anderen Licht. Die Möglichkeit, einen Prozess vor Gericht zu führen, obwohl der Ankläger die Anklage zurückgezogen hat, besteht nicht mehr fort (in diesem Fall führt ihr Fehlen zur Einstellung des Verfahrens und das erneute Einreichen einer Anklageschrift in einer Angelegenheit wegen derselben Tat ist unzulässig), es sei denn, die Zurückziehung der Anklage erfolgte nach Beginn der Gerichtsverhandlung (Art. 14 § 2 StPO n. F.). In letzterem Fall ist die Vornahme einer solchen Handlung nur mit Zustimmung des Angeklagten möglich, der das Recht hat, einen Freispruch zu erwarten, wenn die erhobene Anklage sich als grundlos erwiesen hat. Diese Lösung ist Folge der Annahme, dass das Absehen von der Unterstützung der Anklage durch den Ankläger das Erlöschen des Streits bewirkt, über den das Gericht in dem kontradiktorischen Verfahren entscheiden sollte. Nicht aufrechterhalten werden konnte deswegen das Fehlen einer Bindung des Gerichts an den Rücktritt von der Anklage, die gegenwärtig in Art. 14 § 2 StPO geregelt ist. Es kommt jedoch nicht immer gleich von Beginn an zu einer Einstellung des Verfahrens aufgrund des Fehlens einer Anklage durch den berechtigten Ankläger nach Art. 17 § 1 Pkt 9 StPO. Es kann schließlich dazu kommen, dass der Geschädigte in der Rechtsstellung des Anklägers auftritt. Hat er die Anklage schon vorher als Nebenkläger unterstützt, so übernimmt er nach dem Zurückziehen der Anklageschrift durch den Staatsanwalt gewissermaßen die Anklage und bleibt als alleiniger Ankläger auf dem Spielfeld übrig. Sogar in dem Fall, in dem der Geschädigte von seinen Rechten als Nebenkläger keinen Gebrauch gemacht hat, kann er, nachdem die Anklageschrift zurückgezogen wurde, innerhalb einer Frist von 14 Tagen nach der Benachrichtigung über diese Entscheidung seine Rolle einnehmen (Art. 54 § 2 StPO im Wortlaut, den diese Vorschrift durch die Novelle vom 27. September 2013 erhalten hat). In keiner möglichen Prozesskonstellation besteht die Möglichkeit, einen Strafprozess trotz des Fehlens einer Anklageschrift zu führen.

b) Berufungsverfahren

Im Bereich des Berufungsverfahrens besteht eine wichtige Änderung der Bestimmung der Grenze der Berufungskontrolle. Insbesondere führte die Novellierung in der Doktrin und Rechtsprechung zu einem Streit darüber, ob die Berufungsrüge

---

oskarżycielskiej podlega umorzeniu, chyba że do procesu wstąpi prokurator (Art. 57 § 2 StPO).

(mit Ausnahme der Situation, die in Art. 434 § 1 *in fine* StPO geregelt ist) einen Faktor darstellt, der die Grenze der Entscheidung der Sache durch das Berufungsgericht darstellt.[9] Nach Art. 433 § 1 StPO n. F., verhandelt das Berufungsgericht die Sache in den Grenzen der Beschwerde und der vorgebrachten Rügen, wobei es den Inhalt von Art. 447 § 1–3 StPO, und einen weiteren Bereich in den Fällen, die in Art. 435, Art. 439 § 1 und Art. 455 StPO genannt sind, berücksichtigt. Diese neue Formel ermöglicht es dem Gesetzgeber, die Freiheit der Parteien in dem kontradiktorischen Disponieren über den Verfahrensgegenstand zu stärken.

3. Die Reduzierung des Ermittlungsverfahrens

Die Rolle des Ermittlungsverfahrens wurde erheblich begrenzt. In diesem Verfahren wird es künftig nicht mehr - so wie bislang - zu einer allumfassenden Aufklärung der Angelegenheit kommen; es soll allein der Aufklärung dienen, ob es eine Grundlage dafür gibt, eine Anklageschrift zu formulieren. Die Beweise, die in dem Ermittlungsverfahren gesammelt werden, sind nicht für das Gericht, sondern für den Staatsanwalt (Art. 297 § 1 Pkt. 5 StPO n. F.). Der Staatsanwalt soll im Rahmen des Ermittlungsverfahrens allein solche Beweise sichern, deren Durchführung vor Gericht unmöglich ist, und auch solche, die grundsätzliche Bedeutung unter dem Gesichtspunkt des Einreichens einer Beschwerde haben.

Es ist bislang völlig unbekannt, wie die Staatsanwaltschaft sich nach Inkrafttreten der Novelle verhalten wird. Erst langsam dringt das Bewusstsein durch, dass das Einreichen einer Anklageschrift mit einem höheren (als dem gegenwärtigen) Risiko für den Ankläger verbunden ist und folglich die Anzahl der Freisprüche erheblich ansteigen wird. Der Staatsanwalt sieht solche Urteile immer als seine Niederlage. Nach dem neuen Modell muss sich die Herangehensweise an diese Frage ändern. Wenn dies nicht erfolgt, werden die Staatsanwälte in kontraproduktiver Weise viele Beweise durchführen, die sie vor Gericht nicht verwenden können. Ein solches Verfahren macht nur im Fall solcher Beweise

---

9 Siehe den in dieser Frage abweichenden Standpunkt von T. Grzegorczyk, *Kodeks postępowania karnego oraz ustawa o świadku koronnym. Komentarz,* (StPO sowie das Gesetz über den Kronzeugen, Kommentar) Warszawa 2011, S. 913ff.; P. Hofmański, E. Sadzik, K. Zgryzek, *Kodeks postępowania karnego. Komentarz, Tom II,* (StPO, Kommentar Bd. II) Warszawa 2011, S. 753ff. Uneinheitlich ist der Standpunkt des OG siehe z.B. Urteil des OG vom 24.1.2007, III KK 231/06, OSNKW – Jahrgang 2007, Pos. 287 und der Beschluss des OG vom 16.11.2009, IV KK 101/09, OSNKW 2009, Nr. 1, Pos. 8, in denen es sich gegen eine Bindung des Berufungsgerichts an die Berufungsvorwürfe ausspricht, sowie den Beschluss des OG vom 12.3.2008, IV KK 22/008, OSNKW – Jahrgang 2008, Pos. 617, in dem der gegenteilige Standpunkt vertreten wird.

Sinn, die sich während der Verhandlung nicht wiederholen lassen, oder solcher, die durch Zeitablauf unbrauchbar werden. Darüber hinaus würde es sich nur um eine Zeitvergeudung handeln. Man tut besser daran, Zeit zu sparen und auf die Vernehmung der Zeugen vor dem Einreichen der Anklageschrift zu verzichten und es nach einigen einführenden Fragen zu erlauben, die Anklage einzureichen und die Vernehmung vor Gericht durchzuführen.

Es ist klar, dass es die Intention des Gesetzgebers war, definitiv die Verifizierung der Beweise, die vorher im Ermittlungsverfahren erlangt wurden, in der Gerichtsverhandlung zu beenden. Der Staatsanwalt sollte daher die Anklageschrift einreichen, nachdem er zu der Überzeugung gelangt ist, dass der Verdacht der Begehung einer Straftat begründet ist, und anschließend diesen Verdacht glaubhaft machen, indem er die Beweise unmittelbar vor Gericht vorlegt. Dieses Modell des Ermittlungsverfahrens wählte der Gesetzgeber ausdrücklich, was man erstens deutlich an der neuen Konzeption des Aktes des Gerichts und der Anklageschrift sieht und zweitens an der Begrenzung der Verwendung von Protokollen von Zeugenvernehmungen im Gerichtsverfahren. Nach Art. 332 § 2 StPO n. F. muss die Anklageschrift keine Begründung mehr enthalten. Hieran erkennt man deutlich die Bestrebung, dass sie keine volle Rekonstruktion der Ereignisse beschreiben muss, da eine solche Beschreibung suggestiv ist, und dem Gericht nicht erlaubt, an die Entscheidung der Sache mit der garantierten Unparteilichkeit, dem „sauberen Konto“ heranzugehen. Aus demselben Grund werden dem Gericht nicht die vollständigen Ermittlungsakten zugesandt, sondern nur ausgewählte Dokumente aus diesen Akten, die für die Entscheidung der Sache durch das Gericht unerlässlich sind (Art. 334 StPO n. F.). Statt fertiger Beweise sollen der Anklageschrift Anträge auf die Zulassung von Beweisen durch das Gericht beigefügt werden, unter Angabe der Beweisthese und der Beweismittel (Art. 333 § 1 StPO).

Die vollständige Sammlung des Materials im Ermittlungsverfahren entbehrt eines tieferen Sinns, da die Art. 391ff. StPO drastisch die Möglichkeiten begrenzen, die Vernehmungsprotokolle in das Beweismaterial einzubringen, das die Grundlage für das Urteil bilden könnte. Eine solche Einbringung kann nur in dem Bereich erfolgen, in dem die Partei, die den Beweis durchführt, in den Geständnissen oder Erklärungen Widersprüche erkennt und in dem entsprechenden Fragment den Inhalt des Geständnisses (der Erklärung), das vorher gemacht wurde, vorliest. In den übrigen Fällen dürfen Protokolle, die im Ermittlungsverfahren angefertigt wurden, im Gerichtsverfahren nicht verwendet werden, was sich aus der Regelung, die in Art. 334 § 3 StPO enthalten ist, ergibt, nach der die Protokolle der Vernehmung der Zeugen, deren Aufruf in der Verhandlung der Ankläger verlangt, dem Gericht in einer besonderen Urkundensammlung zugestellt werden (sie stellt keinen Teil der Akten dar, die dem Gericht mit der Anklageschrift übermittelt werden).

Dass weitere Änderungen im Bereich des Ermittlungsverfahrens fehlen, folgt nicht nur daraus, dass seine Modellierung Folge der Vorschriften ist, die die neuen Spielregeln im juristischen Verfahren gestalten. Zudem können eine Reihe der Maßnahmen, die unternommen werden müssen, nicht durch eine gesetzliche Regelung geändert werden, sondern sie erfordern Änderungen in den Regularien und organisatorischen Vorschriften. So wäre es zum Beispiel hinsichtlich der neu bestimmten Rolle des Staatsanwalts im Gerichtsverfahren wünschenswert, wenn als Ankläger in der Gerichtsverhandlung der Staatsanwalt auftreten würde, der das Ermittlungsverfahren durchgeführt oder beaufsichtigt hat. Allerdings ist es aufgrund der Organisationsprinzipien der Staatsanwaltschaft nicht möglich, eine solche Praxis mit den Vorschriften des Gesetzbuches durchzusetzen. In dem Umfang, in dem es unerlässlich erscheint, wird es sicherlich durch die Staatsanwaltschaft selbst ausgestaltet, die – und das unterliegt schließlich keinem Zweifel – alle möglichen Schritte unternimmt, um eine ordnungsgemäße Ausführung der Aufgaben, die ihr durch das Recht übertragen wurden, zu garantieren.

4. Das Beweisverfahren vor Gericht

Die weitestgehenden Änderungen erfolgen in Bezug auf das Beweisverfahren vor Gericht. Das Recht des Gerichts auf Einführung von Beweisen in den Prozess von Amts wegen wurde erheblich begrenzt auf die Fälle, die durch besondere Umstände begründet sind. Grundsätzlich werden die Beweise auf Antrag der Parteien zugelassen und durch die jeweilige Partei durchgeführt. Das Gericht soll sich im Beweisverfahren grundsätzlich passiv verhalten und nur dann an der Erörterung der Tatsachen teilnehmen, wenn es aufgrund der Passivität der Parteien fraglich ist, ob ein richtiges Urteil in der Sache gefällt werden kann.

Das Bestreben des Gesetzgebers, das gerichtliche Verfahren mehr nach dem Grundsatz des kontradiktorischen Verfahrens auszugestalten, ist sichtbar.[10] Es ist

---

10 Siehe M. Dąbrowska-Kardas, *W kierunku kontradyktoryjności procesu* karnego (in Richtung auf den kontradiktorischen Strafprozess), Mida 2011, Nr. 3; M. Czajka, *W stronę kontradyktoryjności procesu karnego – głos sędziego*, (in Richtung auf den kontradiktorischen Strafprozess, die Stimme des Richters) Mida 2011, Nr. 8; P. Kowalski, *Zasada kontradyktoryjności procesu karnego w świetle projektu Komisji Kodyfikacyjnej Prawa Karnego*, (Der Grundsatz des kontradiktorischen Strafprozesses im Lichte des Projekts der Kodifizierungskommission für das Strafrecht) Palestra 2012, Nr. 7–8; P. Kardas, *Mieszany, kontradyktoryjny czy inkwizycyjny proces karny. Uwagi o*

anerkannt, dass dic inquisitorische Art der Beweisführung im Gerichtsverfahren, besonders in der erstinstanzlichen Verhandlung, weder die Möglichkeit bietet, dass das Gericht objektiv bleibt, noch der Erörterung der Wahrheit dient, die die Grundlage sämtlicher Entscheidungen bilden sollte. Die letztere Annahme ist besonders kontrovers, da die Begrenzung der Initiative des Gerichts im Beweisverfahren von vielen dahingehend (allerdings vollkommen fehlerhaft) verstanden wird, dass sich hierin eine Ersetzung der gerichtlichen Pflicht, die Wahrheit zu erforschen durch die Richtlinie, die Entscheidung auf die so genannte Prozesswahrheit zu stützen, äußert, d.h. einer solchen, die aus den Beweisen, die durch die Parteien präsentiert werden, folgt[11]. Man kann jedoch mit Sicherheit die These verteidigen, dass es keine bessere Art gibt, zur Wahrheit zu gelangen, als einen offenen, vorurteilsfreien und kontradiktorischen Streit zwischen den Parteien.[12] Da in der Novellierung die gerichtliche Beweisinitiative eingegrenzt wurde, öffnet sich eine erheblich weitere Möglichkeit der Beweisinitiative für die Parteien, und es wird ein Mechanismus konstruiert, der ihrer Aktivierung im Gerichtsverfahren dient. Aufgabe der Parteien ist nicht nur das Beantragen von Beweisen im Gerichtsverfahren, sondern auch die Durchführung der Beweisaufnahme in diesem Verfahren. Schlüsselbedeutung hat hier Art. 167 StPO, der die meisten Emotionen in der Diskussion hervorgerufen hat. Gegenwärtig nennt die Vorschrift lediglich zwei Arten der Einführung von Beweisen in den Prozess: Nach ihm werden Beweise auf Antrag einer Partei, dem Rechtssubjekt, das in Art. 416 StPO wird genannt wird, oder von Amts wegen eingeführt. Man kann zwar auf die Prioritäten, die bei der Schaffung dieser Vorschrift zugegen waren, schließen, sofern die Möglichkeit der Einführung von Beweisen von Amts wegen an letzter Stelle genannt wurde. Es bleibt jedoch unstrittig, dass im Lichte dieser Vorschrift das Gericht eine unbegrenzte Möglichkeit hat, von Amts wegen zu handeln, was in Verbindung mit der auf dem Gericht lastenden

---

kierunkach projektowanych zmian Kodeksu postępowania karnego, (Gemischter, kontradiktorischer oder inquisitorischer Strafprozess. Anmerkungen über die Richtung der in Aussicht genommenen Änderungen der StPO) CzPKiNP 2011; A. Lach, *Zasada kontradyktoryjności w postępowaniu sądowym de lege lata i de lege ferenda,* (Der Grundsatz des kontradiktorischen Strafprozesses de lege lata und de lege ferenda), Palestra 2012, Nr. 5–6; B. Nita, A. Światłowski, *Kontradyktoryjny proces karny (między prawdą materialną a szybkością postępowania),* (Der kontradiktorische Strafprozess zwischen materieller Wahrheit und schnellem Verfahren), PiP 2012, Nr. 1.

11 Siehe z.B. B. Nita, A. Światłowski, *Kontradyktoryjny proces …, passim* (Der kontradiktorische Prozess).

12 A. Murzynowski, *Istota i zasady …,* (Wesen und Grundsätze …,) S. 174.

Verpflichtung, sämtliche Umstände der Sache von Amts wegen zu ermitteln, praktisch dazu geführt hat, dass die Beweisinitiative des Gerichts dominiert hat. Diese Beweisinitiative des Gerichts wird im Schrifttum zum Prozess als Ausnahme vom Grundsatz des kontradiktorischen Verfahrens gesehen, die jedoch durch die Notwendigkeit gerechtfertigt wird, eine möglichst umfassende Beweisgrundlage für die Entscheidung aufzubauen.[13] Die novellierte Vorschrift des Art. 167 StPO regelt die Frage der Beweisinitiative im gerichtlichen Verfahren, das auf Antrag der Partei aufgenommen wurde, anders.[14] Er geht von der Regel aus, dass Beweise zwar durch das Gericht (den Präsidenten, den Vorsitzenden) zugelassen werden, aber auf Antrag der Partei. Von Amts wegen kann ein Beweis durch das Gericht allein in Ausnahmefällen zugelassen werden, die durch das Vorliegen besonderer Umstände begründet sind. Die Anwendung eines zweifachen Quantifikators zeigt eindeutig die Intention des Gesetzgebers. Die Vorzüge einer solchen Regelung sind offensichtlich. Sie zwingt die Parteien des Prozesses insofern zur Aktivität im Verfahren vor dem Gericht, als klar ist, dass bei einer Passivität des Anklägers die Gefahr besteht, den Prozess zu verlieren. Eine solche Gefahr besteht auch für die Verteidigung, wenn sie sich im Prozess nicht die Mühe macht, sich gegen die anklägerische Aktivität zu verteidigen. Am wichtigsten ist jedoch – wie es scheint – die Tatsache, dass das Gericht, das von der Pflicht, Beweise in den Prozess von Amts wegen einzuführen, befreit ist, so zu einem wirklich objektiven Gericht wird, was eine elementare Voraussetzung dafür ist, den Prozess als kontradiktorisch anzuerkennen. Es erscheint klar, dass, wenn das Gericht damit belastet wird, Beweise durchzuführen und die Unschuldsvermutung, die den Beschuldigten schützt, zu widerlegen, seine Handlungen das Merkmal der Objektivität verlieren. Genau derselbe Effekt entsteht dann, wenn das Gericht von Amts wegen Beweise einführt, die zu Gunsten des Angeklagten sprechen. Der hier besprochene legislative Eingriff zielt auf die Gestaltung des kontradiktorischen Modells im Verfahren vor dem Gericht, wo sich zwei sich

---

13 Siehe z.B. T. Grzegorczyk, J. Tylman, *Polskie postępowanie …*, (Polnisches Strafverfahren) S. 127.

14 Diese Begrenzung erscheint als eine natürliche, wenn der Kodex die Aufnahme des Verfahrens von Amts wegen vorsieht, in dem die Parteien überhaupt nicht auftreten (z.B. die Wiederaufnahme des Gerichtsverfahrens nach Art. 542 § 3 StPO), und in dieser Situation können die Beweise nur vom Gericht eingebracht werden. To ograniczenie jawi się jako oczywiste, skoro Kodeks przewiduje postępowania wszczynane z urzędu, w którym strony w ogóle mogą nie występować (np. wznowienie postępowania sądowego na podstawie Art. 542 § 3 StPO), a w takiej sytuacji dowody mogą być inicjowane tylko przez sąd.

gegenüberstehende Parteien messen sollen, aber der Streit durch ein voll objektives Gericht entschieden werden soll, das sich darin nicht einmischt.

Die am meisten kontrovers diskutierte Frage ist die, ob es richtig war, in der Konstruktion des Art. 167 StPO die Ausnahmekompetenz des Gerichts beizubehalten, Beweise *ex officio* zu initiieren. Diese Lösung hat offensichtliche Nachteile. Erstens stellt sie eine Durchbrechung des Modells der kontradiktorischen Verhandlung dar, der man zustimmen könnte unter der Voraussetzung, dass Gründe dafür angeführt werden. Ein Problem könnte allerdings die nicht ausreichende Präzisierung des Kriteriums der gerichtlichen Intervention sein. Trotz der zweifachen Quantifizierung dieser Intervention ist nicht klar, in welchen Situationen ein solcher Ausnahmefall vorliegt, und welche besonderen Umstände diese Ausnahme begründen sollen. Man kann von vornherein vorhersehen, dass die in Art. 167 StPO geregelte Ausnahme ein *antidotum* für das Unbehagen des Gerichts sein soll, das gezwungen wäre, die Sache mit dem Bewusstsein zu entscheiden, dass das, was im Lichte der Beweise von den Parteien beantragt wird, offensichtlich nicht der Wahrheit entspricht. Wenn diese Konstruktion durch die Praxis tatsächlich als ein Weg zur Umsetzung des Postulats einer allseitigen Aufklärung der Angelegenheit gesehen würde, dann würden die Grundlagen der Reform zu Staub zerfallen.[15] Dies wäre mit Sicherheit ein falsches Verständnis der Rolle, die das Gericht im kontradiktorischen Verfahren erfüllen soll, und bürdete ihm die Pflichten auf, die die Anklage und Verteidigung haben.

Die angenommene Lösung hat jedoch auch Vorteile. Sie führt zwar in den Gerichtsprozess eine Spur des Inquisitorischen ein, jedoch gilt es auch zu bedenken, dass möglicherweise eine Situation besteht, in der die Parteien keinen Antrag auf Zulassung eines Beweises stellen, der Schlüsselcharakter in der Angelegenheit hat. Als Beispiel kann man hier die rhetorische Frage stellen im Bezug auf die Vorgehensweise eines Gerichts, das Zweifel an der Zurechnungsfähigkeit des Angeklagten hat, das diese Zweifel jedoch nicht beseitigen kann, weil die Parteien keinen Antrag auf Zulassung eines psychiatrischen Expertengutachtens als Beweis gestellt haben.

Der neue Art. 167 StPO regelt jedoch nicht nur die Beweisinitiative. Er regelt darüber hinaus die Frage, die gegenwärtig im Gesetzbuch überhaupt nicht geregelt

15 Die jahrelange Erfahrung lehrt, dass sämtliche „Türchen", die Ausnahmen von der Regel zulassen, in der Praxis in großem Maße genutzt werden, entgegen dem Verbot, Ausnahmevorschriften erweiternd auszulegen, was häufig dazu führt, dass die Regel zu Gunsten der Ausnahme „umgedreht" wird.

wurde,[16] nämlich die Ordnung des Beweisverfahrens durch die Bestimmung, auf wem die Last der Durchführung des Beweises vor dem Gericht nach seiner Zulassung durch das Gericht ruht. Die gegenwärtige Praxis ist einheitlich: Nach Einreichung der Anklageschrift werden die Beweise durch das Gericht durchgeführt. Es ist unstrittig, dass gerade dadurch die Parteien am meisten demotiviert werden, die nicht bereit sind, den Streit tatsächlich durchzuführen. Hier erwartet uns eine grundsätzliche Änderung. Nach dem neuen Art. 167 § 1 StPO führt die Partei die Beweise ein, auf deren Antrag sie zugelassen wurden. Das Gericht führt sie allein dann ein, wenn es selbst unter den oben genannten Voraussetzungen den Beweis in den Prozess eingeführt hat (Art. 167 § 1, S. T 3 StPO). Es gibt hier jedoch auch eine andere Möglichkeit. Das Gericht hat nämlich die Möglichkeit, einen Beweis, der auf Antrag einer Partei zugelassen wurde, in einer Situation, in der die Partei, auf deren Antrag der Beweis zugelassen wurde, nicht erscheint, und außerdem in Ausnahmefällen, die durch besondere Umstände begründet werden (Art. 167 § 1, S. T 3 StPO). Diese Lösung ist als Inkonsequenz zu bewerten und sogar als gefährlich. Soweit nämlich die Ersetzung einer Partei, die vor Gericht erscheint, durch das Gericht in besonderen Situationen erfolgen kann (erneut eine zweifache Quantifizierung)[17], so muss im Fall des Nichterscheinens der Parteien kein Ausnahmefall vorliegen. Man muss natürlich dabei die Gefahr eines instrumentellen Verhaltens erkennen, das berechnend die Durchführung einer Beweisaufnahme durch das Gericht erzwingt, dadurch, dass die Partei nicht zur Verhandlung[18] oder Sitzung erscheint. Es bleibt nur zu hoffen, dass die Praxis der Gerichte in eine andere Richtung gehen wird, unter Berücksichtigung dessen, dass Art. 167 § 1 StPO die Durchführung eines Beweises in dieser Situation nicht zwingend anordnet („das Gericht kann"), und dass die Kriterien der Bewertung dieser Möglichkeiten in einer Auslegung zu finden sind, die sich an dem Grundsatz des kontradiktorischen Verfahrens orientiert.[19] Anzumerken ist außerdem, dass es dem Gericht

16 Siehe K. Woźniewski, *Inicjatywa dowodowa w polskim prawie karnym procesowym,* (Das Einbringen von Beweisen im polnischen Strafprozess) Gdynia 2001, S. 19 i nast.

17 Es ist davon auszugehen, dass dies in dem Fall stattfindet, wenn man eine gewisse Hilflosigkeit der Parteien beobachtet, besonders wenn sie ohne einen fachlich geschulten Prozessvertreter erscheinen.

18 Das Erscheinen des Beschuldigten in der Verhandlung wird daher grundsätzlich nicht mehr verpflichtend sein. Vgl. den neuen Art. 374 § 1 StPO.

19 Eine Sicherung kann nicht in dem neuen Art. 427 § 4 StPO gefunden werden, der sich allein auf die Nichteinführung der Beweise von Amts wegen durch das Gericht bezieht, aber nicht auf die Nichtdurchführung nach vorheriger Zulassung. Eine solche Sicherung wird hingegen mit Sicherheit der Inhalt des Art. 447 § 5 StPO sein, der

freisteht, das Beweisverfahren in diesem Fall lediglich in den Grenzen der angemeldeten Beweisthese durchzuführen, daher hat die Partei, die darauf verzichtet, vor Gericht zu erscheinen und den Beweis durchzuführen, einiges zu verlieren.

5. Die Folgen

a) Neuformulierung der Ziele des Strafverfahrens

Die neue Konzeption der Feststellung der Tatsachen im Verfahren vor dem Gericht macht es nötig, zahlreiche Änderungen im Umkreis des gesamten Strafverfahrensgesetzbuchs und auch in einer Reihe anderer Gesetze durchzuführen.

An erster Stelle erscheint hier zunächst die im Vergleich zur bisherigen Regelung unterschiedliche Bestimmung der Ziele des Strafverfahrens im neuen Art. 1 § 2 Pkt. 1) StPO. Nach der Novellierung bezwecken die Vorschriften des Gesetzbuchs eine solche Gestaltung des Strafverfahrens, dass (…) der Täter einer Straftat entdeckt wird und zur strafrechtlichen Verantwortung gezogen wird, aber eine Person, der die Schuld nicht nachgewiesen werden konnte, diese Verantwortung nicht trägt. Im Schlussteil dieser Vorschrift geht es somit nicht um eine Person, die objektiv unschuldig ist, sondern um eine Person, der die Schuld nicht nachgewiesen werden konnte. Tatsächlich wird weder in der gegenwärtigen noch in der neuen Formulierung nicht direkt bestimmt, auf wem die Last liegt, die Unschuldsvermutung gegenüber dem Angeklagten zu schützen, es ist jedoch klar, dass sie nicht auf dem Gericht ruht, sondern auf dem Ankläger, der die Beweislast im formalen Sinne trägt. Dies nimmt natürlich nicht die Beweislast im materiellen Sinne von der Verteidigung, die mit den negativen Folgen der Durchführung des Beweises gegen ihre Thesen belastet ist.[20]

b) Neuformulierung des Grundsatzes „*in dubio pro reo*"

Zu erwähnen ist auch die Neuformulierung des Grundsatzes *in dubio pro reo*. Die gegenwärtig geltende Regel, die in Art. 5 § 2 StPO niedergeschrieben ist, scheint zu suggerieren, dass die Pflicht, sämtliche Zweifel zu beseitigen, auf dem

die Möglichkeit blockiert, den Vorwurf des Fehlens einer ausreichenden Aktivität des Gerichts bei der Durchführung der Beweise zu rügen, allerdings bezieht sich diese Vorschrift nur auf die Appellation.

20 Zum Thema der Beweislast im formellen und materiellen Sinne s.: M. Cieślak, *Zagadnienia dowodowe w procesie karnym*, (Beweisfragen im Strafprozess) Kraków 2011, s. 129 i nast.

Organ ruht, das eine bestimmte Entscheidung zu treffen hat.[21] Es ist ihm nämlich nur dann möglich, hinsichtlich Zweifeln zu Gunsten des Angeklagten zu entscheiden, wenn es vorher alle möglichen Versuche unternommen hat, die Zweifel zu beseitigen, sie sich aber nicht beseitigen ließen. Nach der Neuformulierung des Art. 5 § 2 StPO sollen zu Gunsten des Angeklagten solche Zweifel beseitigt werden, die „im Beweisverfahren nicht beseitigt wurden". Die Tatsache, dass hier eine unpersönliche Form angewendet wird, wobei jedoch Art. 5 § 2 StPO gemäß den Richtlinien der systematischen Auslegung interpretiert wird, führt leicht zu dem Schluss, dass, weil auf den Parteien die Pflicht lastet, dem Gericht die Beweise zu liefern, das Gericht bei Zweifeln zu Gunsten des Angeklagten entscheidet, wenn solche Zweifel vorliegen, die die Parteien durch ihre Aktivität oder auch durch das Fehlen der Aktivität nicht beseitigt haben.

c) Rückverweisung der Sache zur Nachermittlung

Im kontradiktorischen Strafverfahren gibt es keinen Platz für die Rückgabe der Sache zur Vervollständigung des Ermittlungsverfahrens, wie es heutzutage in der Vorschrift des Art. 345 StPO bestimmt wird, der zusammen mit Art. 346 StPO in der Novellierung gestrichen wurde. Es kann schließlich nicht die Rolle des Gerichts sein, eine anfängliche Bewertung vorzunehmen, ob die Beweise, die durch den Ankläger vorgelegt wurden, für eine Verurteilung des Angeklagten ausreichen, da die Verweisung der Angelegenheit an den Staatsanwalt, um im Falle der Feststellung der Unvollständigkeit des Ermittlungsverfahrens dieses zu komplettieren, offensichtlich die Rolle als unparteiliches Organ, das berufen ist, über den Streit zu entscheiden, verletzt. Nach dem neuen Modell erlässt das Gericht seine Entscheidung nach der Durchführung der Beweise der Anklage und der Verteidigung in der Verhandlung im endgültigen Urteil. Wenn festgestellt wird, dass die Beweise nicht ausreichen, muss nach dem Gedanken des Art. 5 § 2 StPO vorgegangen werden und in einem freisprechenden Urteil festgestellt werden, dass es dem Ankläger nicht gelungen ist, die Unschuldsvermutung zu widerlegen. Genau aus denselben Gründen wurde Art. 387 StPO gestrichen. Ersetzt wurde dieses Institut, auf das der Gesetzgeber verzichtete, durch die in Art. 401 § 1 StPO verankerte Möglichkeit der Unterbrechung der Verhandlung zur Vorbereitung neuer

---

21 S. insbesondere die Anmerkungen von R. Ponikowskiego, *Zasada in dubio pro reo w teorii i orzecznictwie (zarys problematyki)* (Der Grundsatz in dubio pro reo in der Theorie und in der Rechtsprechung, Darstellung der Problematik) (in:) *Rzetelny proces karny. Księga jubileuszowa Profesor Zofii Świdy* (Der ehrliche Strafprozess. Festschrift für Prof. Zofia Świda) Warszawa 2009, S. 211ff.

Beweisanträge durch die Parteien. Es ist klar, dass eine solche Entscheidung nur auf Antrag der Parteien ergehen kann. Die neue Lösung entspricht insofern nicht nur der Idee des kontradiktorischen Verfahrens, sondern garantiert auch bislang nicht eingehaltene Gleichheit der Parteien im subjektiven Umfang.

d) Beteiligung der Parteien an der Gerichtsverhandlung

Eine besonders kontroverse Frage war während der Arbeiten an der Novelle die Regelung einer obligatorischen oder fakultativen Beteiligung der Parteien an der Gerichtsverhandlung. Einerseits sollten die Parteien nämlich, wenn wir wollen, dass die Parteien vor Gericht einen realen Streit über die Wahrheit führen, bei der Verhandlung anwesend sein. Ihre Nichtanwesenheit ist mit den bereits oben erwähnten Komplikationen, die aus der Anwendung des Art. 167 StPO folgen, verbunden. Auf der anderen Seite allerdings ist das kontradiktorische Verfahren ein solches, in dem ein unparteiisches Gericht den Parteien einen prozessualen Kampf um die für sie günstigste Entscheidung ermöglicht.[22] Die Parteien sollen daher das Recht haben, aber nicht die Pflicht, an der Verhandlung teilzunehmen. Letztlich muss trotz der Gleichheit der Parteien die Konstruktion des kontradiktorischen Verfahrens als Schlüsselelement erkannt werden[23] und über eine unterschiedliche Regelung dieser Frage in Bezug auf den Angeklagten und den Ankläger entschieden werden.

Wenn der Angeklagte an der Verhandlung nicht teilnimmt, um sich gegen den gegen ihn erhobenen Vorwurf zu verteidigen, kann er nicht zum Erscheinen verpflichtet werden, da niemand die Pflicht hat, sich zu verteidigen, sondern allein das Recht auf Verteidigung. Es wäre somit absurd, eine Lösung weitergelten zu lassen, nach der es zulässig wäre, einem Menschen die Freiheit nur deswegen zu entziehen, damit er die ihm zustehenden Rechte ausübt. So geschieht es gegenwärtig im Falle der Zwangsvorführung des Angeklagten zur Verhandlung, der nicht zur Verhandlung erscheinen will. Nach dem neuen Art. 374 § 1 StPO hat der Angeklagte (grundsätzlich) das Recht, an der Verhandlung teilzunehmen, obwohl der Vorsitzende oder das Gericht seine Anwesenheit als verpflichtend anerkennen können. Lediglich in Sachen, in denen es um ein Verbrechen geht, wurde die Pflicht zum Erscheinen des Angeklagten während der Durchführung

22 M. Cieślak, *Polska procedura…*, (Polnischer Strafprozess) S. 206; S. Waltoś, P. Hofmański, *Proces…*, (StPO) S. 274.

23 S. M. Wąsek – Wiaderek, *Zasada równości stron w polskim procesie karnym w perspektywie prawnoporównawczej,* (Der Grundsatz der Gleichheit der Parteien im Strafprozess aus rechtsvergleichender Sicht) Zakamycze 2003, S. 74ff.

der Prozesshandlungen, die in Art. 385 und Art. 386 StPO genannt werden, aufrechterhalten, da das Vor-Gericht-Erscheinen des Angeklagten und das öffentliche Verlesen der gegen ihn erhobenen Vorwürfe hier gewissermaßen einen symbolischen Rang haben und weit mehr bedeuten, als es ihm zu ermöglichen, sich zu verteidigen.[24]

Eine andere Frage ist die Entscheidung dieser Frage in Bezug auf den Staatsanwalt, wo in Art. 46 StPO seine verpflichtende Teilnahme an der Verhandlung in Angelegenheiten solcher Verbrechen, die durch öffentliche Anklage verfolgt werden, aufrechterhalten wurde. Darüber hinaus wird diese Regel all jene Angelegenheiten betreffen, die in die Verhandlung geleitet wurden, da der Gesetzgeber auf das vereinfachte Verfahren verzichtet hat, an dem die Teilnahme des Staatsanwalts an der Gerichtsverhandlung nicht verpflichtend ist (gegenwärtig Art. 477 StPO, durch die Novellierung gestrichen zusammen mit dem gesamten Kapitel 51). Womit kann man die unterschiedliche Behandlung des Staatsanwalts unter dem genannten Aspekt rechtfertigen? Es ist wahr, dass der Ankläger, im rein prozessualen Sinne, das Recht hat, auf gleicher Höhe mit dem Angeklagten, einen kontradiktorischen Kampf um eine Entscheidung mit einem bestimmten Inhalt zu führen. Gleichzeitig jedoch ist der Staatsanwalt der Vertreter des Staates, der die Verwirklichung einer wichtigen, ihm übertragenen öffentlichen Funktion erfüllt, und es kann nicht von seinem Willen abhängen, ob er diese im Strafverfahren erfüllen möchte oder nicht. Diese Fragestellung erreicht, das ist klar, größere Bedeutung in Zusammenhang mit den schon oben erwähnten Folgen des Nichterscheinens der Parteien zur Gerichtsverhandlung (Art. 167 § 1 StPO).

6. Die Notwendigkeit der Aktivierung der Parteien

Es entsteht die Frage, ob die neuen Vorschriften tatsächlich in der Praxis die Aktivität der Parteien in der Verhandlung mobilisieren. Diese Sache betrifft sowohl die Staatsanwälte, die momentan nicht gezwungen werden, irgendeinen Kampf während der Verhandlung zu führen, und die eine positive Verifikation des Beweismaterials, das im Ermittlungsverfahren zusammengetragen wurde, durch das Gericht erwarten,[25] als auch die Verteidigung, die richtigerweise unterstellt,

24 Auführlicher zu diesem Thema s.: P. Hofmański, *Obecność oskarżonego na rozprawie – jego prawo czy obowiązek.* (Die Anwesenheit des Angeklagten in der Verhandlung – sein Recht oder seine Pflicht) Wrocławskie Studia Sądowe 2011, Nr. 1, S. 9ff.

25 S. die Anmerkungen von G. Krzysztofiuka, *Uwagi do projektu nowelizacji Kodeksu postępowania karnego z punktu widzenia praktyki prokuratorskiej* (Anmerkungen

dass das Gericht es nicht zulässt, dass dem Angeklagten Unrecht geschieht, wenn irgendwelche Zweifel an seiner Schuld verbleiben. Bezüglich der Staatsanwaltschaft scheint die Angelegenheit einfach zu sein. Ausreichend scheint hier die Vision zu sein, dass der Prozess infolge fehlender Aktivität während der Verhandlung verloren wird. Hinsichtlich des Angeklagten scheint die Angelegenheit jedoch komplizierter zu sein. Die Notwendigkeit der Stärkung der Verteidigung, die in der Verhandlung mit einem fachlich vorbereiteten Staatsanwalt konfrontiert wird, erscheint als eine fundamentale Frage.[26] Dies ist notwendig wegen einer größeren Belastung mit der Beweislast im materiellen Sinne und ihrem hierdurch gegebenen vervielfältigten Einfluss auf das Prozessergebnis. Es scheint sogar so, dass der Angeklagte nicht im Stande sein wird, dem Ankläger die Stirn zu bieten, wenn er in der Verhandlung ohne Verteidiger auftritt, da das Gericht – anders als gegenwärtig – sich nicht um seine prozessualen Interessen kümmern wird. Es wurde jedoch anerkannt, dass die Festlegung einer allgemeinen Pflicht zur Verteidigung nicht anzuerkennen ist, und zwar nicht nur unter Kostengesichtspunkten, sondern auch unter dem Gesichtspunkt, dass das Recht auf Verteidigung auch das Recht impliziert, keinen Verteidiger zu haben. Es wurde somit die völlig neue Konstruktion des „Verteidigers auf Anforderung" in Art. 80a StPO angenommen. Nach dieser Vorschrift muss der Angeklagte (anders als der Verdächtige - die novellierte Fassung des Art. 78 § 1 StPO) nicht mehr nachweisen, dass er arm ist, damit das Gericht ihm einen Pflichtverteidiger von Amts wegen beiordnet. Es reicht das Stellen eines entsprechenden Antrags aus, der nur dann nicht notwendig ist, wenn Teilnahme eines Verteidigers obligatorisch ist, was ähnlich wie gegenwärtig nur eng im Gesetzbuch bestimmte Fälle betrifft (Art. 79 und Art. 80 StPO).

Die vorgenommenen Änderungen beschränken sich jedoch nicht allein auf die Erweiterung des Rechts, die Hilfe eines Verteidigers in Anspruch zu nehmen, weil nämlich auch das Recht auf Verteidigung im materiellen Sinne verstärkt

---

zum Projekt einer Novellierung des Strafverfahrens aus dem Gesichtspunkt der staatsanwaltschaftlichen Praxis), Kwartalnik KSSiP 2012, Nr. 4, S. 65ff. Siehe auch K. Dutka, *Aktywność oskarżyciela publicznego w rozprawie głównej w* świetle *zasady kontradyktoryjności.* (Die Aktivität des öffentlichen Anklägers in der Hauptverhandlung im Lichte des kontradiktorischen Verfahrens) Prawo w działaniu, Wyd. IWS, 2012.

26 P. Kardas, *Projektowany model obrony z urzędu a zasada prawdy materialnej,* (Das vorgeschlagene Modell der Verteidigung von Amts wegen und der Grundsatz der materiellen Wahrheit) Palestra 2013, Nr. 5–6, S. 9.

werden musste. Ausdruck dieser Tendenz ist vor allen Dingen eine grundsätzliche (wenn auch kontrollierte) Erweiterung der Möglichkeiten zur Einführung von Privatbeweisen in den Prozess.[27] Das angestrebte Resultat wurde durch den neuen Wortlaut des Art. 393 § 3 StPO erzielt, nach dem in der Verhandlung auch private Urkunden verlesen werden können, die zu Verfahrenszwecken erstellt wurden. Mit anderen Worten wird es der Verteidigung möglich sein, bei Gericht einen Antrag auf Zulassung eines Beweises, der durch die Verteidigung außerhalb des Strafverfahrens durchgeführt und dokumentiert wurde, zu stellen. Diese Berechtigung ist natürlich nicht begrenzt durch ein Verbot, Aufzeichnungen, die Prozesshandlungen dokumentieren, die das Führen eines Protokolls erfordern, zu verlesen (Art. 393 § 1 StPO), da es sich hierbei nicht um Prozesshandlungen im Sinne dieser Vorschrift handelt.

Die oben genannte Änderung, die unter dem Gesichtspunkt der Verwirklichung des Grundsatzes der Waffengleichheit fundamentale Bedeutung hat, ist natürlich verbunden mit bestimmten Befürchtungen bezüglich der Art, wie die Verteidigung die neuen prozessualen Möglichkeiten gebrauchen wird. Man kann die Eröffnung eines größeren Marktes für die Dienstleistungen von Detektiven für die Bedürfnisse von Anwalts- und Rechtsberaterkanzleien vorhersagen. Eine Garantie, dass bei der Sammlung der Beweise das Recht nicht verletzt wird, soll der neue Art. 168a StPO geben, nach dem es unzulässig ist, einen Beweis durchzuführen und zu verwerten, der durch eine Straftat erworben wurde, die in Art. 1 § 1 StPO erwähnt wird. Diese Lösung stellt ein wesentliches *novum* dar, das eine wesentliche Bedeutung hat für die Begrenzung der Einführung von illegalen privaten Beweisen in den Prozess und auch für Beweise, die durch Staatsorgane erlangt wurden, insbesondere solche, die den Rahmen der Unrechtsgrenze für Kriminaltätigkeiten mit operativem Charakter überschreiten.[28]

---

27 Zum Thema der Privatbeweise im Strafprozess siehe insbesondere: A. Bojańczyk, *Dowód prywatny w postępowaniu karnym w perspektywie prawnoporównawczej,* (Der Privatbeweis im Strafverfahren aus rechtsvergleichender Sicht) Warszawa 2011. S. auch D. Stachurski, *O dopuszczalności dowodów prywatnych w świetle Konstytucji RP,* Palestra 2013, Nr. 3–4, S. 78ff.

28 Ausführlicher: Z. Kwiatkowski, *Dowód prywatny w świetle zmian Kodeksu postępowania karnego,* (Der Privatbeweis im Lichte der Änderungen der StPO) Kwartalnik KSSiP 2012, Nr. 3, S. 14ff.

7. Konsensualismus

Wenn man auf die Leitideen der Novellierung des Gesetzbuchs hinweist, kommt man nicht umhin, die Neuregelung des Konsensualismus zu erwähnen.[29] Der Gesetzgeber hat beschlossen, die bisherigen positiven Erfahrungen, die in den letzten Jahren mit der konsensualen Beendigung von Prozessen gemacht wurden, zu nutzen, und den allgemeinen Erwartungen zu entsprechen, den Umfang der Zulässigkeit der Anwendung der Institutionen der Verurteilung ohne Verhandlung und die freiwillige Anerkennung der Verantwortlichkeit (die verkürzte Verhandlung) zu erweitern. Die Vorschläge betreffen dabei nicht nur die Erweiterung des objektiven Umfangs der Zulässigkeit der Anwendung dieser Institutionen, sondern auch die Art des Vorgehens in diesen Angelegenheiten, insbesondere durch die Erweiterung der Möglichkeit des Urteils in der Sitzung. Und so ist gemäß Art. 335 § 1 StPO n. F. ein Antrag auf Verurteilung ohne Verhandlung zulässig in allen Angelegenheiten, in denen es sich um Vergehen handelt (gegenwärtig: in Angelegenheiten, in denen es sich um Vergehen handelt, die mit einer Strafe bis zu zehn Jahren Freiheitsentzug bedroht sind). Einen entscheidenden Schritt weiter ist der Gesetzgeber bei der Gestaltung der neuen Institution des sich freiwillig der Verantwortung Unterziehens (Art. 387 StPO) gegangen. Ein entsprechender Antrag ist zulässig in allen Angelegenheiten, die Straftaten betreffen, wobei der Angeklagte dieselben Privilegien genießt wie der Verdächtige, der eine Absprache mit der Staatsanwaltschaft auf der Grundlage des Art. 335 StPO trifft. Dabei wurde ein kompliziertes Anreizsystem errichtet, das darauf beruht, dass der Angeklagte umso mehr Vorteile auf der Ebene der Strafzumessung und der Zumessung der Strafmaßnahmen erhält, je eher er sich entscheidet, den Antrag zu stellen (vgl. Art. 338a StPO und Art. 387 StPO), wobei es bei Verbrechen als „zusätzliches Privileg“ nur die außerordentliche Strafmilderung gibt, die auch nur dann in Frage kommt, wenn der Antrag entsprechend früh gestellt wurde (Art. 387 § 4, S. 2 StPO). Zusätzlich wurde das Verfahren bei Vergehen, in denen ein Antrag gestellt wurde, vereinfacht: Wurde nicht bereits eine Verhandlung festgesetzt, kann über den Antrag des Angeklagten – ähnlich wie gegenwärtig im vereinfachten Verfahren – in der Sitzung entschieden werden (Art. 343a StPO).

---

29 Zum Thema des Konsensualismus s. insbesondere: M. Zbrojewska, *Dobrowolne poddanie się karze w kodeksie postępowania* karnego, (Die freiwillige Unterwerfung unter eine Strafe in der StPO) Białystok 2002 sowie: S. Steinborn, *Porozumienia w polskim procesie karnym*, (Die Verständigung im polnischen Strafprozess) Zakamycze 2005.

Die hier vorgestellten Änderungen auf dem Gebiet des Konsensualismus sind im Zusammenhang mit der angekündigten Verkürzung des Strafverfahrens zu sehen. Soweit nämlich in Angelegenheiten, in denen eine kontradiktorische Verhandlung stattfindet, das Gerichtsverfahren eher nicht gekürzt wird, so wird doch die durchschnittliche Zeitdauer des Gerichtsverfahrens gekürzt, wenn man Schätzungen berücksichtigt, nach denen nach Inkrafttreten der Novelle 80 % der Angelegenheiten überhaupt nicht in die Verhandlung kommen.

Es gibt jedoch mit dem Konsensualismus ein bestimmtes Problem, das hier signalisiert werden soll. Das angenommene Modell des Ermittlungsverfahrens, in dessen Verlauf kein vollständiges Beweisverfahren durchgeführt wird, scheint im Gegensatz zu stehen zu den Voraussetzungen einer konsensualen Entscheidung, die schon dann erfolgen kann, wenn die Umstände der Begehung einer Straftat keine Zweifel erwecken (Art. 335 § 1, Art. 343a § 2 und Art. 387 § 2 StPO). Es entsteht daher die Frage, worauf das Gericht diese Überzeugung gründen soll. Es kann sich nämlich ergeben, dass in Angelegenheiten, in denen der Staatsanwalt die Möglichkeit erblickt, einen Antrag zu stellen, der in Art. 335 § 1 StPO genannt wird, das Beweisverfahren vor Einreichen der Anklageschrift noch umfangreicher ist. Auch erscheint das folgende Risiko real, dass der Staatsanwalt, der sich für Verhandlungen und den Antrag auf Verurteilung ohne Verhandlung entscheidet, versucht, das Beweismaterial für den Fall zu sichern, dass der Angeklagte seine Zustimmung zu einer Verurteilung durch ihn im Verfahren, das in Art. 343 StPO vorgesehen ist, widerruft. Es bleibt zu hoffen, dass die Praxis nicht einfach auf ein Verfahren verzichtet, das sich durch Jahre hindurch als effektiv erwiesen hat. Mit Sicherheit wird man in der Praxis eine größere Aufmerksamkeit auf die Erklärung der Bereitschaft des Angeklagten, sich einer strafrechtlichen Verantwortlichkeit zu unterziehen, verwenden, und durch ihr Prisma den Sinn der problematischen Voraussetzungen interpretieren. Einem überraschten Staatsanwalt steht zudem der Antrag auf Unterbrechung der Verhandlung zur Verfügung, um Beweisanträge vorzubereiten, was der schon früher zitierte Art. 401 § 1 StPO vorsieht. Im Ergebnis sollte eine vernünftige Nutzung der Prozesserleichterungen, die im konsensualen Verfahren enthalten sind, jedoch zu einer Verbesserung des Verfahrens führen.

8. Die Umgestaltung des Berufungsverfahrens

Ganz sicher trägt zur Beschleunigung des Verfahrens jedoch das neue Modell des Berufungsverfahrens bei. Das Ziel, das erreicht werden soll, ist die Erhöhung der Effektivität dieses Verfahrens durch die Reduktion seines kassatorischen Grundsatzes. Es ist nämlich für niemanden ein Geheimnis, dass eine Verzögerung des

Berufungsverfahrens nicht so sehr verbunden ist mit der Langwierigkeit des Verfahrens vor dem Gericht zweiter Instanz, sondern vielmehr mit der besonders häufigen Notwendigkeit, den Prozess von vorn zu beginnen, als Ergebnis der Aufhebung der angegriffenen Entscheidungen. Aus diesem Grund hat der Gesetzgeber auf der einen Seite die Regel *ne peius* deutlich begrenzt, auf der anderen Seite dagegen die Zulässigkeit der Beweiserhebung im Berufungserfahren und die Vornahme von im Verhältnis zu den Feststellungen der ersten Instanz anderen tatsächlichen Feststellungen aufgrund von neuen Beweisen, erweitert.

Die Streichung des bei seiner Anwendung Schwierigkeiten bereitenden Art. 454 § 2 StPO[30] und auch die Änderung des Wortlauts des Art. 452 § 2 StPO kann bestimmte Zweifel erwecken, weil in einem größeren Maße als bisher das Berufungsgericht reformatorisch entscheiden kann, gestützt auf neu vorgenommene, tatsächliche Feststellungen, die dann keiner instanziellen Kontrolle mehr unterliegen. Der Gesetzgeber ging jedoch von der zutreffenden Voraussetzung aus, dass das Wesen der in Art. 176 Abs. 1 Verfassung der Republik Polen garantierten zweiten Instanz nicht darauf beruht, dass jedwede Feststellungen durch ein Gericht höherer Instanz kontrolliert werden, sondern darauf, dass der Partei ein Rechtsmittel gegen eine Entscheidung der ersten Instanz zusteht. Diese Berechtigungen wurden in der Novellierung konsequent eingehalten.

Die Erweiterung der Möglichkeiten, reformatorisch zu urteilen, wurde deswegen möglich, weil das Berufungsgericht in einem größeren als dem bisherigen Umfang ein Beweisverfahren durchführen kann. Fehlende Beweise werden nur dann zur Aufhebung des Urteils führen und zur Zurückverweisung der Angelegenheit und erneuten Entscheidung, wenn sich die Notwendigkeit ergibt, das Beweisverfahren insgesamt erneut durchzuführen (Neuer Art. 452 § 2 StPO). In diesem Zusammenhang werden Befürchtungen geäußert, dass die Novellierung eine Verlängerung des Berufungsverfahrens bewirkt. Diese Befürchtungen erscheinen jedoch nicht begründet, weil der Berufungskläger Beweisanträge nur insoweit stellen kann, als er sie noch nicht in dem Verfahren vor dem Gericht erster Instanz präsentieren konnte (Art. 427 § 3 StPO n. F.), Demgegenüber müssen weitere Beweisanträge in der Berufungsschrift eng formulierte Vorwürfe betreffen, da das Berufungsgericht die Angelegenheiten nur in den Grenzen, die durch diese Vorwürfe gezogen werden, untersucht (Art. 433 § 1 StPO n. F.). Andere Beweisanträge können abgelehnt werden, wenn sie Umstände betreffen,

---

30 S. insbesondere den Beschluss des OG in der Besetzung mit 7 Richtern vom 23.03.2011 r., I KZP 28/10, OSNKW 2011, Nr. 4, Pos. 30, der lebhaft im Schrifttum diskutiert wurde. S. Anmerkung von J. Skorupki, OSP 2011, Nr. 10, S. 704 sowie W. Kociubińskiego, PS 2012, Nr. 1, S. 121.

die keine Bedeutung haben für die Entscheidung über die Begründetheit des eingelegten Rechtsmittels (Art. 170 § 1 Pkt. 2 StPO).

9. Zusammenfassung

Die vom Gesetzgeber verabschiedete Änderung hat unstreitig Modellcharakter. Mit Sicherheit nähert sich der polnische Strafprozess dem angloamerikanischen Modell. Der polnische Strafprozess bleibt jedoch ein gemischter Prozess, obwohl ein großer Schritt in Richtung auf den kontradiktorischen Grundsatz gemacht wurde. Es bleibt zu hoffen, dass die Novellierung des Strafverfahrensrechts in Polen zu einer Verbesserung des Verfahrens beiträgt und auch in einem höheren Maß als bislang zur Durchsetzung der Schutzstandards der Personen, die in einen Prozess verwickelt sind, beiträgt.

II. Die ukrainische Strafprozessordnung von 2012

Prof. Dr. Dres. h.c. Friedrich-Christian Schroeder

Wissenschaftlicher Leiter des Instituts für Ostrecht München, Regensburg

Zeittafel zur Entstehung der ukrainischen Strafprozessordnung von 2012

23 Jahre hat es gebraucht, bis in der Ukraine an die Stelle der zwar aus der „Tauwetterperiode“ stammenden, aber doch „sozialistischen“ Strafprozessordnung von 1960 eine neue Strafprozessordnung getreten ist. Selbst nach dem Zusammenbruch des „Sozialismus“ dauerte es noch über 20 Jahre.

Die lange Dauer beruht auf der Mühe, mit der sich moderne, liberale Tendenzen gegen die überkommene Ideologie durchsetzen konnten. Dabei hat sich die Ukraine in mustergültiger Weise der Begutachtung durch den Europarat und die Europäische Kommission unterworfen. Schon der erste Entwurf von 2003 wurde dem Europarat vorgelegt und wegen seines konservativen Inhalts von diesem vehement zurückgewiesen. In der Folgezeit wurden die jeweiligen Fassungen des Entwurfs noch viermal Gutachtern des Europarats unterbreitet. Damit ist die Entwicklung der neuen Strafprozessordnung hervorragend dokumentiert, und es liegt ein gewaltiges Material für interessante rechtshistorische und politikwissenschaftliche Forschungen vor. Zum Leitfaden für solche Forschungen soll die folgende Chronologie der Reform dienen.

1960	Strafprozessordnung („Tauwetterperiode“)
1961–1992	zahllose Novellen
1992	Konzept der Justiz- und Rechtsreform
Dezember 2003	Entwurf einer Strafprozessordnung
2004	dem Europarat zur Begutachtung vorgelegt scharfe Kritik von dessen Experten Herrmann, Kos und McBride
1.12.2005	Zurückweisung des Entwurfs durch die Parlamentarische Versammlung des Europarats
Ende 2004/ Anfang 2005	Orangene Revolution
November 2005	neuer Entwurf auf der Grundlage des früheren
16.12.2005	Annahme durch das Parlament in erster Lesung, aber keine weitere Verfolgung

2006	Einsetzung einer Arbeitsgruppe der Nationalen Kommission zur Festigung der Demokratie und Durchsetzung der Herrschaft des Rechts unter Leitung des Verfassungsrichters Viktor Schyschkin
16.–19.2.2007	Konferenz der Arbeitsgruppe mit englischen und US-amerikanischen Experten
29.–31.3.2007	Konferenz mit deutschen Experten der IRZ
21.5.2007	Entwurf Gutachten von Herrmann, Calderoni und Vogler
12.6.2007	Billigung des Entwurfs durch die Arbeitsgruppe und Einreichung
10.–11.9.2007	Gespräch mit Experten des Europarats
14.9.–3.10.2007	Informationsreise der Arbeitsgruppe in die USA
13.12.2007	Vorlegung eines Alternativentwurfs durch Abgeordnete
24.–29.2.2008	Konferenz mit deutschen Experten der IRZ in Bonn
September 2008	Entwurf der Arbeitsgruppe
10.3.2009	Verbesserter Entwurf Gutachten Herrmann
22.–28.3.2009	Konferenz mit deutschen Experten der IRZ in Bonn;
	Nach der Präsidentenwahl Neuschaffung einer Arbeitsgemeinschaft zur Gerichtsreform
12.5.2010	Sitzung mit Kritik am Entwurf und Rückkehr zum Alternativentwurf (s.o.)
17.8.2010	Bildung einer Arbeitsgruppe zu Fragen der Reform der Strafgerichtsbarkeit mit Auftrag zur Schaffung einer neuen Strafprozessordnung; Fristsetzung von drei Monaten durch den Präsidenten nach Untätigkeit der Arbeitsgruppe in der Generalstaatsanwaltschaft und im Innenministerium Bildung von Arbeitsgruppen zur Schaffung neuer Entwürfe
14.10.2009	Ministerkabinett billigt den Entwurf und übergibt ihn der Öffentlichkeit zur Diskussion
Entwurf 2011	Gutachten Bachmaier Winter, McBride und Svanidze
13.4.2012	abschließende Lesung und Annahme im Parlament Gutachten Bachmaier Winter, McBride und Svanidze
20.12.2012	Inkrafttreten

Prof. Dr. Oleh Zaichuk

Direktor des Instituts für Gesetzgebung der Verchovna Rada der Ukraine, Kiew

Die Entstehung der neuen Strafprozessordnung der Ukraine

Die Aktualisierung des Strafprozessrechts der Ukraine dauerte eine lange Zeit und war dem Inhalt nach revolutionär. Ihr wissenschaftliches Konzept und ihr normativer Inhalt sollen eine faire, unparteiische und wirksame Strafrechtspflege gewährleisten, die zum Ziel hat, Personen, die Gesellschaft und den Staat vor kriminellen Angriffen zu schützen, und die zudem einen wirksamen Schutz der Rechte, Freiheiten und der legitimen Interessen der Rechtssubjekte in einem strafprozessualen Rechtsverhältnis, das auf der Grundlage des Strafprozessrechts entsteht, bezweckt.

Der Beginn der Reform

Die radikale Reform des Prozessrechts wurde bereits durch das Prinzip der Justiz- und Rechtsreform der Ukraine aus dem Jahre 1992 definiert. Seitdem wurden vom Staat zahlreiche bei der Verchovna Rada der Ukraine registrierte Versuche unternommen, einen Entwurf der neuen Strafprozessordnung (nachfolgend als StPO bezeichnet) vorzubereiten (siehe S. 81 im Anhang A angeführte StPO-Entwürfe). Allerdings mangelte es den meisten von ihnen an einem klaren Konzept für die Aktualisierung des Strafverfahrens, das einerseits adäquat die internationalen Standards im Bereich des Schutzes von Menschenrechten verwirklichen sollte, und andererseits eine effiziente und nicht übermäßig formalisierte Arbeit der Strafverfolgungsbehörden sicherstellen sollte, was dazu führte, dass die Entwürfe überarbeitet, widerrufen oder zurückgewiesen werden mussten.

Im Zusammenhang mit der Erfüllung der durch die Ukraine mit dem Beitritt zum Europarat übernommenen und in der PACE-Stellungnahme unter Nummer 190 (1995) angeführten Verpflichtungen (eine davon war die Verabschiedung einer neuen Strafprozessordnung innerhalb eines Jahres, d.h. ***bis zum November 1996***) wurde die Aufgabe hinsichtlich der Verbesserung der StPO auch ins Programm der Integration der Ukraine in die Europäische Union aufgenommen, genehmigt durch den Erlass des Staatspräsidenten der Ukraine Nr. 1072/2000 vom 14.09.2000.

Dennoch dauerte es bis zum Mai 2003, bis ein Entwurf der neuen StPO der Ukraine (Register-Nummer 3456) von der Verchovna Rada der Ukraine in erster Lesung angenommen wurde. Anschließend wurde der Entwurf für die weitere Diskussion wiederholt auf die Tagesordnung gebracht, es wurde jedoch keine Bewertung durchgeführt. Der Grund war die scharfe Kritik an diesem Entwurf, die von Wissenschaftlern, Praktikern, internationalen und nationalen Menschenrechtsorganisationen vorgebracht wurde. Darüber hinaus gaben die Experten des Europarats eine Stellungnahme zu diesem StPO-Entwurf ab, in der sie auf die Diskrepanz zwischen den Bestimmungen des StPO-Entwurfs und den europäischen Standards hinwiesen, insbesondere den Schutz der Menschenrechte. Ihre Besorgnis über die Bestimmungen des StPO-Entwurfs brachte die Parlamentarische Versammlung des Europarates in ihren Entschließungen zur Ukraine wiederholt zum Ausdruck. Im Ergebnis wurde dieser StPO-Entwurf am 1. Dezember 2005 zurückgewiesen.

Die Haupteinwände gegen die alte Strafprozessordnung

Unter den wichtigsten von ukrainischen Wissenschaftlern und Praktikern vor der Verabschiedung der StPO der Ukraine aufgeworfenen Problemfragen wurden folgende hervorgehoben:

- Anklagegrundsatz und gemischte Natur des Strafprozesses (enge Wechselbeziehung zwischen dem Gericht und den Strafverfolgungsbehörden);
- Gewährleistung des Grundsatzes des kontradiktorischen Verfahrens und der angemessenen Verteidigung (Rechte des Verteidigers);
- Rückgabe von Strafsachen zur Nachermittlung;
- großer Umfang des Gesetzbuchs und ein kompliziertes Vorverfahren durch langwierige Überprüfungen von Strafanzeigen;
- wiederholte Einspruchserhebung, mit der Folge der Prozessverschleppung;
- Funktionen der Staatsanwaltschaft in Bezug auf die Ermittlungen und die Kontrolle darüber;
- Vorerhebung als eine Form der vorgerichtlichen Ermittlung;
- Dominanz des schriftlichen Verfahrens gegenüber der unmittelbaren Untersuchung von Beweismitteln;
- Regeln für die Zulässigkeit von Beweismitteln;
- Definition der Rolle des Gerichts ohne Beibehaltung der Anklagefunktion;
- Definition der verfahrensrechtlichen Stellung des Verdächtigen und des Angeklagten (die Notwendigkeit der Letzteren);
- Notwendigkeit einer Erweiterung der Rechte des Geschädigten und des Adhäsionsklägers.

Internationale Experten wiesen vor allem auf folgende Mängel der ihnen zur Prüfung vorgelegten Entwürfe der Ukrainischen StPO hin (nach Angaben der Gutachten des Europarates von 2004, 2007, 2009):

- hoher Grad des Autoritarismus und übermäßige Bürokratie der Rechtsprechung, bei der der Gerichtsverhandlung als solcher eine sehr begrenzte funktionelle Rolle zukommt;
- Mangel an kontradiktorischer Methodik und Ausschluss des Verteidigers von der Beteiligung an dem Fall;
- Mangel an wirksamen Garantien für ein faires Verfahren;
- übermäßige und weitgehend ungeregelte Befugnisse der Staatsanwaltschaft, die sich in erster Linie um die Rechtmäßigkeit und nicht um die Verfolgung kümmern solle;
- fehlende richterliche Kontrolle des Handelns der Ermittlungsbehörden und der Polizei, insbesondere im Hinblick auf Zwangsmaßnahmen und Vernehmung;
- übermäßige und ungeregelte Verwahrung;
- starker institutioneller Druck zwecks Aburteilung und mangelnde Unabhängigkeit der Justiz bzw. der Laien, die am Prozess teilnehmen;
- Mangel an Endgültigkeit von gerichtlichen Entscheidungen und an Respekt für die gerichtliche Entscheidungsfindung.

Der weitere Verlauf der Reformarbeiten

Im November 2005 wurde ein anderer StPO-Entwurf (Reg.-Nr. 3456–1 vom 18.11.2005) registriert, dem die Bestimmungen des früher zurückgewiesenen Gesetzesentwurfs zugrunde gelegt wurden. Der neue Entwurf der Strafprozessordnung wurde vom Parlament der Ukraine in erster Lesung am 16.12.2005 angenommen, aber er erlitt das Schicksal seines Vorgängers. Das Gleiche galt auch für den nächsten StPO-Entwurf unter der Register-Nr. 0952 vom 25.05.2006.

Recht aktiv wurden ein aus dem Parlament eingebrachter Entwurf der StPO der Ukraine unter der Register-Nr. 1233 vom 13.12.2007 erörtert sowie der Entwurf, der von der Nationalen Kommission zur Stärkung der Demokratie und Rechtsstaatlichkeit (in der Fassung vom 10. März 2010) und dem Justizministerium der Ukraine in Erfüllung des Erlasses des Staatspräsidenten der Ukraine vom 20. Januar 2006 Nr. 39 „Über den Aktionsplan zur Erfüllung der Pflichten und Verpflichtungen der Ukraine, die sich aus der Mitgliedschaft im Europarat ergeben" erarbeitet wurde. Letzterer Entwurf erhielt die meisten positiven Stellungnahmen seitens der Experten des Europarats, die erklärten, dass er „sich unter ähnliche kontinentaleuropäische Strafprozessordnungen einreiht". Dieses

Dokument wurde schließlich zur Grundlage des Entwurfs des Rechtsakts (Registernummer 9700 vom 13. Januar 2012), der im April desselben Jahres als Gesetz der Ukraine verabschiedet wurde. Der besagte Erlass des Staatspräsidenten der Ukraine Nr. 31 und das durch den Erlass des Staatspräsidenten der Ukraine am 15. Februar 2008 Nr. 311 genehmigte Konzept der Reform der Strafrechtspflege der Ukraine wurden zum Ausgangspunkt und zur Grundlage für den Aufbau eines ideologisch neuen nationalen Strafverfahrens.

Auf die Nichteinhaltung der im Zusammenhang mit dem Beitritt zum Europarat eingegangenen Verpflichtungen wurde in den einschlägigen PACE-Entschließungen ständig hingewiesen:

- Nr. 1179 vom 27.01.1999 (über die Nichteinhaltung der Verpflichtung hinsichtlich der Verabschiedung der neuen StPO bis zum November 1996);
- Nr. 1244 vom 26.04.2001 (Mahnung über die Verpflichtung der Ukraine, neue Rechtsvorschriften im Bereich des Schutzes von Menschenrechten zu erlassen, einschließlich einer Ukrainischen StPO);
- Nr. 1466 vom 05.10.2005 (Besorgnis des Europarates über die Nichtannahme der neuen Ukrainischen StPO);
- Nr. 1755 vom 04.10.2010 (Ersuchen um schnellstmögliche Verabschiedung einer neuen Ukrainischen StPO und Anrufung der Venice Commission wegen der Begutachtung des Entwurfs dieses Gesetzbuchs).

Die Verabschiedung der neuen Strafprozessordnung der Ukraine wurde als eine der vorrangigen Aufgaben des Staates auch im Zusammenhang mit der Erfüllung des nächsten, durch das Dekret des Staatspräsidenten der Ukraine Nr. 24/2011 vom 12. Januar 2011 genehmigten Aktionsplans zur Erfüllung der Pflichten und Verpflichtungen identifiziert, die sich aus der Mitgliedschaft der Ukraine im Europarat ergaben.

Die Begutachtung durch internationale Experten

Vor der endgültigen Verabschiedung wurde **der Entwurf der StPO der Ukraine** zweimal von internationalen Experten geprüft. Das erste Gutachten des Europarats in Bezug auf den von der Nationalen Kommission zur Stärkung der Demokratie und der Rechtsstaatlichkeit konzipierten und im Jahre 2010 präsentierten StPO-Entwurf wurde von der Direktion für Rechtspflege und Schutz der Menschenwürde, der Generaldirektion für Menschenrechte und Rechtsstaatlichkeit aufgrund des Gutachtens vom 2.11.2011 vorbereitet. In diesem Gutachten wurde untersucht, wie die Bestimmungen des StPO-Entwurfs (der nicht einmal in der Verchovna Rada der Ukraine behandelt wurde) mit europäischen Standards, u.a.

der Europäischen Konvention zum Schutze der Menschenrechte und Grundfreiheiten und den dazugehörigen Protokollen in Einklang stehen. Die Sachverständigen wiesen darauf hin, dass der StPO-Entwurf ein gründliches Dokument ist, in dem viele positive Veränderungen reflektiert sind, welches jedoch gleichzeitig weiterhin eine Reihe konzeptioneller Mängel aufweist.

Unter den **positiven** Veränderungen wurden hervorgehoben:

1. Die Absicht, sich vom schwerfälligen, mit zahlreichen Wiederholungen belasteten, dreistufigen Strafverfahren sowjetischen Typs zu trennen, welches das dem heutigen Modell inhärente Konzept der „Ermittlung“ ablehnt und in dem diesem ein Stadium der amtlichen strafrechtlichen (vorgerichtlichen) Ermittlungen vorausgeht und sie beeinflusst. Erst danach findet ein gerichtliches und letztlich das Berufungsverfahren statt.
2. Das Aufheben des Stadiums der Einleitung eines Strafverfahrens.
3. Der Entwurf enthält bessere Vorschläge für die Gewährleistung der Grundlagen des Rechts auf Freiheit und Sicherheit der Person. Insbesondere enthält der Kodex eine Reihe von gut ausgearbeiteten Elementen zur Unterstützung einer Vermutung zu Gunsten der Freiheit, einschließlich der Notwendigkeit, die Umstände, die die Grundlage für einen begründeten Verdacht bilden, zu nennen, und die jeweiligen überwiegenden Risiken anzuführen, die einen Freiheitsentzug begründen würden. Der Entwurf sieht die Möglichkeit vor, eine von mehreren Sicherungen auszuwählen, wie, z.B. die persönliche Bürgschaft, eine Gewährleistung bzw. die Kaution und den Hausarrest.
4. Es wird eine besondere Gruppe von Bestimmungen eingeführt, die eine Art vorübergehenden Arrest des Tatverdächtigen oder Beschuldigten unter Aufsicht des Gerichts für eine Zeit bis zu 36 Stunden zulassen, die zur Überstellung der Person an einen Richter zur Entscheidung über eine nicht mit dem Freiheitsentzug verbundene **„Präventionsmaßnahme“** genutzt werden kann. Es werden geeignete Mittel zur Sicherstellung der Teilnahme des Tatverdächtigen an der jeweiligen Gerichtsverhandlung geschaffen, ohne dass er in Gewahrsam genommen werden muss.
5. Es liegen Bestrebungen vor, die Mängel des derzeitigen Konzepts der speziellen Ermittlungsmethoden und anderen Eingriffen zu beseitigen, die als „verdeckte Ermittlungs- bzw. Fahndungshandlungen“ bezeichnet werden.
6. Die Fortgeltung einer Reihe von fortschrittlichen Bestimmungen, um gegen Misshandlungen während eines strafrechtlichen Verfahrens vorzugehen. So wurden die Garantien hinsichtlich der Benachrichtigung über die Inhaftierung und des Zugangs zu einem Rechtsanwalt und einem Arzt gestärkt; es wurde die Pflicht des Ermittlungsrichters eingeführt, auf jegliche Anzeichen

von Gewalt oder Gesetzesverstößen bzw. diesbezügliche Aussagen während der Inhaftierung eines Tatverdächtigen zu reagieren; die Richter müssen ein gerichtsmedizinisches Gutachten anordnen und eine Untersuchung vornehmen, um den Ursprung dieser Anzeichen festzustellen und die Sicherheit der Person, die als Geschädigter gilt, zu gewährleisten.

Als **nicht korrigierte konzeptionelle Mängel** des StPO-Entwurfs haben die Sachverständigen folgende angeführt:

1. Kein kontradiktorisches Verfahren in den vorgerichtlichen Verfahrensstadien: Die Offenlegung von Beweismitteln durch die Verteidigung im vorgerichtlichen Stadium; die Pflicht der Verteidigung, ihre Beweismittel durch die Einleitung von Ermittlungshandlungen zu beschaffen; die offensichtliche Einschränkung der Verteidigung bei der Beschaffung von Beweismitteln aus bereits durchgeführten, amtlichen Ermittlungshandlungen; die Festlegung der Regel, dass rechtswidrig beschaffene Beweismittel unzulässig sein müssen, ohne dass angemessene Mechanismen vorhanden sind, um solche Beweismittel aus dem Verfahren auszuschließen; Verstöße gegen das Recht auf rechtlichen Beistand.
2. In Bezug auf Ermittlungsmaßnahmen: Es sind keine entsprechenden Einschränkungen für die weitgehenden Befugnisse in Bezug auf Durchsuchungen und andere Ermittlungshandlungen vorgesehen, die ohne richterliche Genehmigung erfolgen und Eingriffe in das Recht auf Achtung der Wohnung, das Recht auf Unverletzlichkeit der Privatsphäre und andere ähnliche Werte zur Folge haben, wobei es keinerlei Garantien gibt, die sie ausgleichen könnten.
3. Es besteht die Möglichkeit einer ordnungsrechtlichen Festnahme, dies wurde durch den Europäischen Gerichtshof für Menschenrechte ausdrücklich verurteilt, weil es dadurch zu einem *de facto* Freiheitsentzug des Tatverdächtigen kommt, und darauf weder die Garantie eines fairen Verfahrens noch die Garantie gegen Misshandlungen und auch nicht die Garantie bzgl. anderer, verwandter Schutzrechte Anwendung findet.
4. Im Entwurf wurden Formen einer amtlichen Verdachtsmitteilung beibehalten, die nicht alle Garantieaspekte der Art. 5 (2) und 6 (3) (a) der Europäischen Menschenrechtskonvention abdecken.
5. Es liegen Mängel in der sprachlichen, terminologischen und der strukturellen Normengestaltung vor.

In der Zusammenfassung der Empfehlung des Europarates wird betont, dass über 40 Artikel des StPO-Entwurfs redaktionell überarbeitet werden müssen, davon bedürfen 107 Artikel wesentlicher Änderungen, 35 Artikel einer Klärung; 21 Bestimmungen sollten entfernt werden, und 5 Artikel sollten revidiert werden.

Die Zweite Stellungnahme des Europarates nach den Ergebnissen der Begutachtung vom 10.5.2012 (DG I (2012) 2) wurde für den Entwurf der Strafprozessordnung der Ukraine vorbereitet, der später von der Verchovna Rada der Ukraine angenommen und dem Staatspräsidenten der Ukraine zur Ausfertigung vorgelegt wurde.

Davor wurde in der PACE-Entschließung „Das Funktionieren der demokratischen Institutionen in der Ukraine" vom 26.01.2012, trotz der Kritik der Strafjustiz bzgl. einzelner Personenkategorien, darauf hingewiesen, dass „... die Parlamentarische Versammlung des Europarates die Tatsache begrüßt, dass der Staatspräsident der Ukraine den neuen Entwurf der Strafprozessordnung der Ukraine der Verchovna Rada der Ukraine zur Prüfung vorgelegt hat, und dass sie das Parlament der Ukraine auffordert, auf dem schnellsten Wege dieses Gesetz zu verabschieden, das die Empfehlungen der Sachverständigen des Europarates bei deren Begutachtung des Entwurfs voll berücksichtigt" (im November 2011).

In der besagten Stellungnahme wurde eine Analyse der Übereinstimmung der dem Staatspräsidenten der Ukraine zur Ausfertigung vorgelegten Strafprozessordnung der Ukraine mit den im Gutachten angeführten Empfehlungen und weiteren Vorschlägen (d. h. der Stellungnahme des Europarates vom 2.11.2011) vorgenommen. Die Stellungnahme der Sachverständigen des Europarates stützt sich auf die Ergebnisse der artikelweise durchgeführten Analyse des StPO der Ukraine von 2012, was dem nationalen Gesetzgeber die Möglichkeit eröffnet, zu beurteilen, ob die Vorschläge und Bedenken der internationalen Experten berücksichtigt wurden. Es sei darauf hingewiesen, dass der auf der Grundlage des eingebrachten Gesetzentwurfs durch die Verchovna Rada der Ukraine angenommene Text der StPO definitiv verbessert wurde, denn im endgültigen Text wurden die wichtigsten Empfehlungen berücksichtigt, die im Rahmen der Konsultationen zwischen den ukrainischen Regierungsbehörden und den Experten des Europarates vorgetragen wurden.

Die Experten wiesen darauf hin, dass die in den StPO-Entwurf bei seiner Erörterung und Verabschiedung durch die Verchovna Rada der Ukraine aufgenommenen Änderungen den Entwurf, der bereits recht zufriedenstellend war, weiter verbessert haben. Die Änderungen betrafen vor allem die übrigen in der Stellungnahme enthaltenen Empfehlungen und somit spiegelt das Ergebnis die positive Zusammenarbeit zwischen den ukrainischen Regierungsbehörden und den Sachverständigen des Europarates während des gesamten Gesetzgebungsprozesses.

Zugleich wurde darauf hingewiesen, dass einige Bestimmungen bestehen bleiben sollen, die erst bei einer anschließenden legislativen Überarbeitung des Papiers verbessert werden können, die erforderlich ist, um die Konformität eines solch komplexen Rechtstextes wie die hier besprochene Strafprozessordnung mit den europäischen Normen zu gewährleisten, insbesondere hinsichtlich folgender Sachverhalte: der Möglichkeit der Begrenzung des Anwendungsbereichs von Art. 31, Abs. 9 StPO (vorbereitende Gerichtsverfahren bzgl. hochrangiger Amtsträger); zusätzlicher Schutz einer Person bei ihrer zeitweiligen Überstellung in die Ukraine (Artikel 565 StPO); Festlegung einer konkreten Frist für die zeitweilige Überstellung und Vermeidung ungerechtfertigter Verlängerungen sowie die zwingende Gewähr einer Garantie für den Gewahrsam von zu überstellenden Personen und deren Rückkehr in die Ukraine durch einen ausländischen Staat (Artikel 579 der StPO); einengende Präzisierung bestimmter Gründe für die Verweigerung der Auslieferung (Artikel 589).

Es gibt mehrere Bestimmungen, die nach Meinung der Experten einer Klärung in Bezug auf ihren Text oder die Kohärenz mit anderen Rechtsvorschriften bedürfen: Es ist zu klären, unter welchen Umständen das Gesetz über Rechtshilfe den Wechsel eines bestellten Verteidigers erlaubt (Art. 54 der StPO); Art. 566 StPO ist als Wiederholung des Artikels 564 der StPO zu entfernen; die Frist für die durch den Richter vorzunehmende Prüfung des Einspruchs gegen die Entscheidung über die Auslieferung (Extradition) einer Person (5 Tage) ist zu kurz (Artikel 590, 591 StPO); die im Absatz 2 R. XI (Übergangsbestimmungen) enthaltene Bestimmung, dass „… bis zum Tag des Inkrafttretens der Bestimmungen des Gesetzes über die Prozesskostenhilfe, die die Tätigkeit der per Gesetz für die Gewährung von Prozesskostenhilfe zuständigen Behörden (Ämter) regeln, die Aufgaben dieser Behörden (Ämter) die Anwaltsvereinigungen bzw. anwaltliche Selbstverwaltungsorgane wahrnehmen“, ist nicht akzeptabel und die Tatsache der Koordination mit diesen Vereinigungen bzw. Organen und deren Ausstattung mit den Befugnissen zur Wahrnehmung dieser Funktionen bedarf einer Überprüfung.

Gewisse Bedenken haben bei den Experten drei Bestimmungen der StPO hervorgerufen: 1) In Art. 177 Abs. 2 StPO wird der Begriff „der Verurteilte“ verwendet, womit ein neues Rechtssubjekt etwas inkonsequent eingeführt wird, das im ersten Absatz dieser Bestimmung nicht erwähnt wird. Dies könnte zu gewissen Komplikationen bei der Anwendung führen. In der Praxis wird man gezwungen sein, derartige Nachlässigkeit durch das Veranstalten von Trainings und Erläuterungen klarzustellen, wobei die einschlägige Verfahrenssituation im Verhältnis verurteilte Person und der in Art. 43 Abs. 2 vorgesehenen Regel zu korrigieren sein wird. 2) Art. 233 Abs. 2 StPO hat sich nicht geändert, und bleibt deshalb teilweise problematisch. Nach den Ergebnissen der Begutachtung wurde ein Vorschlag unterbreitet, dass es angebracht wäre, zur vollständigen Einhaltung der in Art. 8 EMRK enthaltenen Anforderungen nach dem Wort „besitzt" die Worte „oder wohnt" hinzuzufügen. 3) die Aufnahme eines Abs. 4 in den Art. 268 StPO, der die elektronische Funkortung bereits vor der Beschlussfassung durch einen Ermittlungsrichter vorsieht, widerspricht den gesetzlichen Maßnahmen, die in den Änderungen zu Art. 260, 263 vorgesehen sind, und kann zu Auslegungsschwierigkeiten führen.

Darüber hinaus gibt es eine Bestimmung, in der etwas Wichtiges bzgl. der damit verbundenen Bestimmung übersehen wurde, und zwar beziehen sich die Änderungen zu Art. 481 StPO auf Personen, über die Verdachtsmitteilungen gemacht wurden. Mit diesen Änderungen treten zwar keine Probleme als solche auf, aber es fällt auf, dass auf folgende Personen im Personenverzeichnis kein Bezug genommen wird, auf die eine besondere, in Art. 480 der StPO vorgesehene Art des Strafverfahrens angewendet wird: Abgeordnete der Verchovna Rada der Autonomen Republik Krim; Vorsitzende von Dorf- oder Stadträten; Bürgermeister; Hauptaufsichtsbeamte der Rechnungskammer. Art. 480 der StPO **ist zu korrigieren**.

Zusammenfassend betonen die Experten des Europarates, dass es unrealistisch wäre, zu erwarten, dass jede Strafprozessordnung ideal sei, aber „die vorgenommene Beurteilung macht deutlich, dass die Annahme der StPO eine sehr beachtliche Leistung darstellt. Somit verändert die StPO den im Strafverfahren anzuwendenden Ansatz wesentlich, insbesondere in Bezug auf die Rolle der Richter, Rechts- und Staatsanwälte. Darüber hinaus schafft sie die angemessenen Bedingungen für die Gewährleistung der Rechte des Angeklagten, wodurch aber die strafrechtliche Verantwortlichkeit der Straftäter und die Berücksichtigung der berechtigten Interessen der Opfer von Straftaten nicht behindert werden. Die Annahme der StPO kann tatsächlich als die Einführung eines soliden Fundaments für die Schaffung eines ehrlichen, fairen und effektiven Systems der Strafjustiz betrachtet werden."

Der Abschluss der Reform

Die (auch im Titel) bereinigte neue Strafprozessordnung der Ukraine vom 13. März 2012, die am 20. November 2012 in Kraft getreten ist, hat das Strafverfahren in der Ukraine grundlegend verändert: angefangen von den verwendeten terminologischen Ausdrücken und Lexemen bis hin zu den Aufgaben und der prozessualen Form ihrer Durchführung. Als einen historischen, auf die Humanisierung der Strafjustiz gerichteten Schritt in Richtung des Aufbaus eines demokratischen Staates bezeichnete der Staatspräsident der Ukraine *W.F. Janukowitsch* die Verabschiedung der StPO der Ukraine und stellte fest, dass mit der neuen StPO nationales Strafprozessrecht in Einklang mit den europäischen Standards gebracht wurde. Darüber hinaus wurde mit dem Auftrag des Staatspräsidenten der Ukraine eine Liste von vorrangigen Maßnahmen festgelegt, die zur wirksamen Implementierung der Bestimmungen der neuen Strafprozessordnung umzusetzen sind, insbesondere in Bezug auf die Optimierung des Ablaufs des Strafverfahrens und die Reduzierung der Dauer der Strafverfahren, die Einführung von im Verhältnis zum Gewahrsam alternativen **Präventionsmaßnahmen,** die Stärkung der gerichtlichen Aufsicht über die vorgerichtlichen Ermittlungen usw.

Die wichtigsten Neuerungen

Die Hauptunterschiede zwischen der StPO der Ukraine von 1960 und der StPO der Ukraine von 2012 sind wie folgt:

I. In Bezug auf die allgemeinen Bestimmungen der Strafrechtspflege (Verfahrensschritte, Rechtssubjekte, Beweismittel, Präventionsmaßnahmen)

In der neuen StPO wurde, in erster Linie, das System der Stadien des Strafverfahrens geändert (der Verfahrensschritt der Einleitung eines Strafverfahrens wurde abgeschafft, die Strafverfolgung wird als ein Verfahrensschritt des Strafverfahrens definiert). Der Grundsatz des kontradiktorischen Verfahrens im Strafverfahren wurde einer grundlegenden Reform unterzogen und die Verfassungsbestimmung über die Gleichstellung der Teilnehmer in der Phase des Zwischenverfahrens wurde berücksichtigt. So hat z.B. die StPO von 2012 die Art des Verfahrens der Zustellung einer Kopie der Anklageschrift an den Beklagten geändert, damit die Rechte der Anklage und der Verteidigung gleichgestellt werden. Darüber hinaus wurde das Institut der Rückgabe von Strafsachen zur Nachermittlung abgeschafft, bei dem es zulässig war, während des Vor- und des Gerichtsverfahrens nachzuermitteln. Weiter wurden die Funktionen der Anklage, der Verteidigung und der Sachentscheidung zwischen dem Gericht und den Parteien des Verfahrens klar verteilt sowie die Wirkung des Grundsatzes des kontradiktorischen Verfahrens erheblich erweitert.

Es wurden neue Begriffe wie: „strafrechtlicher Verstoß" und „strafrechtliches Vergehen" verwendet, die neben der Straftat eine Unterart von strafrechtlichen Verstößen bezeichnen; es wurde die angemessene Dauer eines Strafverfahren definiert.

Als Grundlage des Strafverfahrens wurde angenommen, dass das Prinzip der Rechtsstaatlichkeit in einem Strafverfahren und das Strafprozessrecht der Ukraine unter Berücksichtigung der Rechtsprechung des Europäischen Gerichtshofs für Menschenrechte zur Anwendung kommen. Dies beinhaltet das Verbot der Verwendung von Zeugenaussagen, die außerhalb des Gerichts gemacht wurden, wodurch die Rolle des Gerichts bei der Bewertung der Tatsachen gestärkt wurde. Zudem stellt es die Parteien gleich und fördert das Parteienprinzip, es stellt den Grundsatz der Unmittelbarkeit der Beweisaufnahme wieder her und bietet die Möglichkeit, die Dauer der vorgerichtlichen Ermittlung durch Bürokratieabbau zu reduzieren und motiviert die Parteien zu einer rascheren Übergabe des Falls an das Gericht zur Entscheidung.

Die Ermittlungsorgane sind keine getrennten Organe mehr, sondern ein Teil der für die Durchführung der vorgerichtlichen Ermittlung zuständigen Behörden. Dabei ist die Ermittlung eine Form der vorgerichtlichen Ermittlung, in deren Rahmen die Untersuchung der strafrechtlichen Vergehen erfolgt. Es ist auch vorgesehen, eine neue, für die vorgerichtliche Ermittlung zuständige Behörde – das Staatliche Ermittlungsbüro – zu schaffen, wobei die Dienststellen der Staatsanwaltschaft nicht mehr die Ermittlungsfunktion wahrnehmen sollen.Die Funktion eines Ermittlungsrichters (eines erstinstanzlichen Richters) wird eingeführt, zu dessen Befugnissen die nach dem in der StPO vorgesehenen Verfahren ausgeübte, gerichtliche Aufsicht über die Durchsetzung von Rechten, Freiheiten und Interessen von Personen in einem Strafverfahren gehört sowie die Bestellung eines Reserverichters mithilfe eines IT-gestützten Systems des Dokumentenlaufs für ein konkretes Gerichtsverfahren. Auch ein Geschworenengericht wird eingeführt.

Es wurde ein neues europäisches System von Präventionsmaßnahmen eingeführt. Der Gesetzgeber hat auf Meldeverpflichtungen, die Übernahme von Bürgschaften durch eine Nichtregierungsorganisation oder die Belegschaft eines Betriebs, die Aufsicht durch die Chefs von Militäreinheiten verzichtet. Jetzt gehören zu den Präventionsmaßnahmen (von der mildesten bis zu der schwersten) die folgenden:

1) persönliche Verpflichtung;
2) persönliche Bürgschaft;
3) Kaution;
4) Hausarrest;
5) Haft, die in die Vorkehrungen der Sicherstellung der Strafverfolgung einbezogen wurde.

Darüber hinaus wurden die Haftzeiten verkürzt. Es werden spezielle Vorgehensweisen im Rahmen des Strafverfahrens unterschieden:

Auf Grundlage von Verträgen; in Form einer Privatanklage; in Bezug auf eine bestimmte Kategorie von Personen; in Bezug auf Minderjährige; in Bezug auf die Anwendung von medizinischen Zwangsmaßnahmen; in Bezug auf Informationen, die Staatsgeheimnisse enthalten; in Bezug auf das Gebiet von diplomatischen Missionen, konsularischen Vertretungen der Ukraine, in einem Luftfahrzeug, auf einem Hochsee- oder Binnenschiff, das sich außerhalb der Ukraine unter der Flagge oder einem Kennzeichen der Ukraine befindet, wenn das Schiff in einem sich in der Ukraine befindlichen Hafen registriert ist. Es werden einzelne Elemente der Jugendgerichtsbarkeit eingeführt. Dem Staatsanwalt wurden einige Befugnisse genommen: Er ist nicht mehr befugt, einen Ermittler von der Durchführung einer vorgerichtlichen Ermittlung zu suspendieren; er ist nicht mehr befugt, über die Zulassung eines Verteidigers zur Beteiligung an einem Fall zu entscheiden. Zudem ist er nicht mehr verpflichtet, mindestens einmal im Monat Kontrollen über die Erfüllung der gesetzlichen Vorgaben über die Annahme, Registrierung und Entscheidung von Anzeigen und Berichten über begangene oder geplante Verbrechen durchzuführen.

Doch dem Staatsanwalt wurden auch neue Befugnisse erteilt: die Befugnis, der für die vorgerichtliche Ermittlung zuständigen Behörden Aufträge zu erteilen, nach Personen zu fahnden, die strafrechtliche Verstöße außerhalb der Ukraine begangen haben, und sie festzunehmen, bestimmte Verfahrenshandlungen zur Auslieferung (Extradition) einer Person auf Antrag der zuständigen Behörde eines fremden Staates vorzunehmen; die Bestätigung der Anklageschrift; die Genehmigung oder Verweigerung der Genehmigung von Anträgen über die Anwendung von Zwangsmaßnahmen medizinischer oder pädagogischer Art; Änderungen in der von dem Ermittlungsbeamten ausgefertigten Anklageschrift vorzunehmen oder in die obigen Anträge aufzunehmen; eine Anklageschrift oder die obigen Anträge selbstständig auszufertigen; sich mit der Anklageschrift ans Gericht zu wenden usw.

Die Liste der Rechte des Tatverdächtigen sowie des Opfers (des Geschädigten) wurde erweitert, die Begriffe „Angeklagte“ und „Beschuldigte“ werden nicht mehr getrennt verwendet.

Es wurden neue Anforderungen an einen Verteidiger im Strafverfahren gestellt: Es darf nur ein Rechtsanwalt sein, dessen Angaben in das Einheitsregister der Rechtsanwälte der Ukraine eingetragen sind. Es ist vorgesehen, dass ein Rechtsanwalt auf Rechnung des Staates nur über die Zentren für die Leistung unentgeltlicher Rechtshilfe (Prozesskostenhilfe) bestellt werden kann. Es wurden sowohl der Kreis von Fällen, in denen zwingend ein Verteidiger beteiligt ist, als auch das Spektrum der Gründe erweitert, die dem Verteidiger das Recht einräumen, nach dessen Beiziehung zur Beteiligung an einem Strafverfahren, die

Wahrnehmung seiner Pflichten zu verweigern. Als neue Gründe wurden folgende eingeführt: Meinungsverschiedenheiten mit dem Tatverdächtigen (bzw. mit dem Angeklagten) hinsichtlich der gewählten Verteidigungsart, wobei hier allerdings die Fälle mit zwingender Beteiligung des Verteidigers ausgenommen wurden; die absichtliche Nichterfüllung der Bedingungen des mit dem Verteidiger geschlossenen Vertrages durch den Tatverdächtigen (bzw. durch den Angeklagten), was sich in der systematischen Nichtbefolgung der rechtmäßigen Ratschläge des Verteidigers sowie in Verstößen gegen die vertraglichen Forderungen manifestiert.

Der Kreis der Personen, die nicht als Zeugen vernommen werden können, wurde erweitert. Hinzugefügt wurden u.a.: Journalisten, die in Bezug auf vertrauliche Informationen professioneller Natur nicht vernommen werden können, wenn die Informationen unter dem Vorbehalt der Geheimhaltung bezüglich der Urheberschaft oder Informationsquelle gegeben wurden; Personen, die an dem Abschluss und der Erfüllung eines Vertrags über den Vergleich im Rahmen eines strafrechtlichen Verfahrens beteiligt sind und betreffs der Umstände nicht vernommen werden können, die ihnen im Zusammenhang mit der Beteiligung an dem Abschluss und der Erfüllung eines Vertrags über den Vergleich bekannt wurden; Personen, die Informationen über tatsächliche Angaben über Personen verfügen, auf die Sicherheitsmaßnahmen angewendet wurden, und die betreffs dieser Angaben nicht vernommen werden können.

Zum ersten Mal wurde die verfahrensrechtliche Stellung von Übersetzern und Gutachtern geregelt.

Hinsichtlich der Beweismittel und der Beweisführung wurden die Begriffe der Sachdienlichkeit und der Zulässigkeit von Beweismitteln verwendet, die Zulässigkeit der Beweismittel wurde genau definiert, der Gegenstand der Beweisführung in einem Strafverfahren wurde revidiert; die Frage der Beweiserhebung durch die Partei, die Verteidigung und den Geschädigten wurde geregelt, ebenso wie die Frage der Beweiswürdigung, d.h. der Art und Weise der Klärung der Zuverlässigkeit von Zeugenaussagen; dem Gericht wurde das Recht eingeräumt, die auf Hörensagen beruhenden Zeugenaussagen als zulässiges Beweismittel anzuerkennen, unabhängig von der Möglichkeit der Vernehmung der Person, die anfänglich die Angaben gemacht hat, allerdings nur in Ausnahmefällen, wenn solche Zeugenaussagen nach den übrigen Regeln für die Zulässigkeit von Beweismitteln als zulässiges Beweismittel gelten.

II. In Bezug auf die vorgerichtliche Ermittlung

Eine vorgerichtliche Ermittlung beginnt mit der Eintragung der Ermittlung im Einheitsregister der vorgerichtlichen Ermittlungen. Die Verweigerung der

Einleitung eines Strafverfahrens wurde gestrichen. Eine vorgerichtliche Ermittlung von Straftaten findet in Form einer vorgerichtlichen Untersuchung und einer vorgerichtlichen Ermittlung von strafrechtlichen Vergehen – in Form einer Ermittlung im Rahmen eines durch die Strafprozessordnung vorgesehenen Verfahrens statt. Die Einleitung einer vorgerichtlichen Ermittlung als eines Stadiums des Strafverfahrens erfolgt bereits unter der Aufsicht des Leiters der für vorgerichtliche Ermittlung zuständigen Behörde, der selbst wiederum durch den Staatsanwalt kontrolliert wird, was die Qualität der Ermittlungsakten erheblich verbessern soll. Das Institut der Vorerhebung wird aufgehoben. Es werden die Höchstfristen für die vorgerichtliche Ermittlung festgelegt.

Zum ersten Mal wurde der Begriff der Ermittlungs- bzw. Fahndungshandlungen definiert, die allgemeinen Anforderungen an die Durchführung dieser Handlungen wurden festgelegt und die verdeckten Ermittlungs- bzw. Fahndungshandlungen explizit definiert. Es wurde die Möglichkeit für Vernehmungen und andere Ermittlungshandlungen im Rahmen von Videokonferenzen vorgesehen.

Die Mitteilung eines Verdachts wurde institutionalisiert. Änderungen an den Voraussetzungen, unter denen jemand als Tatverdächtiger bezeichnet wird, wurden vorgenommen. Ein Tatverdächtiger ist die Person, über den ein Verdacht mitgeteilt wurde, oder die Person, die wegen des Verdachts der Begehung einer Straftat festgenommen wurde. Zugleich wurde der Zeitpunkt des Erlangens der Rechtsstellung eines Tatverdächtigen durch eine Person, gegen die dem Gericht eine Anklageschrift vorgelegt wurde, geändert.

Als ein neuer Grund für die Einstellung einer vorgerichtlichen Ermittlung wurde die offensichtliche Notwendigkeit der Vornahme von Verfahrensschritten im Rahmen der internationalen Zusammenarbeit anerkannt.

Die Merkmale einer vorgerichtlichen Ermittlung von strafrechtlichen Vergehen wurde explizit angeführt. Die Möglichkeiten für die Erhebung eines Einspruchs gegen Handlungen, Entscheidungen oder Unterlassungen während der vorgerichtlichen Ermittlung wurden erweitert.

III. In Bezug auf das gerichtliche Verfahren

Alle Neuerungen der StPO von 2012 bezwecken die Durchsetzung der Grundprinzipien der Funktionsweise der Justiz. Die meisten von ihnen werden positive Auswirkungen auf die Festigung der Glaubwürdigkeit der Gerichte und die Anhebung des Niveaus des Schutzes der Rechte und Freiheiten des Menschen und Bürgers zeigen. Zugleich bedarf die Umsetzung der neuen Regeln des Strafverfahrens erheblicher organisatorischer und intellektueller Anstrengungen seitens der Vertreter der Jugendgerichtsbarkeit, die lernen sollen, dass der Hauptzweck dieser Reform die Anhebung des Niveaus der Sicherheit der Personen sein soll, auf die das Straf- und Strafprozessrecht Anwendung findet.

Die Bezeichnung, die verfahrensmäßige Form und die Bedeutung des ersten gerichtlichen Stadiums – des Vorverfahrens – wurden geändert. Zum ersten Mal wurde die Bestellung eines Reserverichters vorgesehen sowie eine abschließende Aufzählung von Fallgruppen eingeführt, bei denen das Aufschieben einer Gerichtsverhandlung nicht als ein Eingriff in die Kontinuität des Gerichtsverfahrens gesehen wird.

Die Personen, die an einem Gerichtsverfahren teilnehmen, werden über ihre Rechte und Pflichten nicht mündlich durch den Vorsitzenden Richter aufgeklärt, sondern sie erhalten von einem Gerichtsdiener ein Merkblatt über die in der StPO vorgesehenen Rechte und Pflichten.

Die Anforderungen an die Gerichtsurteile wurden gesetzlich verankert: die Rechtmäßigkeit, die Schlüssigkeit sowie die Begründetheit.

Einzelne Neuerungen betreffen die Berufung, die Revision und die Wiederaufnahme eines Verfahrens infolge des Bekanntwerdens früher nicht bekannter neuer Tatsachen oder Beweismittel.

Grundlegend neu ist das Institut einer Vereinbarung (einer Verständigung) im Strafverfahren: 1) Einer Vereinbarung über einen Vergleich zwischen dem Geschädigten und dem Verdächtigen oder Angeklagten, 2) Einer Vereinbarung zwischen dem Staatsanwalt und dem Verdächtigen oder Angeklagten über ein Schuldbekenntnis.

Die Fragen der Erneuerung von verlorengegangenen Akten eines Strafverfahrens und die der internationalen Zusammenarbeit im Rahmen des Strafverfahrens wurden detailliert geregelt.

Fortbestehende Probleme

Trotz der Unterstützung bei der Erarbeitung der StPO der Ukraine durch internationale Experten und nationale Strafverfolgungs- und Justizbehörden wird in der wissenschaftlichen Literatur und in der legislativen Praxis weiter auf Probleme, Lücken und Widersprüchlichkeiten in diesem Gesetzbuch hingewiesen. In der wissenschaftlichen Diskussion der StPO der Ukraine waren die folgenden Fragen die am meisten diskutierten: die Erweiterung der Rechte des Staatsanwalts, die Einführung einer Vereinbarung zwischen dem Staatsanwalt und dem Tatverdächtigen (Angeklagten), die Teilnahme allein von Berufsverteidigern am Prozess, der Verzicht auf das Stadium der Einleitung des Strafverfahrens, die Unterscheidung zwischen Straftaten und strafrechtlichen Vergehen.

Bis heute bleiben (laut wissenschaftlichen Artikeln, Medienberichten, Vorschlägen bzgl. der Novellierung und Ergänzung der StPO der Ukraine) solche Grundfragen aktuell:

1) Die Nichtwahrung des Rechts auf freie Wahl des Verteidigers (Nichtübereinstimmung mit den Bestimmungen der Verfassung der Ukraine (Artikel 59) und der Entscheidung des Verfassungsgerichts der Ukraine (Nr. 13-rp/2000 vom 16.11.2000) und die Einengung des Rechts auf Verteidigung durch die Begrenzung der Zahl der Verteidiger einer Person (maximal 5);
2) Es fehlt die Einleitung des Strafverfahrens;
3) Die Anerkennung der auf Hörensagen beruhenden Zeugenaussagen als Beweismittel;
4) Die Beschränkungen der Zuständigkeit des Obersten Gerichtshofs der Ukraine;
5) Die Möglichkeit zur Änderung der strafrechtlichen Qualifikation und/oder des Umfangs der Anklage vor Gericht;
6) Ein unvollkommenes Modell der Ausübung der Rechtsprechung durch ein Geschworenengericht;
7) Die *de facto* Gleichsetzung von Ermittlungs- und Fahndungshandlungen;
8) Die Vernehmung im Rahmen einer Videokonferenz.

Zugleich stehen die meisten der angeführten Novellen des Strafprozessrechts im Einklang mit der internationalen Praxis, und die Zweckmäßigkeit ihrer Existenz im nationalen Strafverfahren ist eine Frage der richtigen Rechtsanwendung, d.h. einer Konsolidierung der Bemühungen von Strafverfolgungs-, Justizbehörden und Menschenrechtsorganisationen. Die Verbesserung der Bestimmungen der geltenden StPO der Ukraine könnte in zwei konzeptionellen Richtungen geschehen:

1) Die Einführung einer Möglichkeit der Anfechtung von Eintragungen im Einheitsregister der vorgerichtlichen Ermittlungen, denn das Fehlen der formellen Einleitung eines Strafverfahrens verhindert die Anfechtung seiner Verletzung, dies könnte die für die vorgerichtliche Ermittlung zuständigen Behörden und die Staatsanwaltschaft zum Missbrauch veranlassen. Da es keine Anforderungen an die Anzeige oder die Mitteilung einer Straftat gibt, ist nicht auszuschließen, dass sie von Unbekannten (anonyme Anzeigen), geschäftsunfähigen Personen oder in deren Auftrag gemacht werden und wissentlich unwahre Tatsachen enthalten oder unbegründete Anzeigen und Mitteilungen gemacht werden;
2) Die Regelung der Befugnisse des Geschworenengerichts: Das Geschworenengericht sollte für die Entscheidung über die Schuld oder Unschuld des

Angeklagten zuständig sein (und nicht für die Entscheidung der durch Art. 368 StPO der Ukraine vorgesehenen Fragen gemeinsam mit den Berufsrichtern). Das Verfahren vor einem solchen Gericht sollte geregelt werden.

Andere rechtliche Ungenauigkeiten und Lücken sind unserer Meinung nach irrelevant und üben im Großen und Ganzen keinen Einfluss auf die Art und Weise der Durchführung eines Strafverfahrens aus und beschränken nicht die Rechte, Freiheiten und legitimen Interessen der am Verfahren Beteiligten. Die Aufnahme von zur Klärung beitragenden Änderungen und Ergänzungen in die StPO der Ukraine (und dieser Prozess ist folgerichtig, denn die Schaffung eines idealen kodifizierten Aktes im Prozessbereich ist objektiv unmöglich) darf die verankerte verfahrensrechtliche Form der Strafjustiz, Systemcharakter und Strukturiertheit des Strafverfahren nicht brechen.

Anlage A

Entwürfe der StPO der Ukraine, die der Verchowna Rada der Ukraine vorlagen

lfd. Nr.	Register-Nr., Datum	Urheber des Entwurfs	Phase des Gesetzgebungsverfahrens
1.	Nr. 7431 vom 23.6.2001	Bilas I.H., Bandurka O.M., Daniltschuk O.Ju.	6.12.2001 – Überarbeitung
2.	Nr. 3456 vom 29.4.2003	Janukowitsch W.F.	11.07.2003 – Überarbeitung
3.	Nr. 3456-1 vom 19.5.2003	Mojsik W.R., Masurenko W.I., Bandurka O.M.	01.12.2005 – zurückgenommen
4.	Nr. 3456-д vom 18.11.2005	Mojsik W.R., Bandurka O.M., Wernidubow I.W., Hawrysch S.B., Markusch M.A.	15.12.2005 – in erster Lesung angenommen
5.	Nr. 0952 vom 25.5.2006	Mojsik W.R., Bandurka O.M., Wernidubow I.W., Hawrysch S.B.	23.11.2007 – zurückgenommen
6.	Nr.1233 vom 13.12.2007	Mojsik W.R., Wernidubow I.W., Kiwalow S.W., Karmasin Ju.R.	25.01.2008 – zur Einsichtnahme übergeben

lfd. Nr.	Register-Nr., Datum	Urheber des Entwurfs	Phase des Gesetzgebungsverfahrens
7.	Nr. 9700 vom 13.1.2012	Staatspräsident der Ukraine Janukowitsch W.F.	13.04.2012 – Gesetz angenommen, am 14.5.2012 – durch den Staatspräsidenten der Ukraine ausgefertigt zurückgegeben
8.	Nr. 9700-1 vom 13.1.2012	Swarytsch R.M.	9.2.2012 – abgelehnt

Prof. Dr. Lorena Bachmaier Winter

Facultad de Derecho de la Universidad Complutense

The 2012 Criminal code of Procedure of Ukraine: Achievements and pending issues from a European perspective

I. Introduction

In April 2012, a long process of legislative reform in Ukraine came to an end, with the approval of a new CPC by the *Verkhovna Rada*. As explained by F.C. Schroeder[1], that process lasted in total 23 years, during which different drafts were produced, together with innumerable meetings, discussions, expert reports and advice from international and foreign institutions[2]. After being accepted in the Council of Europe, Ukraine had promised to reform its system of criminal justice, and in particular its criminal procedure code (hereinafter CPC). This new code was finally adopted in 2012 and is in force since November 2012.

It is not my intention to examine here in detail the long itinerary followed by this process of legislative reform, which is better known by other colleagues. My purpose is to offer a critical analysis of this new and significant code, indicating what I consider its main achievements, as well as some aspects that are unfinished, must be revised or can be improved. In this context, having witnessed personally many of the phases of the legislative process, I would like to begin by remarking the important role that the Council of Europe has played in it, especially since 2011 until the final parliamentary approval of the CPC[3]. I am perfectly aware that the new code is the result of the sum of the efforts of many

---

1 See: Schroeder, F.-C.: *Zeittafel zur Entstehung der ukrainischen Strafprozessordnung*, in this volume.

2 Since the independence of Ukraine, many foreign or international experts and institutions have collaborated in the development of legislative reforms of the criminal justice system in this country. Among those which have actively cooperated are GiZ, OSCE, IRZ, USAID.

3 The author has worked as International Expert for the Council of Europe in the legal reform of the Ukrainian CPC and as such has followed the legal development very closely. However, only information that is not covered by contractual confidentiality clause is made available here.

people, institutions and governments; there is not an only author of the legislative text, and therefore its merits as well as its deficiencies should be attributed to all who, in the last decades, have been collaborating with various Ukrainian governments. However, it has to be acknowledged that the Ukrainian legislature is ultimately responsible for this code of so much consequence.

II. The Council of Europe and the Ukrainian CPC

If we focus our attention on the last stage leading to the promulgation of the Ukrainian CPC, the Council of Europe appointed in 2011 three experts to review the compatibility with European standards, particularly the European Convention on Human Rights and its Protocols, of the draft Criminal Procedure code 2011. Apart from the European Convention and the case law of the European Court of Human Rights and the former European Commission of Human Rights, account was taken by the experts of both the experience of modern criminal justice systems and the expertise undertaken for the Council of Europe in respect of earlier draft codes in 2004[4], 2007[5] and 2009[6]. Thus, as regards the latter, the experts were able to note the progress made by the 2011 draft in addressing the comments and concerns previously expressed.

After a thorough review of all the provisions of the Draft code, the experts found that its provisions clearly reflected very substantial efforts to improve on previous drafts both as regards its organisation and expression and as regards compliance with European standards. However, it was pointed out that there remained some significant problems which still needed to be addressed, as well as certain provisions that could be improved through better formulation and structure.

The first expert opinion, prepared by J. McBride, E. Svanidze and myself, was delivered in early November 2011, comprising a thorough analysis of the more than 600 provisions of the draft law and an accompanying appendix containing the amendments of around 90 other laws in order to bring them in line with the text of the new CPC. The experts analysed the English version of the draft CPC provided by the CoE, although they also checked the Ukrainian text, where

4 *Comments on the Draft Criminal Procedure code* (PCRED/DG1/EXP (2003) 63, 2 September 2004).

5 J. Herrmann, *Expert Opinion on the Draft Criminal Procedure code of Ukraine*, September 2007.

6 J. Herrmann, *Expert Opinion on the Draft Criminal Procedure code of Ukraine, Draft of March 10, 2009*, (PC-TC (2009) 50, September 2009).

the language and apparent technical mistakes in the English translation made it difficult to understand particular provisions[7]. Upon receiving the expertise, the Ukrainian authorities started working together with the experts, both in Kiev and in Strasbourg. This entailed a detailed review of each of the articles in an open and productive way, discussing all those provisions in the draft code that were thought to be problematic, with a view to finding solutions that took account the concerns of all involved parties and interests.

It has to be underlined that the Ukrainian working team was very competent, showed a deep knowledge of the draft code, as well as a good understanding of the diverse issues in law and practice that were discussed. The approach of the team was entirely cooperative and professional, with the goal of drafting a new Criminal Procedure code in accordance with the European standards being clearly paramount. Furthermore, the meetings were very productive because of the advanced preparation of all experts involved on both sides, so that each of the members of the working team knew which provisions needed explanation, re-drafting, amendment or further discussion. This working method allowed timely progress to be made in revising the draft code before its eventual submission to the *Verkhovna Rada* of Ukraine. The support and assistance of the Council of Europe staff was essential throughout the process. It also helped that the members of the working team remained the same from the beginning until the end and that the work was facilitated by excellent interpreters and translators.

In sum, the collaboration between the experts and the Ukrainian authorities was smooth, highly professional and very cooperative. Fortunately, the combined efforts of all involved resulted finally in the approval of a new Criminal Procedure code with the potential to provide Ukraine with a just, fair and efficient criminal justice system. For the experts appointed by the Council of Europe, this working experience can only be described as very positive and enriching. This is something that needs to be underlined now, in order to clarify that although the Ukrainian CPC was drafted and passed while president Yanukovich was still in power and despite the fact that the working team for this reform belonged to the presidential administration, this CPC cannot be viewed negatively only for that reason. The role of the Council of Europe was precisely to ensure that the new CPC complied with European standards and met the requirements of legal technique necessary to apply it efficiently. All the experts involved were fully aware that the drafting

7 This was made in particular by E. Svanidze, the one of the three experts who knows the Russian and Ukrainian language.

of a new code was only a step forward in reforming the whole criminal justice system, and that a legal instrument by itself cannot "change reality".

III. Important achievements and critical assessment of the CPC of 2012

1. Adversarial structure of the procedure

To get over the soviet model of criminal procedure, one of the key points consisted in replacing its marked inquisitorial character, according to which the oral trial was virtually deprived of all significance—judges' role was normally reduced to rubber-stamp the evidence gathered and the activities developed in the pre-trial – stage. The new criminal procedure, on the contrary, should emphasize its adversarial character and strengthen the right to a public process with full respect for the principle of equality of arms. Naturally, this paper is not aimed at discussing the elements that characterize, respectively, the *inquisitive* and *adversarial* models of criminal procedure, among other reasons because, as I have noted in other occasions[8], those terms are sometimes used, or proposed, out of their historical context, which may be misleading in other substantially different contexts. However, it seems preferable that the models of criminal procedure to be adopted in former soviet republics abandon what is normally considered the inquisitorial model, in order to reinforce the accused's rights of defense. This is precisely the way in which art. 22 CPC is to be understood. This article establishes the adversariality as an essential principle of the criminal procedure, and insists in remarking the equality of rights of the parties, separating the functions of prosecuting, defense and adjudication, in order to respect the impartiality of the trial court[9].

---

8 See, *Acusatorio versus inquisitivo. Reflexiones acerca del proceso penal*, in L. Bachmaier (ed.), Proceso penal y sistemas acusatorios, Madrid 2008, pp. 11–48.

9 This is the text of art. 22 CPC: "*Art. 22. Adversariality of parties and their freedom to present their evidence to the court and to convincingly prove this evidence.*— 1. Criminal proceedings shall be conducted on the basis of adversarial approach envisaging independent assertion by the side of accusation and the side of legal protection of their legal positions, rights, freedoms and legitimate interests by means set forth the present code.— 2. Parties to criminal proceedings shall have equal rights with regard to collecting and producing items, documents, other evidence, motions, complaints, as well as to enjoy other procedural rights provided by the present code.— 3. In the course of criminal proceedings, functions of public prosecution, defense, and trial may not be imposed on the one and the same agency or official.— 4. Public prosecutor shall

In any event, it must be made clear that the function of the international experts in the last stage of the legislative process prior to the parliamentary approval of the CPC did not consist in deciding which model of criminal procedure should be adopted in Ukraine but rather in revising if the rules proposed and the model designed were in conformity with European standards. In addition, we must not forget that the model of criminal process envisioned by the CPC, as virtually every current model of criminal justice, comprises a mixture of adversarial and inquisitorial elements—although the former should be predominant in order to comply with the dicta of art. 22 CPC. Thus, even though adversariality is enshrined as the central principle of criminal procedure, it does not deprive the trial court of all initiative with respect to collecting evidence and does not eliminate the PP's obligation to investigate accusatory as well as exculpatory facts.

For the rest, while art. 22 CPC deserves a positive assessment, mentioning the adversarial principle is no doubt insufficient to guarantee that the criminal process is actually structured around it. Thus, despite the explicit recognition of the rights of the defendant and the victim and a certain control of the pre-trial judge upon the pre-trial investigation, having a closer look on the mechanisms to provide for an efficient implementation of those rights, makes us conclude that the finally adopted CPC still could be improved.

This is particularly evident with regard to the adversarial approach. First, even if art. 22 provides for the possibility of the defendant to gather and present evidence, this appears to be more theoretical than applicable in practice. The adversarial character of pre-trial procedures and the principle of equality of arms could also be adversely affected by the formal rule stipulating that the defense should assemble its evidence by means of actions carried out by the investigation[10]. The Draft code does not provide any clear procedure for the initiation by the defense in such investigative actions and does not indicate the scope of its involvement in them. The possibility of the defendant to gather and present

---

notify an individual of a suspicion of his/ her having committed a criminal offence, shall submit an indictment, and prosecute on behalf of the state in court. In cases specified in the present code, notification of an individual of a suspicion of his having committed a criminal offence may be made by an investigator upon the approval of the public prosecutor, and the accusation may be supported by the victim or by a representative acting on his behalf.— 5. The suspect or defendant, their defense counsel or legal representative shall be in charge of defense.— 6. The court while maintaining the objectivity and impartiality shall ensure the necessary conditions for the realization by the parties of their procedural rights and the performance of their procedural duties."

10 Paragraphs 12 and 3 of Art.s 45 and 92 respectively.

evidence following such investigative actions thus appears to be more theoretical than real in practice[11].

Moreover, it should be noted that if the defendant does not have the economic means for arranging his or her own evidence gathering, the adversarial approach will remain theoretical and the principle of equality of arms would also be absent. In order to implement an adversarial model, adequate rules on expenses and free legal aid have to be in place. First, according to the system foreseen in the CPC, the right to legal aid is only granted for those proceedings where the legal assistance is established as mandatory in the code. Art. 52.1 CPC states: "Participation of a defense counselshall be mandatory in criminal proceedings in respect of crimes of especially grave severity. In such cases, participation of a defense counsel is ensured from the time when a person achieves the status of a suspect." Following the Ukrainian Criminal code, crimes a special grave offence means an offence punishable with more than 10 years imprisonment or a life sentence (art. 12.5 PC). This means that in practice, legal aid is not granted in the majority of criminal proceedings, as those for special severe offences are from a quantitative point of view, the less significant.

An adversarial procedure is based upon the real confrontation between accuser and defense, and if the defendant is only granted the possibility to have a good lawyer of his own choice if he/she has enough economic resources to pay the lawyer's fees, the necessary element for the effective existence of an adversarial process is absent. In such circumstances talking of adversarial principle is illusory.

Furthermore, even if legal aid was recognized to the defendant, it is still not clear from art. 118ff. of the CPC what are the expenses that are covered by the legal aid system. In particular it is doubtful whether the expenses for experts on behalf of the defense will be covered by the free legal aid system. If this is not the case, the code might be purporting to establish an adversarial approach for criminal proceedings, but in practice any judgment is likely to rely almost exclusively on the evidence collected by the prosecution. Neither the European Convention nor the case law of the European Court requires the adoption of a specific model of criminal procedure but compliance with them does necessitate that equality of arms and an effective defense are guaranteed. Thus, given the shift towards a more adversarial procedure, it is essential that rules other than art. 22 secure

11 See para. 30 of the CoE Opinion on the draft CPC of Ukraine, 2.11.2011, available under http://www.coe.int/t/dghl/cooperation/capacitybuilding/Source/expertises/Opinion_Draft_CPC_UA_eng.pdf.

the existence of adequate means to ensure the defense rights of those defendants who cannot afford the expense of collecting evidence[12].

This shortcoming was highlighted during the discussions held while reviewing the draft CPC, but unfortunately the final text did not overcome these problems to improve the effective implementation of the adversarial principle. This issue was to be addressed in a future amendment of the laws on legal aid, but as far as I know, this has not been adequately implemented at the moment of writing this paper.

In sum, with regard to the principle of adversariality the new CPC represents a significant step forward in providing a legal framework to overcome past inquisitorial practices, however, there is still a way to go to have a real adversarial procedure in place. Apart from further legal amendments it will also be crucial that the parties involved in every criminal case, do assume their new role within the procedure. When discussing the draft CPC it was surprising to realize that many of the judges still did not understand why the right to cross-examination was so important to safeguard the rights of the defendant.

2. Evidence and exclusionary rules: hearsay evidence

During the soviet regime the general practice in criminal proceedings was the acceptance of all evidence that could cast light on the investigation of the criminal facts, regardless the way in which it had been gathered. The aim of finding out the truth was stronger than the protection of the fundamental rights of privacy or the right not to incriminate one-self.

The new CPC provides for the principles of evidence according to European standards. Presumption of innocence is regulated in art. 17 CPC[13] and the

---

12 See also para. 31.

13 **Art. 17. Presumption of innocence and conclusive proof of guilt**

1. An individual shall be considered innocent of the commission of a criminal offence and may not be imposed a criminal penalty unless their guilt is proved in accordance with the procedure prescribed in the present code and is established in the court judgment of conviction which has taken legal effect.
2. No one shall be required to prove their innocence of having committed a criminal offence and shall be acquitted unless the prosecution proves their guilt beyond any reasonable doubt.
3. Suspicion, charges may not be based on evidence obtained illegally.
4. Any doubt as to the proof of the guilt of an individual shall be interpreted in this person's favour.
5. A person whose criminal guilt has not been found in a valid judgment of conviction shall be treated as an innocent one.

evidentiary principles on admissibility, legality, adequacy, collection and assessment are substantiated under arts. 84 to 94 CPC. It expressly states the inadmissibility of the evidence "obtained through significant violation of human rights and fundamental freedoms", and the same art. 87 defines what shall be considered as a significant violation of human rights[14]. In this context the requirement of a judicial warrant for adopting any investigative measure restrictive of fundamental rights (such as for example search and seizure and telephone tapping), represents an important improvement in safeguarding the fundamental rights within the criminal procedure, which is reinforced by the exclusionary rules of evidence: the lack of the judicial warrant or an insufficiently motivated one, will render the evidence inadmissible (art. 87.2.1 CPC).

Additionally, art. 87 enumerates other circumstances that will render the evidence illegal and therefore, inadmissible: obtaining evidence subjecting a person to torture and inhuman or degrading treatment or threats to apply such treatment (art. 87.2.2 CPC); violating the right of a person to defense (art. 87.2.3 CPC); testimony or explanations obtained from a person who has not been advised of his right to refuse to give evidence or answer questions, or where these were obtained in violation of this right (art. 87.2.4 y 6 CPC); and those obtained violating the right to cross examination (art. 87.2.5 CPC).

The scope of the exclusionary rule of illegally obtained evidence touches directly the difficult balance between efficiency of the prosecution towards the

---

14 Art. 87.2. CPC

The court shall be required to find significant violations of human rights and fundamental freedoms, in particular the following acts:

1) conducting procedural actions which require previous permission of the court without such permission or with disrespect of its essential conditions;
2) obtaining evidence subjecting a person to torture and inhuman or degrading treatment or threats to apply such treatment;
3) violating the right of a person to defense;
4) obtaining testimony or explanations from a person who has not been advised of his right to refuse to give evidence or answer questions, or where these were obtained in violation of this right;
5) violating the right to cross-examination
6) obtaining testimonies from a witness who subsequently will be found a suspect or accused in these criminal proceedings.

3. Evidence referred to in this Art. shall be found by court inadmissible during any trial except trial when the issue of liability for the said significant violation of human rights and fundamental freedoms as result of which such evidence was obtained is disposed.

achievement of the security of the citizens and the respect of the fundamental rights of those same citizens and particularly the rights of the accused. This issue is still hotly debated in the legal literature and in the jurisprudence, as the limits of the exclusionary rules and the exceptions that should apply in each case are anything but clear. The ECrtHR traditionally has denied the existence of admissibility and exclusionary rules in art. 6 ECHR and has avoided carrying out a further evidentiary assessment arguing that it is not the function of the Court '(...) to deal with errors of fact or of law allegedly committed by a national court unless and in so far as they may have infringed rights and freedoms protected by the Convention' and that:

'(w)hile Art. 6 guarantees the right to a fair hearing, it does not lay down any rules on the admissibility of evidence as such, which is primarily a matter for regulation under national law (...). (...) It is therefore not the role of the Court to determine, as a matter of principle, whether particular types of evidence – for example, evidence obtained unlawfully in terms of domestic law – may be admissible. The question which must be answered is whether the proceedings as a whole, including the way in which the evidence was obtained, were fair. This involves an examination of the "unlawfulness" in question and, where the violation of another Convention right is concerned, the nature of the violation found (...)'.[15]

Although by defining rights of the defendants in the pre-trial stage and providing for the protection of art. 8 ECHR, the Court steadily has been providing guidelines and almost rules on exclusion of evidence, it is true that, apart from the "Salduz doctrine", the Court has not provided for an harmonised set of exclusionary rules of evidence. At this point, however, the draft law was reviewed taking into account the legal provisions and the practice adopted in most European legal systems, that recognize limits in the admissibility of illegally obtained evidence. In sum, even if there are no precise CoE standards with regard to this issue, the experts analysed the scope of art. 87 CPC with the aim of ensuring that the Ukrainian criminal procedure could overcome practices extended in an authoritarian system, contrary to the fundamental rights of the defendant. It shall be recalled that in such authoritarian systems it was not at odds that the investigators in the criminal procedure used all possible coercive means for obtaining the confession of the suspect regarding a certain crime. Once the written confession was signed, no further investigative acts were deemed necessary in order to establish the facts, and the judges rendered conviction judgments often

15 See *Gäfgen v Germany*, Appl. no. 22978/05, of 30.6.2008. See also, *Lisica v Croatia*, Appl. no. 20100/06, of 25.2.2010.

based only on such confessions. There is a great number of cases of the ECtHR finding a violation of the Convention with regard to the right to a fair trial, but also violations of article 3 ECHR, where the suspect has suffered inhuman or degrading treatment during police interrogations[16]. But again, stating rights in the law, does not guarantee that those laws are respected. These principles were already enshrined in the previous procedural rules of Ukraine, and despite this, the practice in Ukraine showed numerous violations of human rights.

In the case of *Shabelnik v Ukraine*[17], the ECtHR found a violation of art. 6, among other reasons, because the circumstances of the case suggested that the defendant confessed in defiance of his will, had not been given proper information on his right to refuse testimony and the confession of Shabelnik was the sole and decisive evidence. Mr Shabelnik was accused of kidnapping and murdering a minor. He was detained in December 2001 and was provided with lawyer at that moment. Later in February 2002 the defendant was questioned again, without a lawyer, and precisely during this questioning he confessed the murder. He was questioned as witness and told he was obliged to declare everything he knew, because otherwise he could be prosecuted for refusal to give testimony or giving false testimony. At the court hearings he claimed to be innocent with respect to the charge of murder and stated he was obliged to confess this crime and admitted the guilt on kidnapping. He was given a life imprisonment sentence basedon his confession made during the pre-trial stage.

The cases of *Nechiporuk and Yonkalo v Ukraine* (21.4.2011) and *Zamferesko v Ukraine* (15.11.2012) are two other examples of abuses and torture upon detained suspects for obtaining a confession. In the Nechiporuk case, an attack with firearm with the aim of committing a robbery with result of two murders, the defendant alleged having received electric shocks. The medical examination revealed injuries, but revealed that the origins were unclear, and the complaint on ill-treatment was not adequately investigated. Finally in the case of *Zamferesko v Ukraine*, the defendant, a person of poor mental health was charged for robbery and murder. He confessed, but later in presence of lawyer said he had suffered pressures and denied having committed the murders. He presented complaint for ill-treatment, and was beaten in prison after the conviction.

These are only some examples of an extended malpractice in the criminal justice system in Ukraine. The new art. 87.2 CPC aims not only at seeking

---

16 Among others see, for example *Shabelnik v Ukraine*, Appl. no. 16404/03, of 19.2.2009, *Nechiporuk and Yonkalo v Ukraine*, 42310/04, of 21.4.2011, *Zamferesko v Ukraine*, Appl. no. 30075/06, of 15.11.2012.

17 *Shabelnik v Ukraine* of 19.2.2009.

compliance with the ECtHR's doctrine known as the *Salduz doctrine*[18] as well as requiring the Ukrainian judges to implement the ECtHR the "sole and decisive evidence rule"[19], but firstly at preventing ill-treatment of the defendant during pre-trial questioning.

On the other hand, to make the adversarial principle real and ensure that the trial becomes the main stage of the criminal procedure it is obviously not enough to just mention it in the chapter devoted to the principles of procedure in the code. The implementation of the adversarial principle requires not only ensuring the right to a lawyer for every defendant, but also precise rules that guarantee the confrontation clause and right to cross-examination. This means that the procedural rules have to determine the general principle that only the acts and evidence presented at trial shall have evidentiary value, while defining at the same time under what conditions may pre-trial statements be exceptionally assessed as evidence[20]. Following the requirements set out in the case law of the ECtHR, this principle has been included in the new Ukrainian CPC under art. 95.4:

"The court may base its findings only on testimonies taken directly during court session or those obtained under the rules of art. 225 of this code. The court may not base court decision on testimonies given to investigator, public prosecutor, or refer to such."

The exceptions to this rule and thus the possibility to secure the witness statements given during the pre-trial stage, are admitted in cases of unavailable witness as listed under art. 225 CPC: illness, threat to witness's or victim's life, or "other circumstances that may make impossible or affect the completeness or reliability of testimony", in addition to the need to protect minors against double victimisation. Similar exceptions are admitted in almost every criminal procedure code in European countries, in order to strike the right balance between the right to cross-examination and the need to preserve evidence that might be impossible to

18 *Salduz v Turkey*, Appl. no. 36391/02 (GC) of 27.11.2009. By March of 2010, the Court had confirmed *Salduz* in no less than 75 further judgments finding in most of them violations as in the *Salduz* case.

19 *Panovits v Cyprus*, Appl. no. 20100/06, of 11.12.2008, where the Court underscored the doctrine that the statement made by suspect in the absence of his lawyer cannot be used to secure conviction, even if it is not the sole evidence.

20 *Barberá Messegué et al v Spain*, Appl. nos. 10588/83, 10589/83, and 10590/83 of 6.12.1988; *Bricmont v Belgium*, Appl. no. 10857/84, of 7.7.1989; *Kostovski v The Netherlands*, Appl. no. 11454/85, of 20.11.1989. *Kamasinski v Austria*, Appl. no. 9783/82, of 19.12.1989.

be repeated at trial[21]. The exceptions to the right to cross-examinations have been admitted by the ECtHR in different circumstances, although underlining always that it is an exception to the general principle[22]. Apart from stating its exceptional character, the Strasbourg Court has limited the value of these out of court statements establishing the rule of the sole and decisive evidence", already mentioned above: the lack of opportunity to cross-examine will not lead to exclusion, but cannot be the only or decisive evidence to convict the defendant.

During the discussions held towards the adoption of the new CPC controversy arose on the regulation of the hearsay testimonies. The concept of hearsay that has been adopted in the Ukrainian CPC is a limited one, different from the meaning of hearsay evidence in the US criminal procedure, where any out of court statement is named hearsay evidence. Art. 97 CPC regulates the indirect testimony and defines it as a "statement based on explanations of another person"[23]. Being an evidence which is not reliable, its admissibility has often been

---

21 The fairness of the proceedings with regard to the right to a public hearing and the confrontation clause, have been discussed lately in two ECtHR's cases filed against Germany: *Hümmer v Germany* Appl. no. 29881/07 of 19.7.2012 and *Sievert v Germany*, Appl. no. 29881/97, also of 19.7.2012.

22 On the right to cross examine witnesses in the case law of the ECtHR, see for example, L. Bachmaier *Transnational criminal proceedings, witness evidence and confrontation: lessons from the ECtHR's case law*, Utrecht Law Rev., Special issue, September 2013, Volume 9, Issue 4 (September) 2013, pp. 126–148. See also K. Reid, *A Practitioner's Guide to the ECHR*, 2008, pp. 119ff. For a more detailed approach, see S. Maffei, *The right to Confrontation in Europe. Absent, Anoymous and Vulnerable Witnesses*, 2012, pp. 80ff.

23 **Art. 97. Hearsay testimonies**

1. Hearsay testimony shall be a statement made orally, in writing or in any other form with regard to a certain fact, such statement being based on explanations of another person.
2. The court shall have the right to recognize as admissible evidence hearsay testimony irrespective of the possibility to examine the person who provided the initial explanations, in exceptional cases if such are admissible evidence in accordance with other rules of evidence admissibility.

   When taking such decision, the court is required to take into account the following:

   1) importance of explanations, testimonies, should they be reliable, for ascertaining a circumstance, and their significance for the understanding of other knowledge;
   2) other evidence in respect of issues referred to in paragraph 1 of this part which have been produced or can be produced;
   3) circumstances under which initial explanations are given which give rise to confidence in their reliability;

rejected. Therefore it was not strange that during the legislative process of the new CPC, the controversial character of the hearsay testimony gave rise to debates and that many voices spoke against its admissibility. Taking into account the Ukrainian legal and institutional context, the total exclusion of the hearsay evidence might have been the best way for safeguarding the right to presumption of innocence and the fairness of the proceedings. However, such a position is not underpinned by the ECtHR case law: the Strasbourg Court has never declared that hearsay evidence shall be inadmissible. Moreover, it can't be stated that the indirect witness testimony is against the general European standards, as most of

---

4) cogency of knowledge with regard to the fact that initial explanations have been given;
5) difficulties for the party against which hearsay explanations, testimonies were given in disproving such explanations, testimonies;
6) relationship between hearsay testimonies and interests of the person who has given these hearsay testimonies;
7) possibility to examine the person who has given initial explanations, or reasons for the impossibility of such examination.

3. The court may find examination of a person to be impossible only if such person:
   1) does not appear in court session because of the death or serious physical or mental disease;
   2) waives testifying in court session under Art. 63 of the Constitution of Ukraine or disobeying court's request to give testimonies;
   3) does not appear before court and his location has not been established through conducting required search measures;
   4) stays abroad and waives testifying.
4. The court may admit hearsay evidence if the parties agree to recognize such as evidence.
5. The court may admit hearsay evidence if the suspect accused has created or facilitated the creation of circumstances under which the person concerned may not be examined.
6. Hearsay testimonies may not be evidence of the fact or circumstance to prove which they were given unless they are supported by other evidence found admissible in accordance with rules other than those contained in part two of this Art..
7. In no event shall the hearsay testimony given by an investigator, public prosecutor, officer of an operational unit or another person with regard to any explanations given by an investigator, public prosecutor or an officer of an operational unit during the criminal proceedings that they were conducting be admissible.

the criminal codes of procedure of European countries accept hearsay evidence, albeit subject to certain conditions that underline its exceptional character and restrict its evidentiary value.

This was the position followed when assessing the compliance of art. 97 CPC with European standards. In the opinion prepared by the CoE experts on the draft CPC in the autumn of 2011it was expressly stated:

"The exclusion of hearsay testimonies in this provision (former art. 96 of the draft CPC) is subject to so many exceptions that at the end it amounts to its admission with the risk of allowing the use of statements made by the police officers who interviewed the suspect despite paragraph 4 of art. 94. Even if hearsay testimonies are not incompatible with the European Convention (*Haas v. Germany* (dec.), Appl. no. 73047/01, 17 November 2005), such evidence poses questions as to its reliability and should only be admitted under exceptional circumstances. This provision should thus be amended accordingly."

Fortunately, following this recommendation the article on hearsay evidence was amended and following safeguards were introduced: first, its admissibility is limited to those cases where the direct witness testimony cannot be produced and the law states which are the situations that may consider such direct testimony impossible; second, hearsaytestimony of investigators, public prosecutors y officers of operational units, regarding explanations given by any of these persons is expressly excluded (art. 97.7 CPC); and finally, and what is more important, the hearsay testimonies will only have a supplementary evidentiary value (art. 97.6). Under these conditions the admissibility of hearsay evidence, although it still entails risks, can be considered in accordance with European standards. From the perspective of the CoE, the amended art. 97 CPC does not present any relevant objection, even if many of us may dislike hearsay evidence. The future will show how this rule is implemented in the Ukrainian system.

3. Plea agreements

Another sensitive and controversial point in the elaboration of the Ukrainian CPC of 2012 was the regulation of the plea agreements. Most European legal systems have adopted forms of discretionary or agreed criminal justice in order to promote a more efficient administration of justice and reducing the workload in the criminal courts. It is generally considered as a system to accelerate the ending of the criminal procedure that allows rendering a judgments on the basis of the guilty plea of the defendant and thus saving the time and efforts of holding a complete oral trial. The ECtHR case law does not refuse the adoption of such plea agreements[24]. On the contrary, it has declared that "the Court subscribes to the idea that plea bargaining, apart from offering the important benefits of speedy adjudication of criminal cases and alleviating the workload of courts, prosecutors and lawyers, can also be, if applied correctly, a successful tool in combating corruption and organised crime and can contribute to the reduction of the number of sentences handed down and as a result to the number of prisoners."[25]

However, in the same judgment the Court highlights the evident risks that the plea agreements may entail in certain criminal justice systems[26]. It goes without saying that agreed solutions or guilty pleas are only acceptable if they are based on the free will of the defendant. The criminal justice system has to provide all the necessary guarantees to avoid precisely that the guilty plea becomes the result of undue pressure upon the defendant, resembling the coerced confessions in the past under the cruellest forms of inquisitorial justice[27].

The new CPC regulates the "Criminal Proceedings based on agreements" in arts. 468 to 476 CPC, establishing two different types of agreements:1) the reconciliation between the victim and the suspect; and 2) plea agreement between the public prosecutor and the accused. The reconciliation procedure will be initiated at the initiative of victim or suspect/accused, independently or together, through defense counsel or a third party they agree upon and its scope is criminal misdemeanours, offences of minor-medium gravity and private criminal proceedings (arts. 477–479). The plea agreement can be entered at the initiative of defendant or public prosecutor and will be subject to control of the judge. The criteria for entering a plea agreement are set out in art. 470 CPC: the cooperation of the defendant in investigation against him or others; the nature and severity of the crime; and

---

24 The Court has stated that there cannot be anything improper in the process of charge or sentence bargaining in itself, see *Babar Ahmad and Others v the United Kingdom* (dec.), Appl. nos. 24027/07, 11949/08 and 36742/08, ECHR 6.7.2010.

25 See ECtHR judgment *Natsvlishvili and Togonidze v Georgia, Appl. no. 9043/05*, of 29.4.2014, para. 91.

26 Although the Court in this precise case does not find a violation of Art. 6.1 of the Convention. This decision is hotly discussed, as it may be argued if a person remanded in custody and under dangerous circumstances, is completely free in entering a plea agreement.

27 On the coercion used in plea agreements in certain ex soviet republics, in particular in Georgia, see J. Murdoch, *Country Report on Georgia, Combating Ill-treatment and Impunity and Effective Investigation of Ill-treatment*, (Council of Europe, 2011), paras. 55–62.

the public interests, interest in speeding up the pre-trial stage, detection of more crimes.

Without entering here into details on the precise regulation of these two forms of agreement, the conditions to be met before approving a reconciliation or plea agreement are generally appropriate. In particular the duty in art. 474.6 CPC for the court to be sure that an agreement has been voluntarily concluded is of the utmost importance. However, in order that such voluntariness is properly determined and taking into account that any involvement of defense lawyers for this category of cases is likely to remain theoretical, the court should verify the genuineness of any waiver by summoning the accused to confirm it in writing. Furthermore it would be appropriate to require the court specifically to enquire whether there has been any pressure on a suspect or accused to abandon complaints against law enforcement officials in return for not being prosecuted.

In any event, despite the correctness and appropriateness of the legal provisions on plea agreements in the CPC, its practice may however lead to the exercising of an undue pressure upon the defendant and therefore to a denial of the right to defense: defendants having to choose between being remanded in custody and suffering inadequate penitentiary conditions, or pleading guilty and avoiding prison, mostly will choose for the latter one, even if they have a good chance to be acquitted in trial. On the other hand, in some ex soviet republics, were the rate of acquittals is closely to 0, most defendants opt for a unfavourable agreement, rather than facing a trial that will in all cases end up in a conviction judgment, which will be worse than the agreement offered. These are risks and problems of the practice of discretionary justice that may appear in all criminal justice systems, making the right to a public hearing amount to a utopia, and thus unattainable in practice. However, the dangers of denial of justice that entail any form of agreed criminal justice system, may be exacerbated in transitional democracies, where the prosecution service has been traditionally over powerful and where the lack of judicial independence does not help in stopping abuses that may appear in the plea agreement proceedings.

IV. Concluding remarks

The new CPC represents a very important step towards the reform of the criminal justice system and its compliance with European standards: it defines the essential principles according to the ECHR, provides for a more adversarial procedure, guarantees for the defense rights, judicial control of any measure restrictive of fundamental rights and a better control of the investigation phase. However only by changing the rules of the criminal procedure is not enough to ensure the efficiency and the adequate protection of the human rights within the criminal justice system. As it was already stated during the discussions on the draft CPC and its amendments, this legal instrument needs further actions to ensure it is correctly applied and that the relevant actors in the criminal procedure comply with its rules and principles. This needs the institutions involved in the criminal justice to adapt to their new roles and powers, but also to review the laws that regulate those institutions.

Although the main provisions with regard to criminal proceedings are encompassed in the CPC, there are numerous other legal provisions that are directly connected to the criminal procedure. The entry into force of a new code of Criminal Procedure has affected many other laws, ranging from the Civil code to the Law of the Public Prosecution Office or the Law on State Secrets, to mention only some examples. At the moment of finishing this paper the new Law on the Public Prosecution Office is very advanced[28], and it would not be unrealistic to expect its approval in the next future.

In parallel to the adjustment of the legal framework and the redrafting of the institutional context where the new CPC is to be applied, it is essential that all the actors involved in the criminal justice system –judges, investigators, prosecutors, defense lawyers, and law enforcement agents and other legal staff–, are able and willing to abide by the new laws and apply them according to the European standards. The use made of the new CPC during the *Maidan events* back in February 2014 is a clear example of how a legal framework can be abused to achieve illegal objectives. Only if all stakeholders involved show real commitment with the protection of human rights, the conditions for an effective improvement of the criminal justice system may be achieved. Coming closer to Europe through the recently signed Association Agreement with the European Union undoubtedly represents a huge change in international politics as well as in the economy of Ukraine. It can only be hoped that it will also spark a new time for the criminal justice system, abandoning past soviet practices and coming closer to European human rights standards.

28 See the Joint Opinion on the Draft Law on the Public Prosecutor's Office of Ukraine, adopted at the 96thPlenary Session (Venice, 11–12 October 2013) on the basis of comments by N. Esanu, P. Paczolay, H. Suchoka, K. Tuori, J. McBride, E. Svanidze, L. Bachmaier and M. Lyngbo.

Dr. Olexandr Banchuk

Direktor für kriminal- und verwaltungsjuristische Projekte, Zentrum für politische und rechtliche Reformen, Kiew

Erste Ergebnisse der Umsetzung der neuen Strafprozessordnung der Ukraine

Eine Analyse der Kriminalstatistik für das Jahr 2013 lässt im Vergleich mit den entsprechenden Angaben für die Jahre 2011 und 2012[1] folgende Rückschlüsse über die ersten Ergebnisse der Umsetzung der neuen StPO der Ukraine zu.

A. Positive Trends

Es ist ein allgemeiner positiver Trend zur Humanisierung der Strafjustiz zu beobachten, wofür insbesondere folgende Tatsachen sprechen:

1. Der Anteil der Freisprüche ist gestiegen. Im ersten Halbjahr 2012 wurden 199 Personen in den Offizialklagedelikten freigesprochen, dies entsprach 0,25 % von insgesamt 78.500 Urteilen. Im ersten Halbjahr 2013 wurden 372 Personen freigesprochen, dies entsprach immerhin 2 % von 19.250 noch nach den Regeln der StPO von 1960 gefällten Urteilen. Allerdings ist die Zahl der Freisprüche nach der StPO von 2012 unbedeutend gestiegen und liegt bei 0,4 % (160 Personen von 42.000 Urteilen).
2. Die Zahl der Verurteilungen ging um 25 % zurück (von 90.750 in der ersten Hälfte des Jahres 2012 auf fast 70.000 in der ersten Jahreshälfte 2013).
   a. Die Zahl der Personen, die vom Gericht von der strafrechtlichen Verantwortlichkeit freigesprochen wurden, stieg um fast 20 % bzw. 1.350 Personen (von 6.500 in der ersten Hälfte 2012 auf 7.850 Personen in der ersten Jahreshälfte 2013).
   b. Die Zahl der registrierten Strafverfahren stieg um 35 % bzw. 20.000 Verfahren (2012 wurden monatlich ca. 38.000 Strafverfahren eingeleitet und

1 Die Angaben wurden mit Hilfe der Anfragen über den Zugang zu öffentlichen Informationen von dem Ministerium des Innern, der Generalstaatsanwaltschaft, der Staatlichen Gerichtsverwaltung, dem Staatlichen Strafvollzugsdienst sowie dem Koordinierungszentrum für Rechtshilfe des Ministeriums für Justiz erhalten.

im Jahre 2013 wurden monatlich 58.000 Verfahren registriert). Wie zu erkennen ist, erhöhte die in der neuen StPO vorgesehene Änderung des Verfahrens zur Einleitung einer Voruntersuchung (die automatische Einleitung des Verfahrens) die Chancen der Opfer auf eine Untersuchung ihrer Fälle und die strafrechtliche Verfolgung der Täter.

Im zweiten Quartal jedoch entstand ein Problem hinsichtlich der wahllosen Verfahrenseinstellung. Dies führte dazu, dass nur 40.000 Verfahren im Register verblieben. Diese Zahl unterschied sich somit kaum von der Zahl der Verfahren, die nach der alten StPO in den vergangenen Jahren eingeleitet wurden. Dieses Vorgehen stellt die Zweckmäßigkeit der Einführung der automatischen Einleitung von Voruntersuchungen in Frage.

3. Die Zahl der Anordnung von Arrest im Rahmen des Strafverfahrens ging zurück, und zwar um 25 % bzw. 700 Fälle pro Monat (von 2.800 Anordnungen von Arrest monatlich im Jahre 2012 auf 2.100 innerhalb der ersten acht Monate 2013).

   Allerdings belegt der Bericht des Koordinierungszentrums für Rechtshilfe,[2] dass der gesetzlichen Anforderung hinsichtlich der verbindlichen Benachrichtigung eines Verteidigers über sämtliche Fälle des In-Gewahrsam-Nehmens nicht in vollem Umfang Folge geleistet wird. Dabei legt die StPO jedoch eindeutig fest, dass alle in Abwesenheit eines Verteidigers erhobenen Beweismittel vom Gericht für unzulässig zu erklären sind (Art. 87 Abs. 1 und Absatz 3 Abs. 2).
4. Die Zahl der Personen im Arrest ging um 45 % bzw. 13.900 Personen zurück (von 32.000 zum 1. Dezember 2012 auf 18.100 zum 15. August 2013). Angesichts der im Jahre 2012 vorgenommenen Entkriminalisierung von Wirtschaftsdelikten aufgrund des Gesetzes der Ukraine „Über die Novellierung einiger Gesetze der Ukraine in Bezug auf die Humanisierung der Verantwortlichkeit für Rechtsverletzungen im Bereich der wirtschaftlichen Tätigkeit" vom 15. November 2011 (Nr. 4025 – VI) wird der Rückgang bereits bei 50 % bzw. 18.900 Personen liegen. Diese deutliche Abnahme der Zahl der Gefängnisinsassen hat zwei Hauptgründe:

2 Ausführlicher dazu siehe: Попередній звіт за результатами дослідження проблемних питань, що виникають у сторони захисту при застосуванні нового кримінального процесуального законодавства (Координаційний центр з надання правової допомоги) // http://legalaid.gov.ua/images/Actual/Results_research.pdf.

- Die Tatsache, dass die StPO vom Ermittlungsrichter verlangt, im Beschluss über den Arrest einer Person die Höhe der Kaution festzulegen, deren Einzahlung auf das Konto der Staatskasse die Freilassung der festgenommenen Person bewirkt;
- Die Reduzierung der Zahl der von Staatsanwälten gestellten Anträge auf Arrest aufgrund der gestiegenen Zahl der Anträge auf die Anordnung alternativer Sicherungsmaßnahmen.

5. Es erfolgte eine Reduzierung der Zahl der Anträge von Ermittlungsbeamten/Staatsanwälten auf Arrest um 45 % (von 2.500 Anträgen monatlich im Jahre 2012 bis auf 1.400 Anträge monatlich innerhalb von 8 Monaten 2013). Ein Vergleich mit dem Jahr 2011 zeigt einen Rückgang um 70 % (die monatliche Zahl dieser Anträge im Jahre 2011 erreichte 4.350). Dieser Rückgang ist dadurch zu erklären, dass den Ermittlungsbeamten die Befugnis genommen wurde, eigenständig beim Gericht den Arrest von verdächtigen Personen einzuleiten. Jetzt haben nur die Staatsanwälte diese Befugnis, und die Ermittlungsbeamten müssen die jeweiligen Anträge mit dem Staatsanwalt abstimmen. Da dieser nicht immer die Genehmigung erteilt, wenden sich die Ermittlungsbeamten inzwischen seltener mit solchen Anträgen an die Staatsanwaltschaft.
6. Die Zahl der angewendeten alternativen Sicherungsmaßnahmen bleibt weiterhin auf einem hohen Niveau. Jeden Monat kommen bei 45 Personen persönliche Bürgschaften, bei 480 Personen Hausarrest und bei 2.250 Personen persönliche Verpflichtungen (den Wohnort nicht zu verlassen, sich um die Arbeitsuche zu bemühen usw.) zur Anwendung. Zugleich ruft ein stetiger Anstieg der Gesamtzahl von Anträgen auf Anwendung von Sicherungsmaßnahmen (von 4.000 Anträgen pro Monat im ersten Quartal auf 4.300 Anträge im zweiten Quartal und 5.000 solcher Anträge im 7. und 8. Monat 2013) Besorgnis hervor. Dieser Trend zeigt, dass die Anklagebehörden versuchen, in den meisten Strafverfahren die Einschränkung bestimmter Grundrechte und Freiheiten durch Genehmigung des zuständigen Gerichts herbeizuführen.
7. Die Anzahl der Durchsuchungen ging um 25 % zurück (von 4.000 Durchsuchungen pro Monat im Jahre 2011 auf 3.000 im ersten Halbjahr 2013). Im Juli und August 2013 war jedoch ein Anstieg des Monatsdurchschnitts gegenüber der ersten Jahreshälfte zu verzeichnen. Dieser Anstieg ist eventuell dadurch zu erklären, dass früher die Durchsuchungsgenehmigungen nur für die Wohnungen und den Besitz von natürlichen Personen erteilt wurden, während nun Gerichtsbeschlüsse für Durchsuchungen von Wohnungen und anderem Besitz von natürlichen und auch juristischen Personen (z.B. Büroräume) erforderlich sind.

8. Die Zahl der durch Gerichte erteilten Genehmigungen zur Gesprächsüberwachung ging um 20 % zurück. 2013 erteilten die Ermittlungsrichter monatlich 1.650 Genehmigungen zur Gesprächsüberwachung, wobei in früheren Jahren zwischen 2.000 und 2.100 Genehmigungen pro Monat erteilt wurden (genaue amtliche Angaben fehlen).[3]
9. Die Zahl der Vereinbarungen über das Schuldbekenntnis beträgt 8 % der Gesamtzahl der bei Gerichten anhängigen Verfahren (oder 1.030 solcher Vereinbarungen pro Monat innerhalb von 8 Monaten des Jahres 2013). In den Ländern, die früher als die Ukraine ein Institut des Schuldbekenntnisses (Verständigung bzw. Deal mit der Staatsanwaltschaft) eingeführt haben, sieht die Situation anders aus: Die meisten Verfahren werden in vereinfachter Form (auf Grund von Vereinbarungen über das Schuldbekenntnis) und nur ein kleinerer Teil davon in vollem Umfang erledigt. Diese Statistiken zeigen, dass die Zahl der vereinfachten Verfahren in der Ukraine auf einem akzeptablen Niveau ist, und dass diese Innovation unser System nicht in ein „Fließband zur Produktion von strafgerichtlichen Verurteilungen" verwandelt hat.
10. Die Anzahl der gerichtlichen Vergleiche beträgt 8 % der Gesamtzahl der bei Gerichten anhängigen Verfahren (oder 1.075 solcher Vereinbarungen pro Monat in den ersten 8 Monaten des Jahres 2013). Das bedeutet, dass die gesetzliche Möglichkeit einer Einigung zwischen dem Verdächtigen (Beschuldigten) und den Opfern von einem großen Teil der Bevölkerung positiv wahrgenommen wird und zu einer verbreiteten alternativen Möglichkeit für die Beilegung von strafrechtlichen Konflikten werden kann.

B. Negative Trends

Gleichzeitig können wir folgende negative Trends feststellen:

1. Der Anteil der Anklageanträge, denen durch den Ermittlungsrichter stattgegeben wurde, beträgt 85–95 % (je nach Verfahrensart). M.a.W. 9 von 10 Anträgen der Staatsanwaltschaft über die Durchführung von Ermittlungsmaßnahmen, verdeckten Ermittlungshandlungen, Sicherungsmaßnahmen wird durch die Gerichte stattgegeben. Der gleiche Anteil war auch 2011 und 2012 zu verzeichnen. Die Richter berücksichtigen nicht, dass die Bestimmungen der

3 In der Ukraine erteilen die Strafverfolgungsbehörden jährlich 25 Tausend Genehmigungen zur Gesprächsüberwachung // http://www.pravda.com.ua/news/2010/01/21/4648880/.

StPO wesentlich strengere Anforderungen an die von der Anklage gestellten Anträge und an die einschlägigen Beschlüsse der Ermittlungsrichter stellen.

2. Die Zahl der durch Organe der Voruntersuchung erfolgten Zugriffe und Beschlagnahmen von Gegenständen und Unterlagen steigt ständig. Führend in diesem negativen Ranking sind die Ermittlungsbeamten der Steuerfahndung, die einen Zugriff auf diese Objekte im Durchschnitt 2,5-mal je von ihnen durchgeführtes Strafverfahren vornehmen (20.000 Genehmigungen für 8.000 Verfahren). Diese Praxis steht eindeutig in Widerspruch zu den offiziell auf der Homepage der Regierung veröffentlichten Plänen des Ministeriums für Einnahmen und Gebühren[4], die Zahl der Kontrollen um ein Viertel zu reduzieren.[5] Ihnen eifern auch die anderen Ermittlungsbehörden nach: Die Ermittlungsbeamten des Nachrichtendienstes SBU erhalten im Durchschnitt eine Zugriffsgenehmigung in jedem Verfahren, das von ihnen durchgeführt wird; die Ermittlungsbeamten der Staatsanwaltschaft erhalten eine Zugriffsgenehmigung in jedem sechsten Verfahren und die Ermittlungsbeamten der Organe des Innern eine Zugriffsgenehmigung in jedem neunten Verfahren.

C. Praktische Probleme

Mit einigen Beteiligten in Strafverfahren (Verteidigern, Staatsanwälten, Richtern) wurden Interviews durchgeführt, die es erlauben, einige Schlussfolgerungen auf die praktischen Probleme bei der Umsetzung der neuen StPO zu ziehen. Darunter sind folgende:

1. Es wurden Hindernisse für die Registrierung von Anträgen und Strafanzeigen geschaffen, u.a.:
   - wurden keine angemessenen Voraussetzungen für die Besucher der lokalen Polizeistationen hergestellt, was zur Entstehung von Warteschlangen führt;
   - werden Strafanzeigen als Petitionen identifiziert und nach dem Gesetz „Über Bürgereingaben“ behandelt;
   - werden Strafanzeigen ohne Angabe von Gründen nicht registriert, wobei dem Antragsteller nach Ablauf der gesetzlich festgelegten Frist für den Einspruch gegen die Untätigkeit des Ermittlungsbeamten (des Staatsanwaltes)

4 Die Bezeichnung des Ministeriums auf Ukrainisch lautet: „Міністерство доходів і зборів України“ (Anm. des Übersetzers).

5 http://www.kmu.gov.ua/control/uk/publish/article?art_id=245972805&cat_id=244276429.

von 10 Tagen mitgeteilt wird, dass keine Gründe für die Einleitung des Verfahrens vorliegen;

- wird die Subsumtion, was eine Straftat ist, von den Ermittlungsbeamten nach eigenem Ermessen vorgenommen, ohne auf den Inhalt der in den Strafanzeigen enthaltenen Angaben zu achten.

Diese negative Entwicklung spiegeln auch die ausgewerteten Statistiken wider. Während in früheren Jahren die monatliche Zahl von Strafanzeigen und Anträgen 300.000 erreichte, so betrug im Jahre 2013 die durchschnittliche Zahl von Strafanzeigen nur 140.000. D. h., dass jede zweite Strafanzeige von Bürgern nicht angenommen wird, was gegen die Vorgaben des Art. 214 StPO verstößt (über die verbindliche Registrierung aller Strafanzeigen).

2. Es kommt häufig vor, dass die in den vergangenen Jahren eingestellten Strafverfahren per Anordnung des Ermittlungsbeamten oder des Staatsanwaltes per Entscheidung (Beschluss) des Gerichts in das Einheitsregister der Voruntersuchungen wieder eingetragen werden. Dies verletzt das gesetzliche Verbot der doppelten Beschuldigung einer Person wegen Begehung derselben Straftat (Art. 19 Abs. 1 StPO).

   In diesem Falle nutzen Ermittlungsbeamte und Staatsanwälte die Schwächen der Übergangsbestimmungen der StPO aus. Danach ist es erlaubt, ein Ermittlungsverfahren einzuleiten, wenn der Fall durch kein Gerichtsurteil abgeschlossen wurde, sondern das Verfahren durch einen anderen Beschluss des Ermittlungsbeamten, des Staatsanwaltes oder des Richters eingestellt wurde.

3. Unverhältnismäßig oft kommt die Anwendung einer Sicherungsmaßnahme in Form des zeitweiligen Zugriffs auf Gegenstände und Dokumente mit der Möglichkeit deren Beschlagnahme vor (Kapitel 15 StPO), was eine wesentliche Einschränkung der Rechte und der legitimen Interessen der Unternehmer darstellt.

   Es kann sich dabei z.B. auch um eine Beschlagnahme von ausnahmslos allen Finanzunterlagen oder geschlossenen Verträgen eines Unternehmens für ein bestimmtes Jahr handeln. Dabei werden Unterlagen einer juristischen Person beschlagnahmt, wobei als Verdächtige nur eine natürliche Person – der Geschäftsführer dieses Unternehmens – in Frage kommen kann. Letzterer wird über den Verdacht nicht offiziell informiert, damit die Fristen für die Ermittlung nicht ablaufen.

4. Es kommt zum Missbrauch der Beschlagnahme von Gegenständen und Unterlagen während ihrer Inaugenscheinnahme (Art. 237 Abs. 5 StPO). Dieser Art. sieht vor, dass bei der Suche an öffentlichen Orten und Einrichtungen keine Genehmigung des Ermittlungsrichters für die Beschlagnahme von sichergestellten Unterlagen oder Gegenständen erforderlich ist. Das nutzen die

Ermittlungsbeamten aus, wenn sie bestimmte Unterlagen in den Büroräumen von Unternehmen einsehen.
Dagegen darf die Durchsuchung der Wohnung oder eines anderen Vermögens (einschließlich der Büroräume) und die Beschlagnahme bestimmter Objekte nur per Beschluss des Ermittlungsrichters erfolgen (Art. 237 Abs. 2).

5. Personen werden nach den alten Regeln bzgl. der Ausfertigung von Protokollen vernommen, ungeachtet der Bestimmungen der StPO über die Notwendigkeit der unmittelbaren Anhörung der Aussagen von Personen durch das Gericht (Art. 23 Abs. 1). Die Fortsetzung dieser Praxis der Vernehmungen durch die Ermittlungsbeamten lässt sich folgendermaßen erklären:
   - Es werden weiter die Protokolle der Zeugenvernehmung in der StPO (Art. 66 Abs. 1 Abs. 7) erwähnt. Dies widerspricht der Regel des Art. 104 Abs. 1, nach dem der Ablauf und die Ergebnisse der Durchführung einer strafprozessualen Handlung in ein Protokoll nur in den durch die StPO vorgesehenen Fällen aufgenommen werden. Auch die Art. 224–227 StPO, die das Verfahren der Vernehmung festlegen, sehen keine Protokollführung vor;
   - Es fehlt bislang eine ausreichende Rechtsprechung nach der neuen StPO über die Frage, was mit den Protokollen, die ausgefertigt werden sollen, geschieht;
   - Diese Ermittlungsmaßnahmen werden mit dem Ziel ergriffen, Druck auf Zeugen und Verdächtige auszuüben.
6. Informationen von juristischen Personen werden durch die Organe der Voruntersuchung im Rahmen eines bestimmten Strafverfahrens abgefragt. Die Ermittlungsbeamten sind der Auffassung, dass ein Beschluss des Ermittlungsrichters für solche Handlungen nicht erforderlich sei, weil es sich nicht um Gegenstände oder Unterlagen, sondern nur um einige Informationen aus diesen Unterlagen handelt.
   Im Strafverfahren, das nach den Bestimmungen der StPO geführt wird, besteht aber keine Pflicht von Personen zur Bereitstellung jedweder Art von Informationen, mit Ausnahme bei einer Vernehmung oder aufgrund eines Gerichtsbeschlusses.
7. Durch die Ermittlungsbeamten der Steuerfahndung werden missbräuchlich die Angaben über eine Straftat in das Einheitsregister der Voruntersuchungen zu jedem Fall der Nacherhebung von Steuern oder Abgaben eingetragen. Solche Handlungen erfolgen auf Veranlassung der Ermittlungsbeamten unabhängig davon, ob die Entscheidung über die Nacherhebung von Steuern beim Verwaltungsgericht angefochten wurde oder nicht. Dies ist unvereinbar mit den Bestimmungen des Art. 214 Abs. 1 StPO, die von den

Ermittlungsbeamten fordern, die Angaben in das Register nur nach Aufdecken von Umständen einzutragen, „die auf die Begehung einer Straftat hindeuten". Diese Praxis hat inzwischen die Behörden gezwungen, die Vorbereitung einer Novellierung von Rechtsvorschriften zu planen. Diese Novellen sehen ein ausdrückliches Verbot der Einleitung eines Strafverfahrens im Falle der Anfechtung einer Entscheidung über die Nacherhebung von Steuern im Rahmen eines Verwaltungs- oder Gerichtsverfahrens vor (Ziffer 103 des Nationalen Aktionsplans für das Jahr 2013 hinsichtlich der Implementierung des Programms von Wirtschaftsreformen für den Zeitraum 2010–2014 „Wohlstandsgesellschaft, wettbewerbsfähige Wirtschaft, effizienter Staat", genehmigt durch den Erlass des Staatspräsidenten der Ukraine vom 12. März 2013 Nr. 128/2013).

D. Weitere Probleme

1. Die Rechte der Verteidigung werden beschnitten.
   a. Das Recht auf Verteidigung wird verletzt (Art. 20 StPO):
      - den Zentren zur Gewährung unentgeltlicher sekundärer Rechtshilfe wird der Arrest von Personen nicht in allen Fällen mitgeteilt;
      - die Fristen zur Benachrichtigung der Zentren zur Gewährung unentgeltlicher sekundärer Rechtshilfe über den Arrest von Personen werden nicht eingehalten;
      - gerufene Verteidiger werden nicht zu den Festgenommenen gelassen;
      - die Festgenommenen werden gezwungen, auf den gerufenen Verteidiger zu verzichten;
      - gegenüber den Festgenommenen werden Prozesshandlungen vor dem Eintreffen der Verteidiger vorgenommen;
      - die Bedingungen für vertrauliche Gespräche des Verteidigers mit dem Verdächtigen werden nicht gewährleistet;
      - es ist Praxis, dass alle an einem bestimmten Ereignis beteiligten Personen als Zeugen vernommen werden (z.B. bei einem Verkehrsunfall) und erst danach wird entschieden, wer als Opfer und wer als Verdächtiger gilt. Das verletzt das Recht der Person, gegen sich selbst, Familienangehörige und nahe Verwandte nicht aussagen zu müssen (Art. 63 Verfassung der Ukraine);
      - Personen werden über einen Verdacht gegen sie nicht ins Kenntnis gesetzt, obwohl ausreichende Gründe dafür vorliegen. Die Ermittlungsbeamten leiten das Ermittlungsverfahren ein, erheben die notwendigen Informationen und informieren über den Verdacht erst,

wenn das Verfahren abgeschlossen ist, und kurz bevor der Fall dem Gericht vorgelegt wird. Auf diese Weise wird das Recht dieser Personen eingeschränkt, sich gegen die Anklage vorzubereiten, weil sie bedeutend weniger Zeit haben, ihre Verfahrensposition in dem Fall zu bilden.

b. Das Recht auf Freiheit und persönliche Integrität (Art. 29 Verfassung der Ukraine, Art. 12 StPO) wird aufgrund der zweifelhaften Entscheidung der Frage über die Verwahrung während des Vorbereitungsverfahrens (Art. 315 Abs. 3 StPO) verletzt, weil zahlreiche Richter weiterhin „automatisch" diese Sicherungsmaßnahme verlängern, ungeachtet der klaren Rechtsprechung des Europäischen Gerichtshofs für Menschenrechte in diesem Bereich und der Bestimmungen der StPO über die Freiheitsbeschränkung, die nur aufgrund einer gerichtlichen Entscheidung erfolgen darf.

c. Das Recht auf Privatsphäre (Art. 31 und 32 Verfassung der Ukraine, Art. 15 StPO) wird verletzt. Um an Informationen über Telefongespräche von Personen (Zeitpunkt, Dauer, Inhalt, Telefonnr. usw.) zu gelangen, stellt die Anklagebehörde häufig Anträge auf Zugriff auf Unterlagen an die Ermittlungsrichter, obwohl sie zu diesem Zweck in der für verdeckte Ermittlungen vorgesehenen Weise handeln müsste.

   Der Unterschied besteht darin, dass für die Eingriffe in die private Kommunikation viel strengere Garantien vorgesehen sind: Diesbezügliche Genehmigungen werden nur von den Richtern der Berufungsgerichte in den Verfahren über schwere und besonders schwere Straftaten erteilt. Somit entscheidet sich die Anklagebehörde rechtswidrig für einen für sie leichteren Weg, an die Informationen heranzukommen.

d. Das Recht auf die Integrität des Eigentums (Art. 41 Verfassung der Ukraine, Art. 16 StPO) wird verletzt. Während der Durchsuchung der Wohnung oder eines anderen Vermögens wird die Sicherstellung von größeren Mengen an Unterlagen oder Gegenständen praktiziert, als in dem Beschluss (der Durchsuchungsgenehmigung) des Ermittlungsrichters angegeben wurde. Der Logik des Art. 236 Abs. 7 StPO nach werden solche „zusätzlich" sichergestellten Objekte zu „vorübergehend beschlagnahmtem Vermögen", über dessen Schicksal am nächsten Tag das Gericht entscheiden muss. Da aber das Durchsuchungsprotokoll den durch die Durchsuchung betroffenen Personen nicht zur Verfügung gestellt wird, können sie vor Gericht nicht konkret nachweisen, welche Objekte sichergestellt wurden. Damit wird das Recht von Personen auf Eigentum oder Besitz bestimmter Sachen widerrechtlich verletzt.

e. Es wird gegen den Grundsatz der Unparteilichkeit der Gerichtsverhandlung verstoßen (Art. 21 StPO). Zur Durchsetzung dieses Prinzips ist in der StPO vorgesehen, dass an das Gericht nur die Anklageschrift und das Register der Prozessakten (Art. 291 Abs. 4) übergeben werden. Sämtliches übriges gesammeltes Aktenmaterial muss zu Beginn der Gerichtsverhandlung vorgelegt werden. Aber bereits in der vorbereitenden Sitzung übergeben die Staatsanwälte alle Akten an die Richter, was dazu führt, dass das Gericht beginnt, die Position der Anklage zu teilen, die Argumente der Verteidigung zu ignorieren und die Umstände zugunsten des Angeklagten zu vernachlässigen. Darüber hinaus wird während des Zwischenverfahrens praktisch nicht über die Frage der Zugehörigkeit und der Zulässigkeit der von den Prozessparteien gesammelten Beweismittel entschieden.

E. Schwierigkeiten bei der Organisation der Tätigkeit der Strafjustizbehörden

1. Es bestehen organisatorische Schwächen bzgl. der Tätigkeit der Gerichte. An vielen Gerichten erster Instanz (und besonders kritisch ist die Situation bei den Berufungsgerichten) ist der ständige Bereitschaftsdienst der Ermittlungsrichter nicht sichergestellt. Als Folge gehen Spuren von Straftaten verloren und eventuell verschwinden Verdächtige. Es gibt zahlreiche Fälle, in denen die von der Staatsanwaltschaft gestellten Anträge, die binnen 24 Stunden hätten geprüft werden müssen, mehrere Tage lang nicht behandelt wurden. Unter solchen Umständen wird auch die klare gesetzliche Vorgabe über die 6-stündige Frist für die Prüfung des Antrags auf Durchführung einer verdeckten Handlung (Observation, Abhören, usw.) nicht eingehalten.
2. Es besteht Richtermangel. Dies hat Probleme mit der Bildung und der Periodizität der Sitzungen der Richterkollegien zur Folge (Art. 31 Abs. 9 StPO). Im Ergebnis führt dies zu einer Verletzung des Grundsatzes der Anberaumung einer Gerichtsverhandlung in angemessener Frist (Art. 28 StPO).
3. Die Ermittlungsbeamten sind übermäßig belastet. Die Belastung stieg von einigen Dutzend Fällen pro Monat auf einige Hundert Strafverfahren. Der Hauptgrund für diesen Missstand ist die Änderung des Verhältnisses zwischen den Ermittlungsbeamten und anderen operativen Mitarbeitern. Wurde früher die Gesamtmenge der Strafanzeigen zwischen den Ermittlungs- und Einsatzeinheiten des Ministeriums des Innern aufgeteilt, so wurde nun den operativen Mitarbeitern das Initiativrecht genommen und sie handeln nur noch im Auftrag der Ermittlungsbeamten.

Ein Ausweg aus dieser Situation könnte darin bestehen, dass eine ausreichende Zahl operativer Mitarbeiter in das Amt des Ermittlungsbeamten versetzt wird.

4. Es besteht eine Initiativlosigkeit der Staatsanwälte. Die Ermittlungsbeamten entscheiden auch weiterhin über die Fragen, ob bestimmte Ermittlungshandlungen durchgeführt werden oder nicht und ob die Anträge an das Gericht gestellt werden sollen oder nicht, obwohl das nach der neuen StPO zur Hauptaufgabe der Staatsanwälte als „Herren des Verfahrens" gehört.

F. Fazit

Die Analyse der Umsetzung der neuen StPO der Ukraine im Jahre 2013 erlaubt folgende vorläufige Schlussfolgerungen:

1. Es gibt eine starke Tendenz zur Humanisierung der Strafjustiz. Dies manifestiert sich in der Erhöhung des Anteils von Freisprüchen, der Zunahme der Zahl der aus der Verantwortung entlassenen Personen, der Hausarreste und der anderen alternativen Sicherungsmaßnahmen sowie der abgeschlossenen gerichtlichen Vergleiche. Darüber hinaus nimmt die Zahl der Personen im Arrest, der Fälle von Festnahmen, Durchsuchungen, Lauschangriffen und anderen verdeckten Methoden der Eingriffe in die Privatsphäre ständig ab.
2. Zugleich führt die Anklagebehörde die Praxis der ungerechtfertigten Beschneidung der Rechte der Verteidigung fort. Als Folge besteht Gefahr für die Rechte der betroffenen Personen auf Schutz, Freiheit und persönliche Integrität, die Nichteinmischung ins Privatleben und die Unantastbarkeit des Eigentums.
3. Eine angemessene Effizienz des Handelns der Anklagebehörde wird durch den Mangel an notwendigen strukturellen Veränderungen in den Voruntersuchungsbehörden und in der Staatsanwaltschaft beeinträchtigt, was zu einer übermäßigen Belastung der Ermittlungsbeamten und zum Mangel an geeigneter Initiative bei den Staatsanwälten als „Herren des Verfahrens" führt.

III. Effektive Verteidigung im Ermittlungsverfahren

Prof. Dr. Mark Zöller

Lehrstuhl für Deutsches, Europäisches und Internationales Strafrecht und Strafprozessrecht sowie Wirtschaftsstrafrecht, Universität Trier[1]

Effektive Verteidigung und Rechtsschutz im Ermittlungsverfahren in Deutschland

I. Vorbemerkungen

Die Veranstalter dieser Tagung haben mich gebeten, Ihnen einen Überblick über die Verteidigung und den Rechtsschutz im Ermittlungsverfahren aus der Sicht des deutschen Strafverfahrensrechts zu geben. Das ist angesichts der knapp bemessenen Zeit mehr als nur ambitioniert. Um bei diesem Vorhaben also nicht von vornherein zum Scheitern verurteilt zu sein, ist eine gewisse Stoffauswahl unumgänglich. Diese hat insbesondere zur Folge, dass ich auf die Besonderheiten des deutschen Untersuchungshaftrechts (§§ 112ff. StPO), das in der Praxis erhebliche Bedeutung besitzt und immer mehr zu einem Sonderrecht erstarkt, nicht näher eingehen kann. Zudem muss ich mich bei den Rechtsschutzmöglichkeiten im Ermittlungsverfahren auf die *Perspektive des Beschuldigten* beschränken und damit insbesondere das hoch komplizierte und aufgrund hoher Zulässigkeitsvoraussetzungen in der Praxis nur selten erfolgreiche Klageerzwingungsverfahren (§§ 172 ff. StPO), mit dem der Verletzte einer Straftat sich gegen die Verfahrenseinstellung durch die Staatsanwaltschaft mangels hinreichenden Tatverdachts wenden kann, außer Betracht lassen.[2]

II. Das Ermittlungsverfahren im deutschen Strafprozess

Ein Ermittlungsverfahren kann in der Bundesrepublik Deutschland sowohl durch den Bürger (durch Strafanzeige oder Strafantrag) als auch von Amts wegen durch die Strafverfolgungsbehörden eingeleitet werden. Es setzt materiell die Bejahung eines sog. *Anfangsverdachts* durch die zuständigen Strafverfolgungsbehörden

1 Der Autor ist Inhaber des Lehrstuhls für Deutsches, Europäisches und Internationales Strafrecht und Strafprozessrecht sowie Wirtschaftsstrafrecht sowie Direktor des Instituts für Deutsches und Europäisches Strafprozessrecht und Polizeirecht (ISP) an der Universität Trier.

2 Ausführlich dazu HK StPO-*Zöller*, 5. Aufl. 2012, §§ 172–177.

voraus. Dafür genügt es allerdings schon, dass tatsächliche Anhaltspunkte vorliegen, die nach kriminalistischer Erfahrung die Beteiligung des Betroffenen an einer verfolgbaren strafbaren Handlung nur als möglich erscheinen lassen.[3] Das Ermittlungsverfahren betrifft den ersten Teil des sog. *Erkenntnisverfahrens*, in dem der Frage nachgegangen wird, ob die Voraussetzungen für die Verhängung einer strafrechtlichen Sanktion gegeben sind und wie eine solche auszufallen hat. Dieses Erkenntnisverfahren umfasst daneben auch das Zwischenverfahren, das Hauptverfahren sowie unter Umständen anschließend noch ein etwaiges Rechtsmittelverfahren.

Ein „ordentliches" Erkenntnisverfahren in dieser Form, in dem die Beteiligten alle diese vier Verfahrensstadien durchlaufen, stellt allerdings in der Praxis die Ausnahme dar. Im Jahr 2011 etwa wurden von den deutschen Staatsanwaltschaften bei den Landgerichten und den Amtsanwaltschaften insgesamt 4.609.786 Strafverfahren erledigt.[4] Allerdings endeten davon nur 11 % (508.026 Verfahren) durch Anklage und 12 % (538.739 Verfahren) mit einem Antrag auf Erlass eines Strafbefehls. Demgegenüber wurde weit mehr als die Hälfte aller Ermittlungsverfahren (rund 56 %) eingestellt, und zwar 28 % (1.289.062 Verfahren) nach § 170 Abs. 2 StPO mangels hinreichenden Tatverdachts, 24 % (1.085.270 Verfahren) aus Opportunitätsgründen ohne Auflagen[5] und 4 % (197.024 Verfahren) mit Auflagen[6].[7] In denjenigen Verfahren, in denen durch die Staatsanwaltschaft tatsächlich Anklage erhoben oder Strafbefehlsantrag eingereicht wird, ist dann allerdings regelmäßig mit einer Sanktionierung zu rechnen. Im Jahr 2011 führten im Bereich des allgemeinen (Erwachsenen-)Strafrechts von insgesamt 849.850 Anklagen bzw. Strafbefehlen immerhin 705.640 Verfahren zu einer Verurteilung. Lediglich in 144.210 Fällen wurde anders entschieden.[8] Dies entspricht einer Verurteilungsquote von rund 83 Prozent. Nimmt man hinzu, dass es sich bei den „anderen Entscheidungen" auch um Verfahrenseinstellungen, Maßregelaussprüche oder

---

3 BVerfG NStZ 1982, 430; HK StPO-*Gercke*, § 152 Rn. 11; *Meyer-Goßner*, StPO, 56. Aufl. 2013, § 152 Rn. 4.

4 Statistisches Bundesamt (Hrsg.), Fachserie 10 Reihe 2.6, Rechtspflege – Staatsanwaltschaften 2011, 2012, S. 26.

5 Nach den §§ 153 Abs. 1, 153b Abs. 1, 153c, 154 Abs. 1, 154b Abs. 1 bis 3, 154c, 154d, 154e, 154f. StPO, § 45 Abs. 1 und 2 JGG und § 31a Abs. 1 BtMG.

6 Nach § 153a Abs. 1 StPO, § 37 Abs. 1 BtMG und § 45 Abs. 3 JGG.

7 Statistisches Bundesamt (Hrsg.), Fachserie 10 Reihe 2.6, Rechtspflege – Staatsanwaltschaften 2011, 2012, S. 26.

8 Statistisches Bundesamt (Hrsg,), Fachserie 10 Reihe 3, Rechtspflege – Strafverfolgung 2011, 2012, S. 56.

das Absehen von Strafe handeln kann, führten insgesamt 26.868 Freisprüche[9] zu einer Freispruchquote von lediglich 3,16 Prozent. Verfahrenseinstellungen oder gar Freisprüche sind im deutschen Hauptverfahren somit die Ausnahme. Wer erst einmal als Angeklagter in einer Hauptverhandlung sitzt, wird aller Wahrscheinlichkeit nach auch verurteilt. Eine effektive Strafverteidigung muss daher regelmäßig schon *im Ermittlungsverfahren* an- und einsetzen.

III. Verteidigung im Ermittlungsverfahren

1. Wahl- und Pflichtverteidiger; notwendige Verteidigung

Entscheidender rechtlicher Ausgangspunkt für die Strafverteidigung im Ermittlungsverfahren ist aus deutscher Sicht der § 137 Abs. 1 StPO. Danach kann sich der Beschuldigte in jeder Lage des Strafverfahrens – und somit auch schon zu dessen Beginn – des Beistandes von bis zu drei (§ 137 Abs. 1 S. 2 StPO) Verteidigern bedienen. Dieses *Recht auf Verteidigung*, genauer gesagt: die Entscheidungsfreiheit des Beschuldigten, ob er einen Verteidiger hinzuzieht und wen er dazu auswählt, ist nach allgemeiner Auffassung verfassungsrechtlich abgesichert. Nach Ansicht des BVerfG ist es Bestandteil des durch das Rechtsstaatsprinzip i.V.m. dem allgemeinen Freiheitsrecht (Art. 2 Abs. 1 GG) geschützten Rechts auf ein rechtsstaatliches, faires Strafverfahren.[10] Demgegenüber wird im Schrifttum[11] überwiegend davon ausgegangen, dass das Recht auf formelle Verteidigung durch das grundrechtsgleiche Recht auf rechtliches Gehör in Art. 103 Abs. 1 GG verbürgt ist, der gegenüber den allgemeinen Freiheitsrechten des Beschuldigten als spezieller anzusehen sei. Allerdings besitzt diese verfassungsdogmatische Streitfrage keine nennenswerte praktische Bedeutung, da durch Art. 93 Abs. 1 Nr. 4a GG klargestellt wird, dass sowohl Verletzungen von Grundrechten wie Art. 2 Abs. 1 GG als auch solche von grundrechtsgleichen Rechten wie Art. 103 Abs. 1 GG im Verfassungsbeschwerdeverfahren geltend gemacht werden können.[12] Hinzu kommt eine unmittelbare Verankerung durch völkerrechtliche Verpflichtungen wie Art. 6 Abs. 3 lit. c EMRK oder Art. 14 Abs. 3 lit. d IPBPR.

---

9 Statistisches Bundesamt (Hrsg,), Fachserie 10 Reihe 3, Rechtspflege – Strafverfolgung 2011, 2012, S. 57.

10 BVerfGE 66, 313, 318; vgl. auch BVerfG NJW 2004, 3319.

11 Vgl. *Spaniol*, Das Recht auf Verteidigerbeistand im Grundgesetz und in der Europäischen Menschenrechtskonvention, 1990, S. 225; *Jahn*, Konfliktverteidigung und Inquisitionsmaxime, 1998, S. 210; *Rick*, Die verfassungsrechtliche Stellung des Rechtsanwalts, 1998, S. 87; *Gusy*, AnwBl. 1984, 225, 226; *Schulz*, StV 1991, 354, 361f.

12 LR-*Lüderssen/Jahn*, 26. Aufl. 2007, § 137 Rn. 2; *Haffke*, StV 1981, 471, 476.

Man sollte sich aber bewusst machen, dass die Verwirklichung dieser Garantie praktisch immer davon abhängt, dass der Beschuldigten überhaupt Kenntnis von der Einleitung des Ermittlungsverfahrens gegen ihn erhält.[13] Vorzugswürdig erscheint es daher, einen Anspruch auf frühzeitige Unterrichtung über die Tatsache der Verfahrenseinleitung unmittelbar aus dem Gebot eines fairen Strafverfahrens („fair trial-Prinzip") als Ausprägung des Rechtsstaatsprinzips (Art. 20 Abs. 3 GG)[14] herzuleiten.[15]

Die deutsche Strafprozessordnung verlangt in bestimmten Konstellationen, dass zugunsten des Beschuldigten *zwingend* ein Strafverteidiger mitwirken muss. Diese Fälle bezeichnet man als *notwendige Verteidigung*.[16] Falls sich der Beschuldigte in einem solchen Fall bereits selbst einen Verteidiger i.S. des § 137 Abs. 1 StPO gesucht hat, ist dieser sog. *Wahlverteidiger* zugleich auch der *notwendige Verteidiger*. Hat der Beschuldigte demgegenüber noch keinen Verteidiger gewählt, was praktisch häufig schlicht daran liegen kann, dass ihm die faktischen Möglichkeiten (z.B. wenn er in Untersuchungshaft sitzt) oder die finanziellen Mittel hierfür fehlen, so wird ihm von Amts wegen durch das Gericht ein sog. *Pflichtverteidiger* beigeordnet (vgl. § 141 StPO).

Die StPO kennt eine ganze Reihe von Sondernormen für die notwendige Verteidigung, etwa im Rahmen des Untersuchungshaftrechts, des Strafbefehlsverfahrens, der Revision oder in Jugendsachen.[17] Die allgemeine und damit zentrale Vorschrift findet sich jedoch in § 140 StPO. Nach dessen Absatz 1 ist eine Verteidigung des Beschuldigten beispielsweise notwendig wenn die Hauptverhandlung

---

13 Unproblematisch sind in dieser Hinsicht regelmäßig diejenigen Fälle, in denen sich Beschuldigte bereits in Untersuchungshaft befindet. Schließlich ist nach § 114a StPO diesen regelmäßig bereits bei der Verhaftung eine Abschrift des Haftbefehls mit dem aus § 114 Abs. 2 ersichtlichen Inhalt auszuhändigen.

14 Während der BGH (St 32, 345, 350f.; 37, 10, 13) diese Begründung des Fairnessgrundsatzes favorisiert, verweist etwa das BVerfG (NJW 2001, 2245) auf eine Gesamtschau der Art. 1 Abs. 1, 2 Abs. 2 S. 2, 20 Abs. 3, 101 Abs. 1 S. 2, 103 Abs. 1 GG, Art. 6 Abs. 1 S. 1 EMRK.

15 Ausführlich dazu *Zöller*, FG Feigen, 2014, 399, 404; nach a.A. ist § 137 StPO über seinen Wortlaut hinaus (verfassungskonform) dahingehend auszulegen, dass der Beschuldigte von den Strafverfolgungsbehörden zum frühestmöglichen Zeitpunkt über den gegen ihn bestehenden Verdacht und die ihm zustehenden Verteidigungsrechte informiert werden muss, vgl. LR/*Lüderssen/Jahn* § 137 Rn. 2b; HK-*Julius* § 137 Rn. 2; *Dahs*, NJW 1985, 1115; *Hammerstein*, FS Salger, 293, 295.

16 Vgl. nur *Beulke*, Strafprozessrecht, 12. Aufl. 2012, Rn. 165; *Schroeder/Verrel*, Strafprozessrecht, 5. Aufl. 2011, Rn. 91.

17 Vgl. die §§ 118a Abs. 2 S. 2–4, 350 Abs. 3, 364a, 364b, 408b, 418 Abs. 4, 68 JGG, 60 JGG.

in erster Instanz vor dem Oberlandesgericht oder dem Landgericht stattfindet (Nr. 1), dem Beschuldigten ein Verbrechen zur Last gelegt (Nr. 2) oder Untersuchungshaft gegen ihn vollstreckt wird (Nr. 4). In diesen Fallgruppen werden vom deutschen Gesetzgeber von vornherein Verteidigungsdefizite unterstellt, die durch die Bestellung eines Verteidigers wieder ausgeglichen werden müssen.[18] Für alle Verfahren, die noch nicht durch Art. 140 Abs. 1 StPO erfasst werden, gilt § 140 Abs. 2 StPO als Auffangtatbestand. Danach bestellt der Vorsitzende des zuständigen Gerichts auf Antrag oder von Amts wegen einen Verteidiger, wenn wegen der *Schwere der Tat* oder wegen der *Schwierigkeit der Sach- oder Rechtslage* die Mitwirkung eines Verteidigers geboten erscheint. Und schließlich liegt ein Fall notwendiger Verteidigung auch dann vor, wenn ersichtlich ist, dass sich der Beschuldigte *nicht selbst verteidigen kann*, beispielsweise weil er unter körperlichen oder geistigen Gebrechen leidet.

2. Pflichtverteidigung im Ermittlungsverfahren

Verfügt der Beschuldigte in einem Fall der notwendigen Verteidigung noch über keinen frei gewählten Verteidiger, so ist ihm nach § 141 Abs. 1 StPO von Amts wegen erst dann ein Pflichtverteidiger zu bestellen, wenn ihm *die Anklage zugestellt* wird.[19] Die Zustellung der Anklageschrift erfolgt allerdings erst im Zwischenverfahren (vgl. § 201 StPO). Dahinter verbirgt sich letztlich noch die überkommende Vorstellung vom Ermittlungsverfahren als lediglich vorbereitendem Verfahren mit untergeordneter Bedeutung für den Gesamtprozess.[20] Die *Bestellung eines Verteidigers im Ermittlungsverfahren* ist demgegenüber *grundsätzlich* nicht gesetzlich vorgesehen. Wie für jeden juristischen Grundsatz besteht allerdings auch diesbezüglich eine Ausnahme, hier in § 141 Abs. 3 S. 1 StPO. Zwingende Voraussetzung für die Bestellung eines Verteidigers im Ermittlungsverfahren ist danach allerdings ein *Antrag der Staatsanwaltschaft* beim Vorsitzenden des zuständigen Gerichts (§ 141 Abs. 3 S. 2 StPO). Die Staatsanwaltschaft besitzt insoweit also ein *Antragsmonopol*. Und der Beschuldigte bleibt darauf beschränkt, einen solchen Antrag der Staatsanwaltschaft anzuregen. Er besitzt also gerade keinen eigenen Anspruch auf Beantragung der Pflichtverteidigerbestellung, geschweige denn auf die Bestellung selbst. Diese Rechtslage ist mit dem Prinzip eines fairen Verfahrens,

---

18 *Beulke*, Strafprozessrecht, Rn. 166.

19 *Sommer*, Effektive Strafverteidigung, 2011, S. 112.

20 SK StPO-*Wohlers*, 4. Aufl. 2011, § 141 Rn. 4; *Inoue*, Die Pflichtverteidigung im Ermittlungsverfahren, 2004, S. 10ff.; 129ff.; *Kortz*, Die Notwendigkeit der Verteidigung im Strafverfahren, 2009, S. 118ff.

speziell mit Art. 6 Abs. 3 lit. c EMRK nur schwer zu vereinbaren und wird daher im deutschen Schrifttum zu Recht heftig kritisiert.[21] Sie führt nicht zuletzt zu einer Benachteiligung mittelloser Beschuldigter, die sich nicht auf eigene Kosten einen Wahlverteidiger nehmen und damit ihre Verteidigungschancen im Ermittlungsverfahren signifikant erhöhen können (Stichwort: „Zwei-Klassen-Justiz"). Nach dem Wortlaut der StPO hat die Staatsanwaltschaft die Bestellung eines Verteidigers im Ermittlungsverfahren nur dann zu beantragen, wenn sie der Auffassung ist, dass in einem zu erwartenden Hauptverfahren die Mitwirkung eines Verteidigers notwendig sein wird (§ 141 Abs. 3 S. 2 StPO). Sie muss also während ihrer Ermittlungen zu der Auffassung gelangen, dass es sich in dem zeitlich nachfolgenden gerichtlichen Verfahren um einen Fall der notwendigen Verteidigung im Sinne des § 140 Abs. 1 oder 2 StPO handeln wird. Der Bundesgerichtshof hat eine Beiordnung im Ermittlungsverfahren nach geltender Rechtslage bislang nur vereinzelt als zwingend erforderlich angesehen, etwa wenn der Beschuldigte von der Teilnahme an einer Zeugenvernehmung (nach § 168c StPO) ausgeschlossen war und die Nichtwahrnehmung des durch Art. 6 Abs. 3 lit. d EMRK garantierten Fragerechts kompensiert werden musste.[22]

3. Besonderheiten der Verteidigung im Ermittlungsverfahren

Unabhängig davon, ob ein Verteidiger ein Wahl- oder Pflichtmandat ausübt, existiert eine Vielzahl von Besonderheiten, die bei einer schon im Ermittlungsverfahren ansetzenden Verteidigungsstrategie zu beachten sind. Aus Zeit- und Raumgründen ist hier nur auf einige ausgewählte Gesichtspunkte hinweisen.

a) Bestellungsschreiben und persönlicher Kontakt

Zunächst einmal sollte sich der Verteidiger so früh wie möglich mit einem *Bestellungsschreiben* an die Ermittlungsbehörden wenden, um seine Beauftragung anzuzeigen und darüber hinaus mit dem zuständigen Dezernenten der Staatsanwaltschaft *persönlichen Kontakt* aufnehmen.[23] Der persönliche Kontakt dient vor allem der Informationsgewinnung in Bezug auf den genauen Tatvorwurf und den aktuellen Ermittlungstand.[24] Die Staatsanwaltschaft ist als sog. „Herrin des

---

21 Dazu *Zöller*, FG Feigen, 399, 412ff. m.w.N.

22 BGHSt 46, 93.

23 Wabnitz/Janovsky-*Dierlamm*, Handbuch des Wirtschafts- und Steuerstrafrechts, 3. Auflage 2007, 27. Kap. Rn. 37f.

24 Wabnitz/Janovsky-*Dierlamm*, Handbuch des Wirtschafts- und Steuerstrafrechts, 27. Kap. Rn. 37f.

Ermittlungsverfahrens" zu diesem Zeitpunkt der zentrale Akteur, der über Einleitung, Fortführung und Abschluss des Ermittlungsverfahrens zu entscheiden hat. An ihr führt daher keine wirksame Verteidigungsstrategie vorbei. Da die persönlichen Gedanken, Gefühle und der Wille des sachbearbeitenden Staatsanwalts aber allenfalls zu einem geringen Teil und wenn überhaupt, dann oftmals nur *mittelbar* Eingang in die Ermittlungsakten finden, kann ein persönliches Gespräch zwischen ihm und dem Verteidiger häufig wertvolle Einsichten liefern.[25] Wurde zum Zeitpunkt der Mandatsübernahme bereits ein Vernehmungstermin angesetzt, sollte bereits im Bestellungsschreiben um Aufhebung des Termins gebeten und darauf hingewiesen werden, dass der Mandant ansonsten keine Angaben zu Sache machen wird.[26] Auf diese Weise kann auch die Verteidigung höflich, aber bestimmt „die Muskeln spielen lassen".

b) Akteneinsicht

Darüber hinaus ist dem *Recht auf Akteneinsicht* im Ermittlungsverfahren besondere Aufmerksamkeit zu schenken. Das deutsche Strafverfahrensrecht gewährt in § 147 StPO nur *dem Verteidiger*, nicht aber dem Beschuldigten selbst ein Recht auf Akteneinsicht in allen Verfahrensabschnitten.[27] Das Akteneinsichtsrecht kann zwar durch die Staatsanwaltschaft beschränkt werden (vgl. § 147 Abs. 2 StPO), aber nur bis zu dem Zeitpunkt, in dem der sachbearbeitende Staatsanwalt den Abschluss der Ermittlungen in den Akten vermerkt (§ 169a StPO) und nur wenn ansonsten die Ermittlungen durch den Beschuldigten gestört werden könnten (z.B. durch Einwirkung auf Zeugen und Mitbeschuldigte oder ein Beiseiteschaffen von Beweismitteln). Eine effektive Verteidigung macht die genaue Kenntnis der zur Last gelegten Umstände unumgänglich, die sich aus der Ermittlungsakte ergeben.[28] Je eher dem Verteidiger Akteneinsicht gewährt wird, desto eher kann er seine Verteidigung an der konkreten Sachlage ausrichten.[29] Ohne Akteneinsicht ist demgegenüber eine seriöse Strafverteidigung regelmäßig nicht möglich. Erfahrene Strafverteidiger raten daher insbesondere dann, wenn Staatsanwälte das Akteneinsichtsrecht aus Geheimhaltungsinteressen restriktiv

---

25 *Weihrauch/Bosbach*, Verteidigung im Ermittlungsverfahren, 7. Auflage 2011, Rn. 272.

26 Wabnitz/Janovsky-*Dierlamm*, Handbuch des Wirtschafts- und Steuerstrafrechts, 27. Kap. Rn. 40.

27 Dem Beschuldigten selbst können lediglich Auskünfte und Abschriften aus den Akten nach Maßgabe des § 147 Abs. 5 StPO erteilt werden.

28 *Weihrauch/Bosbach*, Verteidigung im Ermittlungsverfahren, Rn. 93.

29 Wabnitz/Janovsky-*Dierlamm*, Handbuch des Wirtschafts- und Steuerstrafrechts, 27. Kap. Rn. 42.

handhaben, zu einer offensiven Gegenstrategie. Diese lässt sich in einem Satz zusammenfassen: Ohne Akteneinsicht sollte es von Seiten der Verteidigung weder eine Einlassung des Beschuldigten noch eine Stellungnahme des Verteidigers geben.[30] Bei inhaftierten Mandanten kann es im Einzelfall zudem sinnvoll sein, einen Antrag auf Haftprüfung zu stellen oder Haftbeschwerde einzulegen. Nach § 147 Abs. 2 S. 2 StPO sind dem Verteidiger dann nämlich zumindest diejenigen Aktenbestandteile zugänglich zu machen, die er für die Beurteilung der Rechtmäßigkeit der Untersuchungshaft benötigt.

c) Erledigung durch Verfahrenseinstellung

Ruft man sich die bereits eingangs beschriebene Rechtspraxis vor Augen, nach der die weitaus meisten deutschen Strafverfahren im Ermittlungsverfahren durch Einstellung erledigt werden, dann muss sich eine effektive Strafverteidigung aber vor allem darum bemühen, gegenüber der Staatsanwaltschaft im Ermittlungsverfahren derartige Einstellungsmöglichkeiten, besser noch: eine etwaige rechtliche Verpflichtung von ihnen auch tatsächlich Gebrauch zu machen, aufzuzeigen.

Insofern ist zunächst zu prüfen, ob das Verfahren gegen den beschuldigten Mandanten nicht schon *mangels hinreichenden Tatverdachts* gegenüber dem Beschuldigten nach § 170 Abs. 2 StPO einzustellen ist. An einem solchen hinreichenden Tatverdacht als Voraussetzung der Anklageerhebung fehlt es dann, wenn eine Verurteilung des Beschuldigten nicht wahrscheinlich ist, also nach der Prognose der Staatsanwaltschaft bei Abschluss der Ermittlungen eher mit einem Freispruch als mit der Überführung des Beschuldigten zu rechnen ist.[31] Insofern kann es zum einen zu den Aufgaben des Strafverteidigers gehören, darzulegen, dass es im fraglichen Verfahren am Nachweis der *materiell-rechtlichen Strafbarkeitsvoraussetzungen* angesichts des Fehlens eines einschlägigen Straftatbestandes oder des Eingreifens von Rechtfertigungs-, Schuldausschließungs- Entschuldigungs- oder Strafaufhebungsgründen fehlt. An einer überwiegenden Verurteilungswahrscheinlichkeit kann es aber auch mangeln, wenn ein nicht behebbares *Prozesshindernis* vorliegt, z.B. Verjährung, Strafklageverbrauch oder die fehlende Anwendbarkeit deutschen Strafrechts.[32] Sofern der Verteidiger keine ausreichende eigene Sachkunde aufweist, kann es auch – natürlich nur bei

30 *Weihrauch/Bosbach*, Verteidigung im Ermittlungsverfahren, Rn. 93, zu den Ausnahmen Rn. 94.

31 Vgl. HK StPO-*Zöller*, § 170 Rn. 3 m.w.N.

32 HK StPO-*Zöller*, § 170 Rn. 5.

Vorhandensein entsprechender Finanzmittel auf Seiten der Mandantschaft – zu seinen Aufgaben gehören, eigene Ermittlungen (z.B. durch einen Privatdetektiv oder Kanzleimitarbeiter) anzustellen oder Privatgutachten in Bezug auf rechtliche oder technische Fragen in Auftrag zu geben und dann auf der Grundlage der dadurch erlangten Erkenntnisse die Diskussion mit der Staatsanwaltschaft weiter zu führen.

Hat der Verteidiger das regelmäßige Hauptziel seiner Verteidigung in Form einer Einstellung nach § 170 Abs. 2 StPO nicht erreicht, muss er auf eine Erledigung nach den §§ 153ff. StPO umschwenken.[33] Die §§ 153ff. StPO stellen eine Durchbrechung des im deutschen Strafverfahren grundsätzlich geltenden Legalitätsprinzips dar und ermöglichen eine Verfahrenseinstellung aus Opportunitätsgründe. Ein Interesse hieran wird oftmals nicht nur bei dem Beschuldigten vorhanden sein, dem an einer schnellen und vor allem nicht öffentlichen Erledigung des Verfahrens haben gelegen sein wird. Vielmehr erhalten auf diese Weise auch die Ermittlungsbehörden die Möglichkeit, das Verfahren bereits in einem frühen Stadium zu beenden und Ressourcen einzusparen.

Vor Erhebung der öffentlichen Klage kann das Verfahren bei Vorliegen eines Vergehens (§ 12 Abs. 2 StGB), geringer (hypothetischer) Schuld und fehlendem öffentlichen Verfolgungsinteresse nach § 153 StPO eingestellt werden. Diese Einstellungsmöglichkeit birgt naturgemäß die wenigsten Belastungen für den Beschuldigten.[34] Haben die Ermittlungen allerdings ergeben, dass die Schuld des Beschuldigten nicht geringfügig ist und ein öffentliches Interesse an der Strafverfolgung existiert, kann das Verfahren vor Anklageerhebung immerhin noch gemäß § 153a Abs. 1 StPO mit Zustimmung des Beschuldigten eingestellt werden, wenn es sich bei der Straftat auch wieder nur um ein Vergehen handelt, die ermittelte Schwere der Schuld einer Einstellung nicht entgegensteht und die Erfüllung einer Auflage oder Weisung geeignet ist, das öffentliche Interesse an der Strafverfolgung zu beseitigen. Wurde die Auflage (z.B. die Zahlung eines Geldbetrags an die Staatskasse oder eine gemeinnützige Einrichtung) geleistet, tritt ein endgültiges Verfahrenshindernis und ein beschränkter Strafklageverbrauch ein, weil die Tat anschließend nicht mehr als Vergehen verfolgt werden kann (§ 153a Abs. 1 S. 5 StPO).[35]

Schwierigkeiten ergeben sich hier in der anwaltlichen Beratungspraxis vor allem bei Sachverhalten, in denen gewichtige Argumente für den Mandanten

---

33 *Weihrauch/Bosbach*, Verteidigung im Ermittlungsverfahren, Rn. 177.

34 *Weihrauch/Bosbach*, Verteidigung im Ermittlungsverfahren, Rn. 293.

35 HK StPO-*Gercke*, § 153a Rn. 29; *Beulke*, Strafprozessrecht, Rn. 337d; *Kindhäuser*, Strafprozessrecht, 3. Auflage 2013, § 10 Rn. 21.

sprechen und dieser zudem von seiner Unschuld überzeugt ist.[36] Das Korruptionsverfahren gegen den früheren deutschen Bundespräsidenten *Christian Wulff* liefert hierfür ein aktuelles Beispiel. Wichtig ist dann der Hinweis darauf, dass eine möglicherweise zu leistende Geldauflage keine Kriminalstrafe ist, es bei einer Einstellung aus Opportunitätsgründen zu keiner Eintragung im Bundeszentralregister kommt und die Zustimmung des Beschuldigten zur Verfahrenseinstellung auch kein Schuldeingeständnis darstellt.

d) Erledigung durch Strafbefehl

Scheitert auch eine Einstellung aus Opportunitätsgründen nach den §§ 153ff. StPO, sollte der Verteidiger erwägen, ob eine Erledigung im Strafbefehlswege in Frage kommt, der zwar zu einer Vorstrafe des Mandanten führt, ihm aber letztlich die unangenehme öffentliche Hauptverhandlung erspart.[37] Sind im Bundeszentralregister keine weiteren Strafen eingetragen, werden gemäß § 32 Abs. 2 Nr. 5 BZRG Geldstrafen bis zu 90 Tagessätzen und Freiheitsstrafen von bis zu drei Monaten nicht in ein behördliches Führungszeugnis aufgenommen. Dann darf sich der Verurteilte gemäß § 53 Abs. 1 Nr. 1 BZRG auch weiterhin, etwa gegenüber einem potenziellen Arbeitgeber, als unbestraft bezeichnen.

IV. Rechtsschutz im Ermittlungsverfahren

1. Allgemeines

Damit komme ich zu den Rechtsschutzmöglichkeiten, die dem Beschuldigten bzw. seinem Verteidiger im Ermittlungsverfahren zustehen und die ebenfalls wichtige Bausteine einer umfassenden und effektiven Verteidigungsstrategie sein können. Bereits im Ermittlungsverfahren sind schwerwiegende Eingriffe in Grund- und Menschenrechte des Beschuldigten, aber auch von unbeteiligten Dritten durch Zwangsmaßnahmen die Regel. So stellen etwa Telekommunikationsüberwachungsmaßnahmen Eingriffe in das durch Art. 10 GG geschützte Fernmeldegeheimnis und Wohnungsdurchsuchungen Eingriffe in das nach Art. 13 GG gewährleistete Recht auf Unverletzlichkeit der Wohnung dar. Daher ist es für die Betroffenen unverzichtbar, dass ihnen effektive Rechtsschutzmöglichkeiten zur

36 Wabnitz/Janovsky-*Dierlamm*, Handbuch des Wirtschafts- und Steuerstrafrechts, 27. Kap. Rn. 78.

37 Wabnitz/Janovsky-*Dierlamm*, Handbuch des Wirtschafts- und Steuerstrafrechts, 27. Kap. Rn. 80.

Verfügung stehen, um die Rechtmäßigkeit solcher Zwangsmaßnahmen überprüfen zu lassen. Dies erfordert nach deutschem Verfassungsrecht auch die Rechtsweggarantie des Art. 19 Abs. 4 GG. Dazu folgender

> **Ausgangsfall:** Gegen den Wurstfabrikanten H, zugleich Präsident eines bekannten bayerischen Fußballbundesligaclubs, wird wegen des Verdachts der Steuerhinterziehung ein Ermittlungsverfahren eingeleitet, im Laufe dessen auch eine Durchsuchung seiner Wohnung in der Nähe von München angeordnet und durchgeführt wird. H ist empört. Er hält sich für unschuldig und kann das Strafverfahren gegen ihn nicht verstehen. Auch die Voraussetzungen einer Durchsuchung, bei der noch dazu seine Wohnung verwüstet worden ist, haben seiner Einschätzung nach nicht vorgelegen. Es stellt sich daher die Frage, welche Möglichkeiten H besitzt, die Einleitung des Ermittlungsverfahrens gegen ihn und die Rechtmäßigkeit der Durchsuchungsanordnung bzw. ihrer Durchführung gerichtlich überprüfen zu lassen.

2. Rechtsschutz gegen das Ermittlungsverfahren selbst

Gegen das Ermittlungsverfahren als solches, d.h. gegen seine Einleitung, Fortführung, seinen Ablauf oder Beendigung, sind aus Sicht des Beschuldigten nach h.M. keine Rechtsschutzmöglichkeiten gegeben.[38] Solche Maßnahmen stellen *Prozesshandlungen* dar, gegenüber denen im deutschen Strafverfahren kein eigener Rechtsbehelf gewährt wird. Zur Begründung wird angeführt, dass ein effektiver Rechtsschutz in ausreichendem Maße durch die Rechtsschutzmöglichkeiten gegen die im Laufe des Ermittlungsverfahrens durchgeführten (Zwangs-)Maßnahmen und solche im nachfolgenden gerichtlichen Verfahren gewährleistet werde.[39] Zudem bestehe die Möglichkeit eines (zivilrechtlichen) Amtshaftungsprozesses im Anschluss an das Strafverfahren im Falle einer Grundrechtsverletzung durch die Einleitung des Ermittlungsverfahrens.[40] Einleitung und Fortführung des Verfahrens stellen mangels Regelungscharakters auch keine Justizverwaltungsakte i.S. des § 23 EGGVG dar und können damit auch nicht durch die Oberlandesgerichte überprüft werden.[41]

---

38 *Beulke*, Strafprozessrecht, Rn. 321; *Schroeder/Verrel*, Strafprozessrecht, Rn. 178.

39 BVerfG NStZ 1984, 228; BVerfG NStZ 2004, 447; SK StPO-*Wohlers*, 4. Aufl. 2011, § 160 Rn. 99, der dem kritisch gegenübersteht; so auch *Roxin/Schünemann*, Strafverfahrensrecht, 27. Aufl. 2012, § 29 Rn. 12.

40 Hierzu SK StPO-*Wohlers*, § 160 Rn. 99.

41 *Beulke*, Strafprozessrecht, Rn. 321.

Gegenüber einer solchen Rechtsschutzlücke lässt sich allerdings vortragen, dass beispielsweise der aus der Einleitung des Ermittlungsverfahrens resultierende Eingriff in das Allgemeine Persönlichkeitsrecht des Beschuldigten allein durch Ablehnung der Eröffnung des Hauptverfahrens oder auch einen späteren Freispruch nicht wiedergutgemacht werden kann.[42] Insofern wird im Schrifttum zu Recht gefordert, de lege ferenda zumindest die Möglichkeit einer gerichtlichen Überprüfung (analog § 98 Abs. 2 S. 2 StPO) hinsichtlich der Frage zu schaffen, ob überhaupt der für die Einleitung des Ermittlungsverfahrens nötige Anfangsverdacht gegeben ist.[43] Jedenfalls muss dies in Fällen objektiv willkürlichen Handelns gelten, also bei Einleitung oder Fortführung des Verfahrens aus „schlechthin unhaltbaren Erwägungen".[44]

3. Rechtsschutz gegen Zwangsmaßnahmen

a) Allgemeines

Anders verhält sich die Rechtslage demgegenüber beim *Rechtsschutz gegen einzelne Zwangsmaßnahmen*, also z.B. gegen eine konkrete Durchsuchungsmaßnahme, Beschlagnahme oder Telekommunikationsüberwachung. Die diesbezügliche Rechtslage ist allerdings vergleichsweise unübersichtlich, weil die deutsche StPO keine zentrale Vorschrift kennt, in der alle denkbaren Rechtsschutzmöglichkeiten gegen Zwangsmaßnahmen im Ermittlungsverfahren zusammengefasst sind. Immerhin ist im Wege richterlicher Rechtsfortbildung durch das Bundesverfassungsgericht und die deutschen Obergerichte in den letzten Jahrzehnten ein gewisses Maß an Vereinheitlichung, Transparenz und Vereinfachung zu verzeichnen.[45] Danach setzt das Auffinden des richtigen Rechtsbehelfs im Ermittlungsverfahren heute die Beantwortung der folgenden Fragen voraus:

1. *Handelt es sich um eine Zwangsmaßnahme, die noch bevorsteht bzw. derzeit noch andauert oder ist diese bereits beendet?*

---

42 So *Roxin/Schünemann*, Strafverfahrensrecht, § 29 Rn. 12; SK StPO-*Wohlers*, § 160 Rn. 100.

43 SK StPO-*Wohlers*, § 160 Rn. 102 m.w.N.; *Roxin/Schünemann*, Strafverfahrensrecht, § 29 Rn. 12.

44 BVerfG NStZ 2004, 447; SK StPO-*Wohlers*, § 160 Rn. 102, m.w.N.; *Roxin/Schünemann*, Strafverfahrensrecht, § 29 Rn. 12; *Schroeder/Verrel*, Strafprozessrecht, Rn. 178.

45 Vgl. SK-StPO-*Wohlers*, § 160 Rn. 76; *Roxin/Schünemann*, Strafverfahrensrecht, § 29 Rn. 11.

2. *Wendet sich der Beschuldigte gegen den Akt der Anordnung der Maßnahme als solche oder gegen ihren Vollzug, also die Art und Weise ihrer Durchführung? Und*
3. *Wer hat die Zwangsmaßnahme angeordnet bzw. durchgeführt? Der Richter, die Staatsanwaltschaft oder die Polizei?*

b) Rechtsschutz gegen bevorstehende oder andauernde Maßnahmen

Werfen wir zunächst einen Blick auf die möglichen Rechtsbehelfe *vor Erledigung der Maßnahme*, d.h. gegen *bevorstehende oder noch andauernde Zwangsmaßnahmen.*

aa) Rechtsschutz gegen die Anordnung der Maßnahme

Richtet sich der Rechtsbehelf gegen die *Anordnung der Maßnahme* als solche ist zu differenzieren zwischen Anordnungen, die der Richter getroffen hat und solchen, die von der Staatsanwaltschaft bzw. ihren Ermittlungspersonen, d.h. von Polizeibeamten, getroffen wurden.

(1) Anordnung durch den Richter

> **Beispiel:** Der Beschuldigte möchte dagegen vorgehen, dass der Ermittlungsrichter bei ihm die Entnahme einer Blutprobe nach § 81a StPO angeordnet hat.

Gegen die *Anordnung* einer Zwangsmaßnahme *durch den Richter*, d.h. in der Regel durch den Ermittlungsrichter am Amtsgericht (§ 162 Abs. 1 S. 1 StPO), ist die *Beschwerde* (gem. § 304 StPO) der statthafte Rechtsbehelf.[46] Die Beschwerde ist (gem. § 306 Abs. 1 StPO) beim Ausgangsgericht (judex a quo) einzulegen und hat *Devolutiveffekt*, d.h. sie bringt die Sache in die nächst höhere Instanz, wenn ihr nicht schon beim Ausgangsgericht (gem. § 306 Abs. 2 StPO) abgeholfen wird. Wenn, wie in unserem Beispiel der Entnahme einer Blutprobe, der Ermittlungsrichter am Amtsgericht die angefochtene Anordnung der Zwangsmaßnahme erlassen hat, ist somit das Landgericht gem. §§ 73 I, 76 I GVG (die große Kammer) zuständig. Zu beachten ist allerdings, dass die Beschwerde grundsätzlich[47] *keinen Suspensiveffekt*, d.h. keine aufschiebende Wirkung hat (§ 307 Abs. 1 StPO).

---

46 BVerfGE 96, 27, 41; BGHSt 44, 265, 267; SK StPO-*Wohlers*, § 160 Rn. 91; *Schroeder/Verrel*, Strafprozessrecht, Rn. 179; *Weihrauch/Bosbach*, Verteidigung im Ermittlungsverfahren, Rn. 450.

47 Eine Ausnahme findet sich z.B. in § 81 Abs. 4 S. 2 StPO.

(2) Anordnung durch Staatsanwaltschaft oder Polizei
Wurde die *Anordnung* der Maßnahme demgegenüber *durch die Staatsanwaltschaft oder die Polizei* kraft eigener Kompetenz[48] oder hilfsweise anstelle des Richters bei Gefahr im Verzug[49] getroffen, ist eine Beschwerde nicht zulässig.

Beispiel: Der Beschuldigte will sich dagegen wehren, dass die Polizei bei ihm nach § 81b StPO zum Zwecke der Gegenüberstellung die Entfernung seines Bartes angeordnet hat.

Das deutsche Strafverfahrensrecht enthält für solche Fälle nur vereinzelt Rechtsbehelfe.[50] So bestimmt § 98 Abs. 2 S. 2 StPO ausdrücklich nur für das Beschlagnahmerecht, dass der Betroffene hier jederzeit eine *gerichtliche Entscheidung beantragen* kann. Aufgrund des dringenden praktischen Bedürfnisses nach einer wirksamen gerichtlichen Kontrolle der Anordnung von Zwangsmaßnahmen durch Staatsanwaltschaft und Polizei kommt nach heute ganz herrschender Auffassung ein solcher Antrag auf gerichtliche *Entscheidung in analoger Anwendung von § 98 Abs. 2 S. 2 StPO* aber auch bei allen sonstigen Zwangsmaßnahmen zur Anwendung.[51] Er gilt damit auch in unserem Beispiel der Anordnung erkennungsdienstlicher Maßnahmen durch die Polizei.

Zuständig für die Entscheidung über einen solchen Antrag ist im Rahmen des Ermittlungsverfahrens regelmäßig der *Ermittlungsrichter*, d.h. *der* Richter am Amtsgericht (§ 21e Abs. 1 S. 1 GVG), der auch für den Erlass der Maßnahme zuständig gewesen wäre, wenn nicht an seiner Stelle der Staatsanwalt oder ein Polizeibeamter die Anordnung getroffen hätte (§ 98 Abs. 2 S. 3 StPO [analog] i.V.m. § 162 Abs. 1 S. 1 StPO).[52] Im Gegensatz zur Beschwerde besitzt der Antrag auf richterliche Entscheidung somit *keinen Devolutiveffekt*. Jedoch steht dem Betroffenen für den Fall, dass der Amtsrichter dem Antrag nicht stattgibt, dann das Beschwerderecht aus § 304 StPO gegen diese Ablehnung des Antrags zum Landgericht (§§ 76 Abs. 1 S. 1, 73 Abs. 1 GVG) zu.[53]

---

48 So z.B. bei §§ 81b, § 163b StPO.

49 Bspw. nach §§ 81a, 81c, 100b, 105 StPO.

50 *Beulke*, Strafprozessrecht, Rn. 323.

51 *Roxin/Schünemann*, Strafverfahrensrecht, § 29 Rn. 54; *Beulke*, Strafprozessrecht, Rn. 323; dies gilt allerdings nur, sofern die StPO keinen Verweis auf den „beschwerdeähnlichen Rechtsbehelf" des § 161a Abs. 3 StPO enthält.

52 *Beulke*, Strafprozessrecht, Rn. 323; *Engländer*, Jura 2010, 414, 415.

53 AnwK StPO-*Löffelmann*, 2. Aufl. 2010, Vorbem. zu §§ 94 bis 111 Rn. 10; *Beulke*, Strafprozessrecht, Rn. 323.

bb) Rechtsschutz gegen die Durchführung der Maßnahme

Der von einer Zwangsmaßnahme Betroffene kann aber auch ein Interesse daran haben, die Rechtmäßigkeit *des Vollzugs* der Maßnahme, d.h. der *Art und Weise ihrer Durchführung* richterlich überprüfen zu lassen.

> **Beispiel:** Der Beschuldigte einer Trunkenheitsfahrt möchte rechtlich dagegen vorgehen, dass er von den Polizeibeamten zur Gewährleistung einer störungsfreien Blutprobenentnahme gefesselt worden ist (vgl. § 81a Abs. 1 StPO).

Die deutsche StPO selbst gewährt neben dem Antrag auf richterliche Entscheidung im Rahmen der Beschlagnahme in § 98 Abs. 2 S. 2 StPO nur in wenigen Fällen ausdrücklich eine richterliche Überprüfungsmöglichkeit.[54] Daher kann nach heute ganz h.M. die Rechtmäßigkeit des Vollzugs einer Maßnahme in sonstigen Fällen ebenfalls durch eine richterliche Entscheidung *analog § 98 Abs. 2 S. 2 StPO* festgestellt werden.[55] Hierfür spricht insbesondere, dass der Ermittlungsrichter auch die Modalitäten des Vollzugs bei der Überprüfung der Anordnung regeln kann.[56] Diese Rechtsschutzmöglichkeit gilt sowohl für die vom Richter angeordneten und von der Staatsanwaltschaft bzw. der Polizei vollzogenen Maßnahmen als auch für solche, die von der Staatsanwaltschaft oder ihren Ermittlungspersonen sowohl angeordnet als auch vollzogen werden.

c) Rechtsschutz nach Erledigung der Maßnahme

Oftmals ist es dem Beschuldigten im Ermittlungsverfahren aber schon faktisch gar nicht möglich, sich rechtzeitig *vor* oder gar *während* einer Zwangsmaßnahme zu wehren und Rechtsschutzmöglichkeiten zu ergreifen. So wird er z.B. von einer Durchsuchung üblicherweise überrascht. Und häufig werden die Maßnahmen dem Betroffenen auch erst nach ihrem Vollzug bekannt gegeben, weil

---

54 Weitere Rechtsschutzmöglichkeiten sehen etwa §§ 110 Abs. 3 S. 2, 111e Abs. 2 S. 2, 161a Abs. 3, 163 a Abs. 3 StPO vor.

55 SK StPO-*Wohlers*, § 160, Rn. 94ff.; *Beulke*, Strafprozessrecht, Rn. 324; *Roxin/Schünemann*, Strafverfahrensrecht, § 29 Rn. 14; nach früher vorherrschender Auffassung war der Rechtsweg zum Oberlandesgericht nach den §§ 23ff. EGGVG eröffnet, wenn die Staatsanwaltschaft oder die Polizei die vom Richter angeordneten Maßnahmen vollzog. Dies führte jedoch zu einer Rechtswegspaltung und wird daher nach heute h.M. zu Recht abgelehnt.

56 BGHSt 28, 206, 209; *Beulke*, Strafprozessrecht, Rn. 323; SK StPO-*Wohlers*, § 160 Rn. 94 m.w.N.

sie ansonsten ermittlungstaktisch sinnlos wären, etwa bei verdeckten Ermittlungsmaßnahmen (vgl. § 101 Abs. 4 StPO) wie der Überwachung des Telefon- oder E-Mail-Verkehrs. Für den Beschuldigten ist es daher bei bereits erledigten Maßnahmen von besonderem Interesse, ob er auch *nachträglich* die Rechtmäßigkeit gerichtlich überprüfen lassen kann.

Nach heute h.M. bestehen hinsichtlich der zur Verfügung stehenden *Rechtsbehelfe* keine Unterschiede gegenüber der Anfechtung bevorstehender oder noch andauernder Zwangsmaßnahmen. Will sich der Betroffene gegen die Anordnung durch den Richter wenden, ist auch im Fall der Erledigung die Beschwerde der richtige Rechtsbehelf. Bei Anordnung der Maßnahme durch Staatsanwaltschaft oder Polizei oder wenn die Art und Weise der Durchführung der Zwangsmaßnahme angegriffen wird, ist demgegenüber auf einen Antrag auf gerichtliche Entscheidung in direkter oder analoger Anwendung von § 98 Abs. 2 S. 2 StPO zurückzugreifen. Der Unterschied besteht lediglich darin, dass der Betroffene ein *besonderes Rechtsschutzinteresse* an der nachträglichen Feststellung der Rechtswidrigkeit der Maßnahme nachweisen muss.[57]

Ein solches Rechtsschutzinteresse wird bejaht bei einer *substantiiert dargelegten Wiederholungsgefahr* und insbesondere bei einem *tiefgreifenden Grundrechtseingriff*, wenn es sich um eine Maßnahme handelt, „deren Erledigung typischerweise vor Erlangung präventiven Rechtsschutzes eintritt" (z.B. bei einer Blutprobenentnahme, Durchsuchung oder vorläufigen Festnahme).[58] Ein Grundrechtseingriff gilt aus Sicht des Bundesverfassungsgerichts jedenfalls dann als tiefgreifend, wenn der Eingriff schon verfassungsrechtlich einem Richtervorbehalt unterliegt.[59] Dies ist z.B. der Fall bei der Durchsuchung[60], der Telekommunikationsüberwachung[61], der akustischen Wohnraumüberwachung, aber auch generell bei freiheitsentziehenden Maßnahmen (vgl. Art. 104 Abs. 2 und 3 GG).[62]

---

57 *Beulke*, Strafprozessrecht, Rn. 327.

58 BVerfG NJW 1997, 2163f.; BVerfG NJW 2007, 1345; SK StPO-*Wohlers*, § 160 Rn. 84 f., 87; *Beulke*, Strafprozessrecht, Rn. 327; *Roxin/Schünemann*, Strafverfahrensrecht, § 29 Rn. 21, 23; eine lediglich abstrakte Möglichkeit, dass es zu einer Wiederholung kommen kann, ist nicht ausreichend, hierzu *Engländer*, Jura 2010, 414, 416 mit dem Beispiel, dass der Betroffene jederzeit wieder in eine Fahndungskontrollstelle i.S.d. § 111 StPO geraten könne.

59 BVerfGE 96, 27, 40; BVerfGE 107, 299, 338; *Roxin/Schünemann*, Strafverfahrensrecht, § 29 Rn. 21.

60 BVerfGE 69, 27, 40; *Roxin/Schünemann*, Strafverfahrensrecht, § 29 Rn. 21.

61 BVerfGE 107, 299, 337f.; SK StPO-*Wohlers*, § 160 Rn. 87; *Roxin/Schünemann*, Strafverfahrensrecht, § 29 Rn. 21.

62 BVerfGE 96, 27, 40; *Beulke*, Strafprozessrecht, Rn. 327.

Darüber hinaus soll ein Rechtsschutzinteresse auch bei einem *Rehabilitierungsinteresse* wegen fortdauernder Diskriminierung gegeben sein.[63] Dagegen spricht jedoch, dass dem Rehabilitierungsinteresse im Verlauf des weiteren Verfahrens, etwa durch die Einstellung des Verfahrens nach § 170 Abs. 2 StPO, die Nichteröffnung des Hauptverfahrens (§ 204 StPO) oder einen Freispruch, ausreichend Rechnung getragen werden kann.[64]

d) *Die Sonderregelung des § 101 Abs. 7 S. 2 StPO*

Nur der Vollständigkeit halber zu erwähnen ist, dass seit dem 1.1.2008 in der deutschen StPO speziell für die in § 101 StPO aufgezählten heimlichen und verdeckten Ermittlungsmaßnahmen, z.B. die Telekommunikationsüberwachung oder den Einsatz Verdeckter Ermittler, mit § 101 Abs. 7 S. 2 StPO eine zusätzliche Regelung existiert. Die von solchen Überwachungsmaßnahmen betroffenen Personen können bis zu zwei Wochen nach ihrer Benachrichtigung (gem. § 101 Abs. 4 StPO) die Überprüfung der Rechtmäßigkeit der Maßnahme sowie der Art und Weise ihres Vollzugs beantragen, ohne hierfür ein besonderes Rechtsschutzinteresse nachweisen zu müssen. Zuständig ist gem. § 101 Abs. 7 S. 1 StPO das für die Anordnung des Maßnahme zuständige Gericht, d.h. regelmäßig der Richter am Amtsgericht[65], und zwar auch dann, wenn die Maßnahme zuvor von ihm angeordnet wurde. Gegen die Entscheidung ist die sofortige Beschwerde gem. § 311 StPO statthaft (§ 101 Abs. 7 S. 3 StPO). Der Rechtsbehelf nach § 101 Abs. 7 S. 2 StPO bezieht sich mit Blick auf Gesetzeswortlaut, Systematik und Gesetzgebungsgeschichte nach vorzugswürdiger Auffassung allerdings nur auf *bereits erledigte verdeckte Ermittlungsmaßnahmen.*[66]

---

63 SK StPO-*Wohlers*, § 160 Rn. 84, 86; *Engländer*, Jura 2010, 414, 416.

64 *Beulke*, Strafprozessrecht, Rn. 327; BGHSt 37, 79, 83, wonach „allein die schlüssig vorgetragene Verletzung des Grundrechts auf Unversehrtheit der Wohnung aus Art. 13 GG und eines Eingriffs in den unantastbaren Geheimbereich" durch eine Durchsuchung kein berechtigtes Feststellungsinteresse in Form eines Rehabilitierungsinteresses rechtfertigen.

65 Eine Ausnahme gilt insoweit für die akustische Wohnraumüberwachung, bei der gem. § 100d Abs. 1 S. 1 StPO i.V.m. § 74a Abs. 4 GVG eine spezielle Kammer des Landgerichts zuständig ist.

66 *Beulke*, Strafprozessrecht, Rn. 327a; *Engländer*, Jura 2010, 414, 417; offengelassen von BGHSt 53, 1, 3: „jedenfalls für bereits beendete Maßnahmen"; für eine Anwendung bereits vor Erledigung und damit auch vor Benachrichtigung HK StPO-*Gercke*, § 101 Rn. 16; SK StPO-*Wohlers*, § 101 Rn. 39; *Meyer-Goßner*, § 101 Rn. 25; AnwK StPO-*Löffelmann*, Vorbem. zu §§ 94 bis 111 Rn. 12.

e) *Schlussbemerkung*

Anstelle einer Zusammenfassung kann ich mich nach alledem darauf beschränken, auf unseren Ausgangsfall des bayerischen Wurstfabrikanten und Bundesligavereinspräsidenten H zurückzukommen und dessen Fragen zu beantworten: Gegen die Einleitung des Ermittlungsverfahrens wegen Steuerhinterziehung als solche steht ihm nach geltendem deutschen Recht kein Rechtsbehelf zu. Sofern die Durchsuchung seiner Privatwohnung, wovon auszugehen ist, durch einen Ermittlungsrichter angeordnet wurde, stellt die Beschwerde zum Landgericht den richtigen Rechtsbehelf dar. Möchte H sich gegen die Verwüstung der Wohnung, also die konkrete Durchführung der Durchsuchung wenden, müsste er einen Antrag auf gerichtliche Entscheidung in analoger Anwendung von § 98 Abs. 2 S. 2 StPO stellen. Die Durchsuchung stellt auch einen tiefgreifenden Grundrechtseingriff dar, so dass auch nach Erledigung der Maßnahme das erforderliche Rechtsschutzinteresse zu bejahen ist. Da es sich dabei nicht um eine heimliche bzw. verdeckte Ermittlungsmaßnahme gehandelt hat, ist allerdings der Rechtsschutz nach § 101 Abs. 7 S. 2 StPO ausgeschlossen.

Prof. Dr. habil. Cezary Kulesza

Lehrstuhl für Strafprozessrecht Universität Białystok

Effektive Verteidigung und Rechtsschutz im Ermittlungsverfahren in Polen

Die effektive Verteidigung und der Rechtsschutz des Beschuldigten sind besonders wichtig im Vorverfahren, was sich aus den Funktionen, die diese Anfangsetappe eines Prozesses erfüllt, ergibt. Im Hinblick auf den Zweck dieser Abhandlung sollen die folgenden Funktionen unterschieden werden:

1) Die **vorbereitende Funktion**. Hierunter ist das Ermitteln und das Sichern des Beweismaterials zur Verwendung in der künftigen Hauptverhandlung zu verstehen;
2) **Die Gewährleistungsfunktion** (Rechtsschutzfunktion). Dies ist allerdings keine spezifische Funktion des Vorverfahrens, sondern eine Funktion des Strafverfahrens allgemein.[1]

Die grundsätzliche Prämisse zur Einordnung dieser Funktion in Funktionen des Vorverfahrens bildet die Tatsache, dass die Gewährleistung der Rechte des Menschen auf dieser Etappe des Verfahrens seitens der Strafverfolgungsbehörden besonders gefährdet werden kann. In der Literatur wird vorgebracht, dass viele Bürger sich darüber im Klaren sind, dass das Hauptverfahren, unabhängig von den Traditionen und Besonderheiten des betreffenden Systems, *de facto continuum* der Anfangsetappe des Prozesses darstellt, so dass auch darin die Gewährleistung eines fairen Prozesses gewahrt werden soll.[2]

---

1 *S. Śliwiński* bezeichnete sie als: „Schutz des einzelnen Bürgers vor der Willkür der Rechtsprechungsorgane und die Ermöglichung eines ruhigen Lebens in der Gesellschaft durch die Garantie eines effektiven Rechtsschutzes“. *S. Śliwiński*, Polski proces karny przed sądem powszechnym. Zasady ogólne [Der Strafprozess in Polen vor dem Gericht der ordentlichen Gerichtsbarkeit. Allgemeine Grundsätze], Warszawa 1947, S. 11.

2 *E. Cape, J. Hodgson, T. Prakken, T. Spronken*, Procedural Rights at the Investigative Stage: Towards a Real Commitment to Minimum Standards, (in): *E. Cape, J. Hodgson, T. Prakken, T. Spronken* (Red.), Suspects in Europe. Procedural Rights at the Investigative Stage of the Criminal Process in the European *Union*, Antwerpen-Oxford 2007, S. 8–9.

Die bisherigen Erfahrungen sowohl in Polen als auch in den westlichen Ländern rechtfertigen die These, dass die Rolle dieser Funktion vor allem vom Umfang der gerichtlichen Kontrolle des Vorverfahrens und von der Aufsicht des Staatsanwalts über die Handlungen der Organe der Strafverfolgung abhängt.

3) die **praxeologische Funktion**, die auf einer effektiven Ausnutzung der beschränkten Möglichkeiten der Staatsorgane bei der Verfolgung von Straftaten und der Bestrafung von Straftätern beruht;
4) die **Mediations- und Konsensualfunktion**, d.h. die Bestrebung, eine der vielfältigen Formen der Verständigung zwischen dem Beschuldigten und dem öffentlichen Ankläger zu erreichen, u.a. auch eine Mediation und Einigung zwischen dem Angeklagten und dem Verletzten. Sie steht natürlich im engen Zusammenhang mit der Filtrationsfunktion, denn sie entlastet die zuständigen Gerichte von der Durchführung eines Gerichtsverfahrens mit Hauptverhandlung und ermöglicht die Anwendung von abgekürzten Gerichtsverfahren. Diese Verfahren kommen in Polen in mehr als der Hälfte aller vor Gericht gebrachten Sachen zum Tragen.[3]

In Übereinstimmung mit der Thematik dieser Abhandlung wollen wir uns auf die vorbereitende und gewährleistende Funktion des in Polen geltenden Modells des Vorverfahrens, unter der Berücksichtigung der Änderungen, die im Entwurf der Novellierung der Strafprozessordnung in der Fassung vom 24. April 2013 vorgesehen werden, konzentrieren.

In der polnischen Strafprozessordnung von 1997 sind zwei Formen des Vorverfahrens vorgesehen:

- **Das formalisierte Untersuchungsverfahren**: Untersuchungen werden durchgeführt in Verfahren wegen Verbrechen und ernsten Vergehen sowie gegen manche Berufsgruppen der Angehörigen des öffentlichen Dienstes (u.a. Richter, Staatsanwälte, Bedienstete der Polizei und der Sicherheitsdienste) (Art. 309 StPO). Das Untersuchungsverfahren wird vom Staatsanwalt geführt, er kann jedoch die Durchführung eines Teils oder der ganzen Untersuchung auf die

3 Im Jahr 2012 hat die Staatsanwaltschaft in 195.212 Fällen (54 %) von insgesamt 361.266 Sachen, in denen Anklage vor Gericht erhoben wurde, die Verurteilung der Angeklagten ohne Durchführung einer Verhandlung beantragt; Zestawienie statystyczne do Sprawozdania Prokuratora Generalnego z rocznej działalności prokuratury za 2012 r. [Eine statistische Zusammenstellung zum Jahresbericht des Generalstaatsanwalts über die Tätigkeit der Staatsanwaltschaft für 2012], Warszawa 2013, S. 54.

Polizei übertragen (diese letzte Möglichkeit betrifft jedoch nicht Untersuchungen gegen die in Art. 309 Pkt. 2 und 3 StPO genannten Funktionäre (Art. 311 StPO). In der Praxis kommt es nur selten vor, dass eine Untersuchung durch den Staatsanwalt persönlich durchgeführt wird.[4]

- **Das Ermittlungsverfahren**: Ermittlungen werden durchgeführt von der Polizei oder anderen Strafverfolgungsbehörden in Verfahren wegen Strafsachen, die in Art. 325 b StPO genannt sind. Vereinfachungen in der Ermittlung beruhen u.a. darauf, dass für die Eröffnung des Tatvorwurfs kein Beschluss erforderlich ist und sie in mündlicher Form erfolgt, der Umfang der Beweisaufnahme beschränkt ist und die Möglichkeit besteht, die meisten Handlungen in vereinfachter Form zu protokollieren (Art. 325 h StPO).

Charakteristisch für das polnische Modell des Vorverfahrens ist es, dass beide Protokolle - die über die Untersuchung und auch die über die Ermittlung - in der Hauptverhandlung die gleiche volle Beweiskraft haben. Nach dem aktuellen Wortlaut des Art. 297 § 1 Pkt. 4 und 5 StPO von 1997 hat das Vorverfahren u.a. den Zweck, die Tatumstände aufzuklären und die Beweise **für das Gericht** zu ermitteln, zu sichern und, im notwendigen Umfang, aufzuzeichnen. Im Fall des polnischen Strafverfahrens kann man von einer Entwertung der Hauptverhandlung zu Gunsten des inquisitorischen Vorverfahrens sprechen. Dies liegt an zwei Aspekten: den vielen Ausnahmen von dem Unmittelbarkeitsgrundsatz des Beweisverfahrens vor dem zuständigen Gericht und dem Verzicht auf die Hauptetappe des Prozesses zu Gunsten der Anwendung von Konsensualverfahren.[5] Zum erstgenannten Fall ist anzumerken, dass es nach der polnischen StPO - im Gegensatz zum deutschen Prozess - möglich ist, dass von dem *meriti*-Gericht nach den in Art. 389 StPO und Art. 391 StPO genannten Voraussetzungen ohne Zustimmung der Parteien Protokolle über die Beschuldigten- und Zeugenvernehmung, die von der Polizei und der Staatsanwaltschaft aufgenommen wurden, verlesen werden dürfen, und - sofern die Parteien zustimmen - auch andere

---

4 Von insgesamt 768.117 Vorverfahren, die im Jahr 2012 eingeleitet wurden, gab es 641.291 Ermittlungen und 126.826 Voruntersuchungen, davon wurden 11.568 Voruntersuchungen gänzlich von den Staatsanwälten persönlich durchgeführt (9,12 % der Gesamtzahl der Voruntersuchungen). Eine statistische Zusammenstellung…., S. 46, 50.

5 Siehe z.B. *C. Kulesza,* Deprecjacja rozprawy głównej w procesie karnym z perspektywy obrońcy - uwagi na tle prawnoporównawczym [Entwertung der Hauptverhandlung im Strafprozess aus der Sicht des Verteidigers - Rechtsvergleichende Anmerkungen], (in:) Iudicium et Scientia. Festschrift für Professor Romuald Kmiecik (Red. A. Przyborowska-Klimczak i A. Taracha), Warszawa 2011, S. 271–301.

Protokolle, falls das Gericht zu der Überzeugung gelangt, dass dies nicht gegen die unmittelbare Beweiserhebung verstößt (Art. 392 StPO), oder sie ohne Verlesung als gerichtskundig gelten (Art. 394 § 2 StPO). Im polnischen Strafprozess beschränken sich die gerichtlichen Untersuchungshandlungen[6] hinsichtlich der Beweiserhebung allein auf die Zeugenvernehmung durch das Gericht auf Antrag des Organs, das das Vorverfahren leitet, wenn die Gefahr besteht, dass die Vernehmung eines Zeugen in der Verhandlung nicht möglich sein wird (Art. 316 § 3 StPO), sowie auf die Vernehmung eines Verletzten, der das 15. Lebensjahr noch nicht vollendet hat, im Fall von Straftaten gegen die sexuelle Selbstbestimmung und Sittlichkeit und gegen die Familie und das Sorgerecht (das XXV. und das XXVI. Kapitel des StGB) (Art. 185 a StPO) sowie die Vernehmung eines Zeugen, der das 15. Lebensjahr noch nicht vollendet hat, im Fall von Straftaten, die im XXV. Kapitel des StGB enthalten sind, sowie von Straftaten, die unter Gewaltanwendung begangen wurden, wenn seine Aussage für die Entscheidung der Sache von wesentlicher Bedeutung sein könnte (Art. 185 b StPO).

Das Recht des Angeklagten auf Verteidigung ist für die Umsetzung der Gewährleistungsfunktion von grundsätzlicher Bedeutung. Im polnischen Recht wurde die Wahrung des Rechts auf Verteidigung in den Verfassungsrang erhoben. Nach Art. 42 der Verfassung der Republik Polen hat jedermann, gegen den ein Strafverfahren durchgeführt wird, das Recht auf Verteidigung in allen Abschnitten des Verfahrens. Insbesondere kann er einen Verteidiger wählen oder nach den im Gesetz festgelegten Grundsätzen einen Pflichtverteidiger in Anspruch nehmen.

Das in Art. 6 StPO von 1997 geregelte Recht auf Verteidigung umfasst somit drei Aspekte[7]:

1) Das Recht auf materielle Verteidigung – Berechtigung des Angeklagten, sich selbst zu verteidigen. Dieses Recht wird vor allem durch die aktive Beteiligung am Verfahren wahrgenommen, was ihm außer Art. 6 Abs. 3 lit. c EMRK auch lit. d dieser Vorschrift gewährleistet.
2) Das Recht auf formelle Verteidigung, d.h. das Recht, den von ihm gewählten Verteidiger in Anspruch zu nehmen.

6 Siehe im deutschen Prozess: *V. Erb*, (in:) *Löwe – Rosenberg*, Die Strafprozessordnung und das Gerichtsverfassungsgesetz. Grosskommentar, 26. neu bearbeitete Auflage, Fünfter Band, Berlin 2008, S. 544–572.

7 *P. Hofmański*, Konwencja Europejska a prawo karne [Die Europäische Konvention und das Strafrecht], Toruń 1995, S. 260–262.

3) Das Recht zur Inanspruchnahme des unentgeltlichen Beistands eines Verteidigers steht ihm zu, wenn insgesamt zwei Voraussetzungen erfüllt sind – der Angeklagte verfügt über keine Mittel für die Bezahlung des Verteidigers und die Beteiligung eines Verteidigers liegt im Interesse der Justiz.

In der polnischen Fachliteratur[8] wird auch auf die Rechtsprechung des Obersten Gerichts, in der die „Wirklichkeit und Wirksamkeit" des Rechts auf Verteidigung betont wird, verwiesen. Es wird jedoch auch dargelegt, dass der „Aspekt der Wirksamkeit" keinesfalls auf das endgültige Ergebnis eines Rechtsprozesses bezogen werden kann, sondern nur auf die dem Angeklagten und seinem Verteidiger eingeräumte Möglichkeit, ungezwungene Handlungen im Rahmen der gesetzlichen Befugnisse vorzunehmen. Der Angeklagte hat die Wahl, wie er die Verteidigung gestalten möchte, ob er sich aktiv oder passiv verteidigen will. Dies wird auch als das Recht des Angeklagten auf Defensive bezeichnet.[9]

Die effektive formelle Verteidigung hingegen bedeutet das wirksame Handeln des Verteidigers zu Gunsten des Angeklagten. Diese Richtung der Tätigkeit des Verteidigers wird in allen strafprozessualen Gesetzgebungen gesetzlich gewährleistet, und im polnischen Recht wird sie in Art. 86 § 1 StPO bestimmt. Mögliche Folge der Handlungen eines Verteidigers kann zum einen die objektive Verbesserung der Prozesslage des Angeklagten sein, zum anderen ergeben sich aber auch nicht messbare Vorteile, wie etwa die Zunahme des Vertrauens in den Verteidiger, die Verringerung der psychischen Belastung, die mit der Beteiligung am Prozess verbunden ist, der Erwerb von Wissen und Informationen über die prozessualen Regeln oder die Erhöhung des Sicherheitsgefühls. Für die effektive Beteiligung des Verteidigers am Prozess spricht auch das Argument der psychischen Einstellung – der Verteidiger ist nicht von der Verteidigung seines Rechtsinteresses beansprucht, sein Verhältnis hierzu ist weit weniger emotional als das des Angeklagten, er kann die Tatsachen und das Recht sachlich einschätzen und die geeignete Verteidigungsstrategie entwerfen.[10]

---

8 *Z. Gostyński, S. Zabłocki,* (in:) *J. Bratoszewski, L. Gardocki, Z. Gostyński, S. M. Przyjemski, K. A. Stefański, S. Zabłocki:* Kodeks postępowania karnego. Komentarz [Strafprozessordnung, Kommentar], Bd. I, DW ABC, Warszawa 2003, S. 219 und die darin angegebene Rechtsprechung.

9 *P. Wiliński*; Zasada prawa do obrony w polskim procesie karnym [Grundsatz des Rechts auf Verteidigung im polnischen Strafprozess], Zakamycze 2006, S. 272 und 296.

10 „Wer sich selbst verteidigt, hat einen Narren als Anwalt und einen Narren als Mandanten", *K. Volk,* Strafprozessrecht, 2. Auflage, München 2001, S. 74.

Die Qualität der Verteidigung durch einen Verteidiger ist zwar als eine der Gewährleistungen eines fairen Prozesses[11] anzusehen, es ist jedoch anzumerken, dass es bei der Verteidigung auch Bedingtheiten gibt, die nicht von den Handlungen des Verteidigers abhängen.

Die Wirksamkeit der Verteidigung wird bedingt durch:[12]

1) Ursachen, die einen individuellen Charakter haben und mit dem Wesen des Verteidigungsverhältnisses verbunden sind, betreffen:
   a) subjektive Ursachen, die von der Qualität der Handlungen des Verteidigers abhängig sind, sowie
   b) rechtliche Regelungen, die den Charakter des Verteidigungsverhältnisses (Wahl oder Bestellung von Amts wegen) und den Zeitpunkt seiner Entstehung bestimmen, die sich auf seine Beständigkeit und auf die Sicherheit der gegenseitigen Kommunikation des Verteidigers mit dem Angeklagten auswirken (Verteidigungsgeheimnis).
2) Ursachen, die einen objektiven Charakter aufweisen, und weder vom Verteidiger noch vom Charakter des Verteidigungsverhältnisses abhängig sind.

Grundsätzlich gilt in der polnischen Strafprozessordnung die fakultative Bestimmung des Verteidigers durch den Angeklagten (Art. 83 StPO). Die Mitwirkung eines Verteidigers ist in folgenden Fällen, die mit der Person des Angeklagten zusammenhängen, notwendig, nämlich (Art. 79 StPO):

- wenn der Angeklagte minderjährig ist,
- wenn der Angeklagte taub, stumm oder blind ist,
- wenn begründete Zweifel an der Zurechnungsfähigkeit des Angeklagten bestehen.

Eine Voraussetzung für die erforderliche Mitwirkung eines Verteidigers im Strafverfahren ist die Bedeutung der Sache. Im Verfahren vor dem Bezirksgericht als Gericht erster Instanz enthält Art. 80 StPO eine Pflicht gegenüber denjenigen

---

11 Siehe z.B.: *C. Kulesza*, Jakość obrony formalnej jako warunek rzetelnego procesu (refleksje prawnoporównawcze) [Qualität der formellen Verteidigung als Voraussetzung für einen fairen Prozess (rechtsvergleichende Reflexionen)], (in:) Rzetelny proces karny : księga jubileuszowa Profesor Zofii Świdy [Ein fairer Strafprozess: Festschrift für Frau Prof. *Zofia Świda*] (Red. *Jerzy Skorupka*) Warszawa: Verlag Wolters Kluwer business, 2009, S. 145–167.

12 Siehe *C. Kulesza*, Efektywność udziału obrońcy w procesie karnym w perspektywie prawno porównawczej [Wirksamkeit der Beteiligung des Verteidigers im Strafprozess in rechtsvergleichender Darstellung], Kraków 2005, S. 15–30.

Personen, denen ein Verbrechen zur Last gelegt wird oder denen die Freiheit entzogen wurde.

Darüber hinaus sieht Art. 79 § 2 StPO vor, dass die Mitwirkung eines Verteidigers notwendig ist, sofern das Gericht dies aufgrund von Umständen, die die Verteidigung erschweren, für unerlässlich erachtet. Es fällt schwer, diese letztgenannte, wertende Voraussetzung eindeutig auf die Bedeutung der Sache oder die Person des Angeklagten zu beziehen. Im Beschluss des OG vom 17. Februar 2004 (II KK 277/02, OSNKW 2004, Nr. 4, Pos. 43)wird festgestellt, dass: „die ‚die Verteidigung erschwerenden Umstände' i. S. von Art. 79 § 2 StPO vor allem mit den persönlichen Eigenschaften des Angeklagten verbunden sind, die zwar die Wahrnehmung des Rechts auf materielle Verteidigung nicht unmöglich machen, jedoch sie direkt durch den Angeklagten selbst bedeutsam erschweren. Die Tatsache, dass die Sache in tatsächlicher oder möglicherweise sogar rechtlicher Hinsicht kompliziert ist, kann als solche nicht allein für die Annahme des Gerichts entscheidend sein, dass die Voraussetzungen für die notwendige Verteidigung nach Art. 79 § 2 StPO vorliegen."

Was die Bestellung eines Verteidigers von Amts wegen anbelangt, wird dem Angeklagten, außer wenn der Angeklagte einen ausreichenden Nachweis darüber erbringt, dass er nicht in der Lage ist, die Kosten der Verteidigung zu tragen, ohne dass der notwendige Unterhalt für sich selbst und für seine Familie dadurch beeinträchtigt wäre (Art. 78 StPO), ein Verteidiger bestellt, wenn er keinen Wahlverteidiger hat, und die oben genannten Fälle einer notwendigen Verteidigung gemäß Art. 79 §§ 1 und 2 StPO sowie Art. 80 StPO (Art. 81 StPO) vorliegen.[13]

Der Angeklagte darf gleichzeitig nicht mehr als drei Verteidiger haben (Art. 77 StPO), aber ein Verteidiger kann mehrere Angeklagte verteidigen, falls deren Interessen in keinem Widerspruch zueinander stehen (Art. 85 § 1 StPO).

Die Linie der Rechtsprechung des OG und die Kommentare zur Strafprozessordnung weisen eindeutig darauf hin, dass der Verdächtigte keinen Status eines Beschuldigten hat und keine Prozesspartei ist,[14] so dass ihm kein Recht zusteht,

---

13 Bezüglich der Verteidigung von Amts wegen siehe auch die Monographie: R. Rynkun-Werner, Adwokat z urzędu [Anwalt von Amts wegen]. Podstawowe zagadnienia prawne, Lexis Nexis, Warszawa 2011, s. 116–131.

14 Vgl. J. Grajewski, in: J. Grajewki, L. K. Paprzyski, S. Steinborn, Kodeks postępowania karnego. Komentarz. [Strafprozessordnung, Kommentar] (Red. J. Grajewski), I. Bd. Kommentar zu den Art. 1–424 StPO., 2. Auflage, Warszawa 2010, S. 189, OG-Beschluss vom 2. Juli 2003, II KK 268/03, Lex Nr. 80294, OG-Beschluss vom 26. August 2010, I KZP 13/10, Prokuratura i Prawo – Einlage von 2010, Nr. 11, Pos. 5.

die Hilfe eines Verteidigers in Anspruch zu nehmen. Die größten Probleme mit dem Zugang zur Rechtshilfe haben die Angeklagten in der Praxis während des Vorverfahrens. Insbesondere im Fall der Inanspruchnahme von Rechtshilfe während des Arrests und gleich nach dem Arrest kommt es nur in seltenen Fällen zum Kontakt mit dem Verteidiger, denn dies erfordert, dass der Festgenommene Kenntnis über die Art und Weise der Kontaktaufnahme mit einem Anwalt hat. Der Zugang zur Hilfe eines Verteidigers im Vorverfahren ist im Fall der erforderlichen Verteidigung davon abhängig, wie schnell der Staatsanwalt bei Gericht einen entsprechenden Antrag auf die Bestellung eines Verteidigers stellt. Handelt es sich um eine Verteidigung von Amts wegen, die jedoch fakultativ ist, hängt der Zugang des Angeklagten davon ab, ob der Beschuldigte eine Information über die Möglichkeit der Antragstellung auf Bestellung eines Anwalts von Amts wegen erlangt. Es ist auch von wesentlicher Bedeutung, wie schnell die Bestellung eines Verteidigers erfolgt, und wann dieser Verteidiger Handlungen vornimmt, um einen persönlichen Kontakt mit dem Beschuldigten, dem die Freiheit entzogen wurde, aufzunehmen.[15]

Im polnischen Strafprozess wird die Anordnung von Zwangsmaßnahmen, darunter der ernstesten aller Maßnahmen – der Untersuchungshaft – durch das Gericht als der grundsätzlichste Ausdruck gerichtlicher Untersuchungsmaßnahmen angesehen (Art. 250 § 1 StPO). Darüber hinaus gehören zur ausschließlichen Zuständigkeit eines Gerichts die Entscheidungen über die Anordnung folgender Maßnahmen: die psychiatrische Beobachtung des Angeklagten in einer Heilanstalt (Art. 203), die Überwachung und Aufzeichnung von Telefongesprächen (Art. 237 § 1), die Genehmigung der Verwertung eines infolge der Kontrolle anderer Personen oder in Zusammenhang mit einer anderen Straftat erlangten Beweises (Art. 237 a), der Verfall von Gegenständen oder die Einziehung eines Geldbetrags einer Bürgschaft (Art. 270 § 1), die Gewährung freien Geleits (Art. 281), die Verhängung eines Ordnungsgeldes gegen die Verteidiger und Bevollmächtigten im Vorverfahren (Art. 285 § 1a), die Anordnung von Haft als Ordnungsstrafe (Art. 290 § 1), die Anordnung des Verfalls als Maßregel der Sicherung nach der Einstellung des Vorverfahrens (Art. 323 § 3), die Einstellung des Verfahrens im Fall der Feststellung der Unzurechnungsfähigkeit des Beschuldigten und die Anordnung von Maßregeln der Sicherung (Art. 324) sowie die bedingte Einstellung des Strafverfahrens (Art. 336). Das Gericht entscheidet

15 Ł. Bojarski, Dostępność nieodpłatnej pomocy prawnej. Raport z monitoringu [Zugänglichkeit der unentgeltlichen Rechtshilfe. Überwachungsbericht], Helsińska Fundacja Praw Człowieka [Internationale Helsinki-Föderation für Menschenrechte], Warszawa 2003, S. 130–138.

über die Beschwerden gegen folgende Beschlüsse und Anordnungen: die Durchsuchung oder Sicherstellung von Gegenständen (Art. 236), über die einstweilige Anordnung der Überwachung und Aufzeichnung von Telefongesprächen durch den Staatsanwalt (Art. 240), die Festnahme einer Person (Art. 246), über die vorbeugenden Maßnahmen (Art. 252 § 2 und § 3), über die Vermögenssicherung (Art. 293 § 2), über die Ablehnung der Einleitung des Untersuchungsverfahrens sowie über dessen Einstellung (Art. 306).

Art. 249 StPO bestimmt die sog. **allgemeine gesetzliche Grundlage** für die Anordnung sämtlicher vorbeugender Maßnahmen, die erfüllt ist, wenn aufgrund der ermittelten Beweise eine hohe Wahrscheinlichkeit besteht, dass der Angeklagte die Straftat begangen hat. Die besonderen Grundlagen zur Anordnung dieser Maßnahmen ergeben sich aus dem Art. 258 StPO, nach dem die Untersuchungshaft (oder eine andere vorbeugende Maßnahme) angeordnet werden darf, wenn:

1) die begründete Gefahr besteht, dass der Angeklagte flüchten oder sich verstecken wird, insbesondere dann, wenn es nicht möglich ist, seine Identität festzustellen, oder er im Inland keinen festen Wohnsitz hat. Diese Gefahren müssen real sein, d.h. sie müssen sich aus den ermittelten Beweisen ergeben. Es reicht nicht aus, wenn ein solches Verhalten des Angeklagten nur vermutet wird (Art. 258 § 1 StPO);
2) die begründete Gefahr besteht, dass der Angeklagte andere zu falschen Aussagen oder Angaben verleiten oder auf andere rechtswidrige Art das Strafverfahren erschweren wird (Art. 258 § 1 Pkt. 2).
3) I. S. des Art. 258 § 2 StPO kann die Erforderlichkeit der Anordnung der Untersuchungshaft zur Gewährleistung eines ordnungsgemäßen Verfahrensablaufs mit der zu erwartenden schweren Strafe begründet werden, nämlich wenn dem Angeklagten ein Verbrechen oder Vergehen zur Last gelegt wird, das mit einer Höchststrafe von mindestens acht Jahren Freiheitsentzug bedroht ist, oder das Gericht des ersten Rechtszuges den Angeklagten zu einer Freiheitsstrafe nicht unter drei Jahren verurteilt hat.
4) Die Anordnung der Untersuchungshaft kann ferner begründet werden, wenn die begründete Gefahr besteht, dass der Angeklagte eine Straftat gegen Leib, Leben oder gegen die allgemeine Sicherheit begehen wird, insbesondere, wenn er mit der Begehung einer solchen Straftat gedroht hat (Art. 258 § 3 StPO).

Für die Anordnung der Untersuchungshaft (und anderer vorbeugender Maßnahmen) bedarf es des gemeinsamen Eintritts der allgemeinen Grundlage und einer der besonderen Grundlagen.

In der Rechtsprechung der Gerichte wird übereinstimmend die These vertreten, dass auf dem öffentlichen Ankläger als *dominus litis* des Vorverfahrens der *onus probandi* zum Nachweis der Begründetheit des Antrags auf Anordnung der Untersuchungshaft (d. h. der hohen Wahrscheinlichkeit, dass der Angeklagte die Straftat begangen hat) ruht.[16]

Nicht zu übersehen ist in diesem Zusammenhang der Beschluss des OG vom 19. Januar 2012 in der Zusammensetzung von 7 Richtern am OG (I KZP 18/11, OSNKW 2012/1/1), in dem Folgendes festgestellt wird: „Die Grundlagen für die Anordnung der Untersuchungshaft nach Art. 258 § 2 StPO, bei der Erfüllung der in Art. 249 § 1 StPO genannten Voraussetzungen und dem Nichtvorhandensein der negativen Voraussetzungen, die in Art. 259 §§ 1 und 2 StPO bestimmt werden, stellen eigenständige besondere Voraussetzungen zur Anordnung dieser vorbeugenden Maßnahme dar." Aus der Begründung dieses Beschlusses folgt, dass im Hinblick auf die „gesetzliche Vermutung der Verdunkelung", die sich aus der Bedrohung durch eine schwere Strafe nach Art. 258 § 2 StPO ergibt, der öffentliche Ankläger nicht verpflichtet ist, die Wahrscheinlichkeit der Verdunkelung zu beweisen, zumindest nicht in dem Grad, wie dies nach Art. 249 § 1 StPO in Bezug auf die allgemeine Grundlage für die Anordnung sämtlicher vorbeugender Maßnahmen erforderlich ist.[17] Von wesentlicher Bedeutung ist der psychologische Einfluss der Untersuchungshaft auf die „Bereitschaft zur Zusammenarbeit" eines Angeklagten, dem die Freiheit entzogen wurde, mit den

16 Beschluss des Appellationsgerichts Wrocław vom 23.05.2007, II AKz 239/07, LEX Nr. 271951.

17 J. Matras, Richter am Obersten Gericht, bemerkt jedoch herzu Folgendes: „Keine der Vorschriften, die die Untersuchungshaft regeln, also auch nicht Art. 258 § 2 StPO, in dem die Vermutung der rechtswidrigen Erschwerung des Verfahrens wegen der angedrohten schweren Strafe enthalten ist, stellt die Grundlage zur ständigen Anordnung dieser Maßnahme dar, so dass die prozessualen Regelungen nicht mit der EMRK in Widerspruch stehen, und der Missbrauch des Art. 258 § 2 StPO in der Entscheidungspraxis als eine Art Unrichtigkeit in der Rechtsanwendung zu betrachten ist." J. Matras, Tymczasowe aresztowanie w postępowaniu karnym, a standardy Europejskiej Konwencji o Ochronie Praw Człowieka i Podstawowych Wolności (EKPC), referat wygłoszony na zorganizowanym przez Sąd Najwyższy w dniach 11–2.10.2012 r. Otwartym Seminarium Sędziowskim „Prawo karne procesowe", s. 49–50 (niepublikowany) [Die Untersuchungshaft im Strafverfahren und die Standards der Europäischen Konvention zum Schutze der Menschenrechte und Grundfreiheiten (EMRK), ein Referat, das auf dem durch das OG am 11.–12.10.2012 in Warschau veranstalteten offenen Richterseminar „Strafprozessrecht" gehalten wurde, S. 49–50 (nicht veröffentlicht)].

Strafverfolgungsorganen und der Staatsanwaltschaft sowie die Schwierigkeiten im Kontakt mit einem Verteidiger, woraus sich ein in den Kommentaren zur StPO und in der Fachliteratur nur selten wahrgenommenes Problem ergibt, nämlich die sog. „Beugehaft" zur Kooperation (*poln. „areszt wydobywczy*"[18]). In den Diskussionen über eine Reform des Systems der vorbeugenden Maßnahmen im polnischen Strafprozess wurde zum Ausdruck gebracht, dass manchmal einer der Gründe, der zur Anordnung der Untersuchungshaft führt, die Schaffung von Voraussetzungen zur Erlangung von Informationen vom Haftinsassen über die Begehung der ihm zur Last gelegten Straftat ist bzw. über andere Straftaten, über die ein Vorverfahren eingeleitet wurde. Gerade diese Situation, die als „Beugehaft" bezeichnet wird, ist eindeutig als Rechtsmissbrauch zu qualifizieren.[19]

In der Fachliteratur wird häufig auf den Inhalt von Art. 249 § 5 StPO verwiesen, nach dem der Staatsanwalt und der Verteidiger das Recht haben, an der Sitzung des Gerichts mitzuwirken, in der über die Fortdauer der Untersuchungshaft und über die Beschwerde gegen die Anordnung oder gegen die Fortdauer dieser vorbeugenden Maßnahme zu entscheiden ist; ihre Abwesenheit hindert die Entscheidung in der Sache nicht, auch wenn sie gerechtfertigt wurde.[20] Diese Regelung ist jedoch nicht mit der Pflicht verbunden, dass der Häftling von diesen Sitzungen benachrichtigt wird, wenn er keinen Verteidiger hat. Aus diesem Grund wird die formelle „Waffengleichheit" wegen der Nichtbenachrichtigung des Haftinsassen über die Sitzung des Gerichts, in der über die Fortdauer der Untersuchungshaft oder die Beschwerde gegen die Fortdauer dieser vorbeugenden Maßnahme entschieden wird, selbst im Vergleich zur Stellung des Anwalts als Klagpartei, nicht eingehalten, was zur Folge hat, dass ein solches Verfahren den Standard nach Art. 5 Abs. 4 der Konvention nicht erfüllt.[21]

---

18 P. Kardas, Gutachten von Prof. UJ Dr. Hab. Piotr Kardas – Jagiellonische Universität, Biuletyn Komisji Kodyfikacyjnej Prawa Karnego, Heft 1/2010, Justizministerium, Warszawa 2010, S. 207.

19 Siehe auch B. Nita, Konstytucyjne znaczenie zasady *nemo tenetur se ipsum accusare* [Verfassungsrechtliche Bedeutung des Grundsatzes …] in: Rzetelny proces karny. Księga jubileuszowa profesor Zofii Świdy [Ein fairer Strafprozess: Festschrift für Frau Professor Zofia Świda], Warszawa 2009, S. 220ff.

20 P. Hofmański, E. Sadzik, K. Zgryzek, KPK. Komentarz [StPO, Kommentar], 1. Bd., Warszawa 2011, S. 1389; L. K. Paprzycki [in:] J. Grajewski, L. K. Paprzycki, S. Steinborn, [StPO, Kommentar], 1. Bd., Warszawa 2010, S. 819–820.

21 J. Matras, Untersuchungshaft, op. cit., S. 53–54 und die dort angegebene Rechtsprechung von EGMR.

Im Fall von Beschwerden gegen die Anordnung (bzw. Fortdauer) der Untersuchungshaft lässt sich sowohl in der polnischen als auch in der deutschen Lehre bemerken, dass die Begründungen der diesbezüglichen Beschlüsse durch ihre lakonische Abfassung und Oberflächlichkeit geprägt sind, was eine Auseinandersetzung der Verteidigung mit den Argumenten des Gerichts erheblich erschwert.[22]

Die Beschränkung der Wahrnehmung des Rechts auf Verteidigung im polnischen Strafprozess unter dem Gesichtspunkt der Kontaktaufnahme eines Beschuldigten mit dem Verteidiger und der Mitwirkung der Verteidigung an Handlungen des Vorverfahrens kann nicht nur aus der Sicht der Straßburger Standards, sondern muss auch unter dem Gesichtspunkt der Regelungen des Vorschlags für die *Richtlinie des Europäischen Parlaments und des Rates über das Recht auf einen Rechtsbeistand in Strafverfahren und das Recht auf Kontaktaufnahme bei der Festnahme (KOM [2011] 326 vom 08.06.2011)*[23] betrachtet werden.

Art. 3 der Richtlinie schlägt vor, dass Verdächtigte und Beschuldigte möglichst rasch, spätestens aber zu folgendem Zeitpunkt einen Rechtsbeistand erhalten sollen (Abs. 1):

a) vor Beginn der Vernehmung durch die Polizei oder andere Strafverfolgungsbehörden;
b) bei der Vornahme einer Verfahrens- oder Beweiserhebungshandlung, bei der die Anwesenheit des Betroffenen nach innerstaatlichem Recht vorgeschrieben oder zulässig ist, es sei denn, dies schadet der Beweiserhebung;
c) ab dem Entzug der Freiheit.

2. Der Rechtsbeistand wird so rechtzeitig und in einer solchen Art und Weise gewährt, dass der Verdächtigte oder Beschuldigte seine Verteidigungsrechte wirksam wahrnehmen kann.

Eine Analyse der polnischen Regelungen zeigt, dass der vorgeschlagene Standard nach Art. 3 Abs. 1 lit. a und b Richtlinie vom polnischen Gesetzgeber nicht ganz erfüllt wurde, denn die Vorschriften der StPO sehen das Recht des Beschuldigten auf Inanspruchnahme der Hilfe eines Verteidigers und seine Teilnahme

22 J. Matras, ibidem, S. 46 und die dort angegebene Literatur. Vgl. auch C. Kulesza, R. Starzyńska, Obowiązek uzasadniania orzeczeń sądowych a prawo do obrony [Die Pflicht zur Begründung gerichtlicher Beschlüsse und das Recht auf Verteidigung], Prokuratura i Prawo 2010, Nr. 5, S. 15–30.

23 Zob. C. Kulesza, P. Starzyński, Unia Europejska w obronie podejrzanego, *Państwo i Prawo* 2012 nr. 8, s. 33–47; H. Dahs, Handbuch des Strafverteidigers, (7. Auflage), Köln 2005, S. 238–245.

an Prozesshandlungen nicht vor. Hingegen betreffen die Handlungen, an denen der Beschuldigte teilnehmen kann, jene Handlungen, die von dem Verteidiger beantragt werden (Art. 315 § 2 StPO) und die nicht wiederholt werden können (Art. 316 § 1 StPO), sowie sämtliche übrigen Handlungen im Rahmen des Vorverfahrens (Art. 317 § 1 StPO). Der Tatbestand des Art. 317 § 1 StPO regelt die Teilnahme der Parteien an Handlungen des Vorverfahrens, die keinen unwiederholbaren Charakter haben (Art. 316 StPO), nicht auf Antrag vorgenommen werden (Art. 315 § 2 StPO) und nicht den Beweis durch Sachverständigengutachten betreffen (Art. 1318 StPO). An dieser Stelle soll darauf hingewiesen werden, dass die Einhaltung des vorgeschlagenen europäischen Standards eine Änderung der Praxis der Benachrichtigung sowohl der Parteien als auch des Beschuldigten über die Prozesshandlungen, an denen sie beabsichtigen, teilzunehmen, erforderlich macht. Der Verteidiger, der Bevollmächtigte, die Verfahrensparteien sowie der Beschuldigte haben aus offensichtlichen Gründen kein Wissen über geplante oder *ad hoc* vorgenommene Prozesshandlungen. Deshalb – in Anlehnung an den Grundsatz der Prozessloyalität, von dem in Art. 16 § 2 StPO die Rede ist – ist es begründet, Informationen zu erteilen, die zur wirksamen Wahrnehmung der in Art. 316 und 317 StPO vorgesehenen Berechtigungen erforderlich sind, und somit auch zur Teilnahme an nicht beantragten Prozesshandlungen, denn die Bestimmung über die Teilnahme an beantragten Handlungen ist in Art. 315 StPO enthalten. Die genannten Rechtssubjekte haben das Recht, über die vorzunehmenden Handlungen jeweils informiert zu werden, nämlich in einer Weise, die ihre Teilnahme an diesen Handlungen ermöglicht, und zudem – entsprechend der geplanten Bestimmung – das Recht auf Kontakt des Verdächtigten bzw. Beschuldigten zu einem Verteidiger.

Den letzten der geschilderten Fälle, in dem einem Verdächtigten die Kontaktaufnahme mit einem Verteidiger ermöglicht werden sollte, hat der inländische Gesetzgeber bereits berücksichtigt, nämlich in der Regelung des Art. 245 § 1 StPO. Dem Festgenommenen wird das Recht auf Inanspruchnahme der Hilfe eines Verteidigers eingeräumt, wobei jedoch die Vertraulichkeit des Kontakts zwischen ihnen dadurch beschränkt sein kann, dass die Person, die die Festnahme vornimmt, anwesend sein kann.[24]

24 Da diese Vorschrift nicht auf die Prämisse hindeutet, deren Vorhandensein die festnehmende Person berechtigte, bei dem Gespräch des Festgenommenen mit dem Anwalt zugegen zu sein, wurde sie durch das Urteil des Verfassungsgerichts vom 11.12.2012 (K. 37/2011, OTK ZU 2012/11A Pos. 133) als mit Art. 42 Abs. 2 in Verbindung mit Art. 31 Abs. 3 der Verfassung der Republik Polen nicht vereinbar angesehen.

Nach Art. 4 Richtlinie muss dem Verteidiger gestattet werden, den Verdächtigten oder Beschuldigten ausreichend lange und oft zu treffen, Vernehmungen und Verhandlungen beizuwohnen, vorbehaltlich der vorstehenden Ausnahme, dass Beweise durch den Zeitverlust beeinträchtigt werden könnten, und es muss ihm gestattet werden, einer Ermittlungshandlung oder Beweiserhebungshandlung beizuwohnen, für die nach innerstaatlichem Recht das Beisein des Verdächtigen oder Beschuldigten erforderlich oder ausdrücklich zulässig ist.

Die inländischen Regelungen räumen dem Verdächtigten oder Beschuldigten das Recht ein, mit einem Rechtsbeistand zusammenzutreffen, der ihn vertritt (Art. 4 Abs. 1 Richtlinie).

Durch die Richtlinie wird das Recht auf Teilnahme eines Anwalts am Vorverfahren und am Gerichtsverfahren nicht nur auf den Fall einer Vernehmung des Verdächtigten, Beschuldigten und des Angeklagten beschränkt, sondern es betrifft sämtliche persönlichen Beweisquellen. Die in den Art. 315–317 StPO bestimmten Regeln, die sich lediglich auf den Beschuldigten, nicht aber auf den Verdächtigten beziehen, erfüllen nicht die Voraussetzungen des europäischen Gesetzgebers. Dem Verteidiger soll nach der Vorschrift des Art. 4 Abs. 2 der Richtlinie das Recht eingeräumt werden, Fragen zu stellen, Erläuterungen zu verlangen und Erklärungen abzugeben, die nach innerstaatlichem Recht aufgezeichnet werden. Dieses Recht ist in der polnischen StPO gewährleistet, denn der Verteidiger kann nach Art. 171 § 1 und § 2 Fragen stellen, die auf eine Vervollständigung, Aufklärung oder die Überprüfung der Aussage abzielen. Die Voraussetzung des Art. 171 § 1 StPO wird *in fine* nicht nur an das Prozessorgan gerichtet. Als eine Beschränkung kann die Möglichkeit angesehen werden, Fragen zurückzuweisen oder sie durch die Vermittlung des vernehmenden Organs zu stellen. Die an der Handlung mitwirkenden Personen können hingegen aufgrund von Art. 148 § 1 Pkt. 2 StPO Erklärungen zu Protokoll geben.

Nach dem Tatbestand des Art. 317 § 2 StPO kann der Staatsanwalt in besonders begründeten Fällen, wenn dies im Hinblick auf wichtige Belange des Voruntersuchungs- und Ermittlungsverfahrens tunlich erscheint, die Teilnahme an der Handlung durch Beschluss versagen oder die Vorführung eines Angeklagten, der sich nicht auf freiem Fuß befindet, ablehnen, falls seine Vorführung erhebliche Schwierigkeiten verursachen würde, so dass diese Vorschrift die Voraussetzungen der Richtlinie nicht erfüllt, weil hierin das Recht auf Verteidigung übermäßig beschränkt wäre.

Art. 7 der Richtlinie schlägt vor, dass die Vertraulichkeit der Treffen zwischen dem Verdächtigten oder Beschuldigten und seinem Rechtsbeistand garantiert ist. Die Mitgliedstaaten sollen zudem sicherstellen, dass der Schriftverkehr, Telefongespräche und der sonstige nach innerstaatlichem Recht zulässige Verkehr zwischen dem Verdächtigten oder Beschuldigten und seinem Rechtsbeistand vertraulich bleiben.

Die polnische Strafprozessordnung stellt in geringerem Maße als Art. 7 der Richtlinie die Vertraulichkeit der Kontakte zwischen dem Beschuldigten, Angeklagten und Verdächtigten, der sich nicht auf freiem Fuß befindet, und ihrem Verteidiger fest. Nach den Voraussetzungen des Art. 73 § 1 StPO kann ein Beschuldigter und ein in Untersuchungshaft befindlicher Angeklagter in Abwesenheit anderer mit seinem Verteidiger mündlich und schriftlich verkehren, wobei jedoch im Vorverfahren der Staatsanwalt aufgrund von Art. 73 § 2 StPO in besonders begründeten Fällen die Genehmigung für den mündlichen Verkehr unter dem Vorbehalt erteilt, dass er selbst oder eine von ihm beauftragte Person anwesend ist. Der Staatsanwalt kann sich auch die Überwachung des schriftlichen Verkehrs zwischen dem Beschuldigten und seinem Verteidiger vorbehalten (Art. 73 § 3 StPO). Die Vorbehalte nach § 2 und 3 gelten nicht nach Ablauf von 14 Tagen seit Beginn der Untersuchungshaft und dürfen über diesen Zeitraum hinaus nicht aufrechterhalten werden. Die Vertraulichkeit der Kontakte eines Festgenommenen mit dem Anwalt können, wie bereits früher geschildert, aufgrund des Art. 245 § 1 Satz 2 StPO beschränkt werden.

Der Entwurf der Richtlinie sieht in Art. 8 die Möglichkeit der Einführung von Abweichungen von den Bestimmungen der Richtlinie nach Art. 3 (Recht auf Rechtsbeistand im Strafverfahren) sowie den Rechten, die in Artikel 4 Abs. 1–3, Art. 5 und Art. 6 enthalten sind, vor. Wichtig ist dabei, dass die Richtlinie ausdrücklich festlegt, dass jede Abweichung nur in Ausnahmefällen zulässig ist, wobei die Merkmale dieser Ausnahmefälle in der Richtlinie durch Hinweis auf fünf Umstände, die den besonderen Charakter dieser Abweichungen von den gewährten Rechten kennzeichnen können, präzisiert werden. Die polnischen Regelungen, die die Beschränkung des Rechts auf Verteidigung legitimieren, scheinen, worauf bei der Analyse der Rechte nach Art. 3 und 4 Abs. 1–3 bereits hingedeutet wurde, den Standard der Ausnahmen nach Art. 8 der Richtlinie nicht zu erfüllen.

Was die Regelungen des polnischen Entwurfs der StPO-Novelle (in der Fassung vom 24.04.2013), die sich auf das Vorverfahren beziehen, anbelangt, hat der Rechtsausschuss sich entschlossen, von der Vornahme der Modellveränderungen dieses Anfangsabschnitts des Strafverfahrens abzusehen. Der Rechtsausschuss ging davon aus, dass das Schicksal des Verfahrens erst in der kontradiktorischen Hauptverhandlung entschieden wird. Diese Annahme der Autoren des Projekts bezüglich der Ablehnung einer Änderung der Stellung der Verteidigung im Vorverfahren scheint mindestens aus den nachstehend vorgebrachten Gründen zweifelhaft zu sein.

Der Entwurf der Änderungen in der Strafprozessordnung lässt den inquisitorischen Charakter des Vorverfahrens grundsätzlich in unveränderter Form bestehen, indem die bisherigen Beschränkungen des Rechts auf Verteidigung, u.a. auch hinsichtlich der Einsicht in die Akten des Vorverfahrens unter den Voraussetzungen, die sich aus Art. 156 § 5 StPO ergeben, der Ablehnung von Beweisanträgen aufgrund von Art. 170 § 1 und Art. 170 § 1a StPO sowie der Teilnahme an Prozesshandlungen, von denen in Art. 315–317 StPO die Rede ist, aufrechterhalten werden.[25] Im Ergebnis ist es möglich, das Urteil auf ein Beweismaterial zu stützen, das im Vorverfahren ohne Einhaltung des Erfordernisses eines streitigen Verfahrens (ohne Teilnahme und Kontrolle des Verteidigers) festgehalten wurde. Der Entwurf verändert in qualitativer Weise die Aufgaben des Vorverfahrens, denn nach dem neuen Wortlaut des Art. 297 § 1 Pkt. 5 StPO ist es der Zweck dieses Prozessabschnitts: „... Beweise für das Gericht zu ermitteln, zu sichern und in dem Umfang aufzuzeichnen, der zur Feststellung der Begründetheit einer Erhebung der Anklage oder einer anderweitigen Beendigung des Verfahrens sowie zur Stellung des Antrags auf Zulassung dieser Beweise und der Beweisführung vor dem Gericht erforderlich ist." Die geplanten Ausnahmen von dem Grundsatz der Unmittelbarkeit lassen jedoch zu, dass auf Antrag oder in dem Fall, der in Art. 167 § 1 Satz 3 und Art. 167 § 2 StPO geregelt wird, auch von Amts wegen (ohne Einwilligung der Parteien) Protokolle über Angaben des Angeklagten (Art. 389 StPO) und, sofern die Parteien dem nicht widersprechen, auch die in Art. 392 StPO genannten Protokolle sowie andere Dokumente (Art. 393 StPO) verlesen oder ohne Verlesung als gerichtskundig angesehen werden (Art. 394 StPO), und zwar in größerem Umfang als es zurzeit der Fall ist. Es ist nämlich anzumerken, dass im Hinblick auf die Tatsache, dass der Angeklagte an der Verhandlung (vom Grundsatz her) nicht teilnehmen muss, die Verlesung seiner Angaben zur Regel wird, und der neue Wortlaut des Art. 393 § 3 StPO lässt folglich in der Verhandlung die Verlesung sämtlicher privater Dokumente, die außerhalb des Strafverfahrens verfasst wurden, mit Ausnahme der illegalen Dokumente (Art. 168 a Novelle StPO), zu. Wesentlich geändert wurde hingegen Art. 391 StPO, der die Verlesung der Protokolle über die Zeugenaussagen in der Hauptverhandlung regelt. Treten die darin bezeichneten Voraussetzungen ein, werden diese Protokolle durch die **Prozesspartei** verlesen, und von dem Gericht nur „in einer besonders begründeten Situation, die in Art. 370 § 2 Novelle StPO

25 Siehe C. Kulesza, Od obrony formalnej do obrony realnej ? Nowa rola obrońcy w projekcie reformy procedury karnej [Von einer formellen zu einer reellen Verteidigung? Die neue Rolle des Verteidigers im Reformentwurf des Strafverfahrens], (in:) Festschrift für Prof. J. Skupiński, Warszawa 2013, (im Druck).

geregelt ist, sofern der Umstand, der Gegenstand der Vernehmung ist, nicht in anderer Weise ermittelt werden kann" oder als Ausnahme von dem Verhandlungsgrundsatz im Fall, der in Art. 167 § 1, 2. und 3. Satz oder in Art. 167 § 2 (Art. 391 § 1 c und 1 d der Novelle) genannt wird.

Als nicht ganz verständlich kann hingegen die neue Regelung in Art. 311 StPO angesehen werden, die sich auf die Aufzeichnung der Aussagen eines Zeugen in der Voruntersuchung bezieht. Der Entwurf sieht eine „Verpolizeilichung" des Voruntersuchungsverfahrens vor, indem darin vorgesehen wird, dass dieses von der Polizei, und nicht, wie es zurzeit der Fall ist, von dem Staatsanwalt durchgeführt wird, es sei denn, es wird vom Staatsanwalt durchgeführt (Art. 311 § 1). Eine solche Ausnahme wird in § 3 des Art. 311 vorgesehen, der besagt, dass der Staatsanwalt Voruntersuchungen in Verfahren wegen Verbrechen in den in Art. 309 Pkt. 2 und 3 bestimmten Fällen sowie in Verfahren, die er zur Durchführung übernimmt, durchführt. Nach § 4 des Art. 311 hingegen kann der Staatsanwalt die Durchführung der Voruntersuchung insgesamt oder in bestimmtem Umfang sowie auch die Vornahme einzelner Handlungen des Voruntersuchungsverfahrens auf die Polizei übertragen. Er darf jedoch in den Fällen nach Art. 309 Pkt. 2 und 2 StPO die Durchführung der Voruntersuchung nicht insgesamt auf die Polizei übertragen. In den Fällen, die in § 3 genannt werden, kann die Polizei andere Handlungen vornehmen, wenn sich dies als notwendig erweist (Art. 311 § 5 StPO). Tritt diese Situation ein, werden die Angaben des Zeugen durch die Polizei in Form eines amtlichen Vermerks festgehalten, ein Protokoll wird hingegen nur bei Gefahr im Verzug verfasst (Art. 311 § 6 StPO). Die Unklarheit der Regelung des Art. 311 § 6 StPO ergibt sich daraus, dass zweifelhaft ist, ob sie sich auf die Übertragung der Voruntersuchung vom Staatsanwalt auf die Polizei insgesamt bezieht (was unlogisch wäre), oder in beschränktem Umfang oder zwecks Durchführung einzelner Voruntersuchungshandlungen (vgl. Art. 311 § 1 StPO). Darüber hinaus ist nicht bekannt, wovon sich der Gesetzgeber leiten ließ, als er nach Art. 174 StPO eine Ausnahme vom allgemeinen Verbot der Ersetzung des Beweismittels der Angaben des Angeklagten oder der Aussagen eines Zeugen durch Schriftstücke, Aufzeichnungen oder amtliche Vermerke beschloss. Gemäß Art. 391 StPO können in der Hauptverhandlung nur die **Protokolle** der Zeugenaussagen verlesen werden, und in Art. 393 § 1 2. Gemäß StPO wird ausdrücklich untersagt, in der Hauptverhandlung Aktenvermerke über solche Handlungen, über die ein Protokoll aufzunehmen ist, sowie amtliche Vermerke, von denen in Art. 311 § 6 StPO die Rede ist, zu verlesen.

Bezüglich der gewährleistenden Funktion eines Vorverfahrens ist festzustellen, dass - wie es scheint - wegen des Verzichts auf eine qualitative Novellierung der Erweiterung der Berechtigungen der Verteidiger und deren breitere

Inanspruchnahme durch die Beschuldigten (das „Recht der Armen" nach Art. 78 § 1 StPO) die Tatsache nicht ausreichend berücksichtigt wurde, dass im Vorverfahren Entscheidungen getroffen werden, die für das weitere Schicksal der Beschuldigten von erheblicher Bedeutung sind. Hierzu kann u.a. der Beschluss über die Anordnung einer vorbeugenden Maßnahme genannt werden, insbesondere die Anordnung der Untersuchungshaft, deren Grundlagen, entgegen der Meinung der Autoren des Entwurfs, nicht „neu gestaltet", also in wesentlicher Weise geändert wurden (siehe Art. 249 § 1 und Art. 258 der Novelle). Dennoch darf man nicht übersehen, dass es auch Änderungen gibt, die z.B. das Erfordernis einführen, dass die Anordnung der Untersuchungshaft nur auf Beweise gestützt werden kann, die dem Angeklagten und dem Verteidiger bekannt sind (Art. 249a StPO), die die Voraussetzungen der sog. „staatsanwaltlichen Anordnung der Festnahme" bestimmen (Art. 247 StPO) oder die Anforderungen für die Begründung des Antrags auf Untersuchungshaft (Art. 250 § 2a StPO) und des Beschlusses über die Anordnung der Untersuchungshaft (Art. 251 § 3 StPO) präzisieren sowie die Möglichkeit der Anordnung der Fortdauer der Untersuchungshaft für den über die relativ maximalen Fristen hinausgehenden Zeitraum beschränken (Art. 263 § 4a). Eine wesentliche Änderung, die auf eine bessere Gewährleistung der Berechtigungen der StPO, die für eine festgenommene Person in Art. 5 Abs. 3 der Konvention vorgesehen sind, abzielt, beruht auf der Aufnahme eines neuen § 3 in Art. 279 StPO. In dieser neuen Vorschrift wird den Strafverfolgungsorganen die Pflicht auferlegt, den aufgrund eines Steckbriefs Festgenommenen unverzüglich dem Gericht vorzuführen, es sei denn, dass der Staatsanwalt nach der Vernehmung des Festgenommenen die Anordnung der Untersuchungshaft aufgehoben oder sie in eine weniger einschneidende Maßnahme abgeändert hat.

Die Autoren des Entwurfs haben ferner die Möglichkeit vorgesehen, dass der Angeklagte einen Verteidiger von Amts wegen erhält, der an einer Sitzung, in der die Fortdauer der Untersuchungshaft beschlossen werden soll, teilnimmt oder an einem Beschwerdeverfahren, in dem gegen die Anordnung der Untersuchungshaft eine Entscheidung getroffen werden soll (vgl. den neuen Wortlaut des Art. 249 § 5 StPO). Sie haben aber auch die Möglichkeit, dass dritte Personen bei dem Kontakt des Anwalts mit dem Festgenommenen oder Haftinsassen zugegen sind, auf „besonders begründete Ausnahmefälle" beschränkt (Art. 73 § 2 und 245 § 1 StPO).

Von wesentlicher Bedeutung ist nicht nur die Teilnahme des Verteidigers (immer noch in beschränktem Umfang) an den Handlungen des Vorverfahrens, sondern auch an der abschließenden Einsichtnahme in die Akten des Vorverfahrens, während der eine Auswahl des Beweismaterials, das dem Gericht von dem Staatsanwalt vorgelegt werden soll, durchgeführt wird (Art. 3121 § 3 und § 5 StPO).

Scheinbar unterschätzen die Autoren des Entwurfs die Bedeutung einer bewussten Einwilligung des Angeklagten in die Verurteilung nach Maßgabe des Art. 335 StPO, wo der Beistand eines Verteidigers nicht nur von wesentlicher Bedeutung ist, sondern auch erheblich erschwert wird, insbesondere im Fall einer Ablehnung der Akteneinsicht aufgrund der im Entwurf nicht geänderten Regelung des Art. 156 § 5 StPO, nach der grundsätzlich gilt, dass die Akteneinsicht nur mit Genehmigung desjenigen gewährt wird, der das Vorverfahren leitet (ausgenommen den Fall nach § 5 a). Dies ist von erheblicher Bedeutung insbesondere im Lichte der qualitativen Erweiterung des Umfangs der Verständigungen im Strafprozess und der faktischen Unanfechtbarkeit der das Verfahren abschließenden Urteile in der Novelle. Außer der praktischen Aufhebung des Verbots der *reformationis in peius* im Berufungsverfahren gegen die in dieser Verfahrensart verurteilten Personen (Art. 343, Art. 343 a und Art. 387 StPO) sieht die Novelle noch das Verbot vor, den Vorwurf zu erheben, dass ein Fehler bei den Tatsachenfeststellungen zu einer groben Unangemessenheit der Strafe geführt hat (Art. 438 Pkt. 3 und 4), die mit dem Inhalt der durch die Parteien geschlossenen Verständigung verbunden ist (der neue Wortlaut des Art. 447 § 7 StPO). Es ist jedoch anzumerken, dass im Entwurf umfangreiche Pflichten zur Belehrung der Beschuldigten über seine im neuen Art. 300 StPO (bzw. im Fall eines Festgenommenen in Art. 245 § 5 StPO) enthaltenen und ihnen zustehenden Rechte vorgesehen sind.

Schließlich ist festzustellen, dass im Entwurf sog. eigene Untersuchungen durch Anwälte nicht vorgesehen sind, und die Möglichkeit der Inanspruchnahme privater Sachverständigengutachten durch die Angeklagten von ihren finanziellen Möglichkeiten abhängig sein wird. Durch diese Novelle werden den Verteidigern neue Pflichten auferlegt, was dazu führt, dass sie für das Ergebnis des Prozesses tatsächliche Mitverantwortung tragen werden, ohne dass ihre Berechtigungen im Vorverfahren jedoch erweitert wurden. Darüber hinaus werden - sogar in Zusammenhang mit der Neugestaltung der Verteidigung von Amts wegen im Gerichtsverfahren (Art. 80 und 80 a StPO) - Befürchtungen vorgebracht, ob die finanziellen Aspekte in Verbindung mit einer breiter angelegten Mitwirkung der Verteidiger die Idee eines möglichst breiten Zugangs der Angeklagten zur Rechtshilfe nicht durchkreuzen. Sollten diese Befürchtungen wahr werden, wird der Spruch von Anatol France:

> „Das Gesetz in seiner erhabenen Majestät verbietet Armen wie Reichen gleichermaßen, unter Brücken zu nächtigen, zu betteln und Brot zu stehlen" weiterhin gelten.

Prof. Dr. Taras Andrusiak

Direktor des juristischen Kollegs an der Nationalen Ivan-Franko-Universität, Lwiw

Das Recht auf Verteidigung in der neuen Strafprozessordnung der Ukraine

Im Zusammenhang mit dem Thema dieses Aufsatzes sind Art. 10 und Art. 11 Abs. 1 der Allgemeinen Erklärung der Menschenrechte von besonderer Bedeutung, die wir in vollem Umfang zitieren.

> Artikel 10: „Jeder hat bei der Feststellung seiner Rechte und Pflichten sowie bei einer gegen ihn erhobenen strafrechtlichen Beschuldigung in voller Gleichheit Anspruch auf ein gerechtes und öffentliches Verfahren vor einem unabhängigen und unparteiischen Gericht."

In dieser Regelung steht vor allem das Gericht im Fokus, das unabhängig von der Exekutive sein muss (Prinzip der Gewaltenteilung). Gerade das Gericht tritt als die Institution auf, die berufen ist, die staatlichen Behörden zu kontrollieren, die für die Bekämpfung der Kriminalität zuständig sind. Es hat Gerechtigkeit walten zu lassen und die Gleichheit aller vor dem Gesetz zu gewährleisten, sowohl hinsichtlich der Vertreter der Legislative und der Exekutive als auch aller anderen Personen. Gerade das unabhängige und unparteiische Gericht gewährleistet die Rechte und Freiheiten auch der Personen, gegen die Anklage wegen der Begehung einer Straftat erhoben wurde. Allerdings sind die Rechte dieser Person damit nicht erschöpft, denn in Übereinstimmung mit

> Art. 11 Abs. 1 „... hat jeder, der wegen einer strafbaren Handlung beschuldigt wird, das Recht, als unschuldig zu gelten, solange seine Schuld nicht in einem öffentlichen Verfahren, in dem er alle für seine Verteidigung notwendigen Garantien gehabt hat, gemäß dem Gesetz nachgewiesen ist".

In dieser Norm wird das Recht auf Verteidigung betont, dabei enthält die Norm keine abschließende Aufzählung der Ausübung dieses Rechts, sondern erweitert sie maximal mit dem Begriff „alle Möglichkeiten", d.h. nur rechtswidrige Formen und Methoden dürfen nicht verwendet werden – alle andere sind erlaubt. Daraus folgt, dass der Gesetzgeber die Verteidigungsmöglichkeiten nicht einschränken darf, es sei denn, er bezweckt eine Einschränkung des Rechts auf Verteidigung.

Eine weitere Konkretisierung des Rechts auf effektive Verteidigung und Gerechtigkeit im Bereich der Beschuldigung, eine Straftat begangen zu haben, erfolgt durch den Internationalen Pakt über bürgerliche und politische Rechte (IPBürg) vom 16. Dezember 1966.

> Artikel 14 Abs. 2 IPBürg sieht vor, dass „... jeder wegen einer strafbaren Handlung Angeklagte Anspruch darauf hat, bis zu dem im gesetzlichen Verfahren erbrachten Nachweis seiner Schuld als unschuldig zu gelten."

Im Abs. 3 desselben Artikels ist eine Reihe von Mindestgarantien verankert, die auf der Grundlage der vollen Gleichstellung bei der Prüfung einer gegen jemanden erhobenen strafrechtlichen Anklage gewährleistet werden müssen. Besonders beachtenswert ist Ziffer b) „... *er muss hinreichend Zeit und Gelegenheit zur Vorbereitung seiner Verteidigung und zum Verkehr mit einem Verteidiger seiner Wahl haben.*" Auch hier ist auf das Recht des Angeklagten hinzuweisen, sich selbst, ohne jede Einschränkung einen Verteidiger zu wählen, daraus folgt, dass die Begrenzung des Kreises der möglichen Verteidiger eine Einschränkung bzw. Verletzung des Rechts auf Verteidigung darstellt.

Auch die Europäische Menschenrechtskonvention (EGMR) sieht zum Schutze der Menschenrechte und Grundfreiheiten in Artikel 6 Abs. 3 Folgendes vor:

> „Jede angeklagte Person hat mindestens folgende Rechte:
> a. innerhalb möglichst kurzer Frist in einer ihr verständlichen Sprache in allen Einzelheiten über Art und Grund der gegen sie erhobenen Beschuldigung unterrichtet zu werden;
> b. ausreichende Zeit und Gelegenheit zur Vorbereitung ihrer Verteidigung zu haben;
> c. sich selbst zu verteidigen, sich durch einen Verteidiger ihrer Wahl verteidigen zu lassen oder, falls ihr die Mittel zur Bezahlung fehlen, unentgeltlich den Beistand eines Verteidigers zu erhalten, wenn dies im Interesse der Rechtspflege erforderlich ist."

Hier, wie auch in der davor angeführten Norm, sind keinerlei Einschränkungen hinsichtlich des Kreises der Personen vorgesehen, die als Verteidiger auftreten dürfen.

Das Recht auf Verteidigung ist eines der Grundrechte des Menschen im Falle seiner Konfrontation mit dem Staat oder genauer mit den Menschen, die Träger der Staatsgewalt sind. Daher ist die Sicherung und die Gewährleistung dieses Rechts eine der Voraussetzungen für die Gleichheit aller Bürger vor dem Gesetz und für die Sicherung der Freiheit und der Gerechtigkeit in der Gesellschaft. Jede Art von Einschränkung des Rechts auf Verteidigung verwandelt das Strafrecht und die Strafrechtspflege in einen Mechanismus zur Bekämpfung des Dissens, zur Negation der Grundechte und Freiheiten des Menschen, zu ihrer vollständigen und umfassenden Unterordnung unter die Interessen der Träger der Staatsgewalt.

Die Existenz des Rechts auf Verteidigung ist nur eine der Voraussetzungen für eine effektive und faire Ermittlung und Verhandlung in jedem strafrechtlichen Fall und für die Gewährleistung der Rechte und Interessen aller Beteiligten.

Eine wirksame Verteidigung zeichnet sich durch eine Vielzahl weiterer Faktoren aus. Dabei haben die Gesetze, die den allgemein anerkannten, in völkerrechtlichen Akten verankerten grundrechtlichen Normen und Standards voll zu entsprechen haben, zwar eine sehr wichtige, aber keine entscheidende Bedeutung.

Es scheint, dass es die folgenden Faktoren sind, die eine wirksame Verteidigung und damit die Herstellung der Gerechtigkeit beeinflussen, sei es bei der Ermittlung in Strafsachen oder überhaupt bei der Betrachtung von Konfliktsituationen zwischen Parteien, die in einem „Über/Unterordnungs-Verhältnis" stehen:

- die politische Freiheit;
- das Entwicklungsniveau der Rechtskultur der Gesellschaft;
- die wirtschaftliche Lage der Gesellschaft;
- das Niveau der fachlichen Ausbildung der Beamten und das Auswahlverfahren bei der Besetzung bestimmter Positionen;
- der allgemeine Zustand des Justizsystems und des Strafverfolgungssystems.

Lassen Sie uns die Frage nach dem Einfluss und der Bedeutung dieser Faktoren in den Realien des staatsrechtlichen Systems der heutigen Ukraine betrachten. Unter dem Begriff der politischen Freiheit kann die Ausstattung der Bürgerinnen und Bürger mit politischen Rechten verstanden werden, darunter auch mit dem Recht, die Organe der Staatsgewalt und der kommunalen Selbstverwaltung zu wählen und gewählt zu werden, ferner das Verständnis für die Rolle und Bedeutung dieser Rechte bei der Bildung der Organe der Staatsgewalt und das Bewusstsein der Wichtigkeit der Wahl und der Verantwortung für seine Entscheidung.

Da sich im totalitären System im gesellschaftlichen Bewusstsein die Überzeugung vom „dekorativen" Wesen der gewählten Organe der öffentlichen Gewalt und ihres formalem Charakters im Vergleich zu den tatsächlichen Entscheidungszentren durchgesetzt hat, konnte der Bürger kein Gefühl der persönlichen Verantwortung für die Situation im Land entwickeln. Stattdessen hat sich die Überzeugung von der Unfähigkeit des Einzelnen gefestigt, politische Prozesse zu beeinflussen. Es hat sich kein Bewusstsein von politischer Freiheit und der damit verbundenen Verantwortung für die staatsrechtliche Entwicklung entwickelt. Es ist vielmehr bei paternalistischen Erwartungen geblieben und es herrscht die Bereitschaft vor, das Recht zur Lösung gesellschaftlicher Probleme einer Person bzw. einer Partei zu übertragen.

Der Mangel an politischer Freiheit hat das Entwicklungsniveau der Rechtskultur negativ beeinflusst. Die Unkenntnis der eigenen Rechte, die Unfähigkeit bzw. Unwilligkeit, für die durch die geltenden Gesetze vorgesehenen Rechte und Möglichkeiten mithilfe rechtlicher Verfahren zu kämpfen und das Fehlen wirksamer Mechanismen zur Wiederherstellung der verletzten Rechte haben im gesellschaftlichen Bewusstsein die Überzeugung verankert, dass es notwendig sei, jede strittige Situation zu „entscheiden“, anstatt sie auf die gesetzlich vorgeschriebene Weise zu regeln. Das Niveau der Korruption, die ausnahmslos alle Bereiche des öffentlichen, politischen und sozialen Lebens erfasst hat, steigt weiter durch die Erweiterung der staatsrechtlichen Regelungen, ihre zunehmende Komplexität und Intransparenz.

Die wirtschaftliche Situation der modernen ukrainischen Gesellschaft, deren wesentliches Merkmal die weitere Vertiefung der Diskrepanz zwischen der Gruppe der Oligarchen, die in ihren Händen gewaltige Ressourcen konzentriert haben, und der Verarmung der überwiegenden Mehrheit der Bevölkerung des Landes ist, führt zur Entmutigung und zu einer negativen Einstellung gegenüber solchen Werten wie Demokratie, Freiheit und Menschenrechte. Sie bewirkt die Unterordnung der politischen Parteien unter oligarchische Gruppen und führt damit zur Entwicklung der Gesetzgebung im Interesse dieser Gruppen und zum Schaden der Gesellschaft insgesamt. Unter diesen Bedingungen werden die Gesetzgebung sowie die Justiz- und Strafverfolgungsbehörden lediglich zu Werkzeugen der Gewährleistung und Verteidigung der Einzel- oder Clan-Interessen.

Die o. g. Faktoren führen zu einer Verminderung der Fachkompetenz, der Professionalität und des Sachverstand. Die Auswahl und die Einstellung des Personals nach Kriterien der persönlichen Loyalität und der Zugehörigkeit zu einer bestimmten Gruppe führt zur Ineffizienz sowohl der einzelnen staatlichen Behörden als auch des Staatsapparats als Ganzem.

Da nach dem Zusammenbruch des ideologischen Sowjetsystems, in dem die Justiz- und Strafverfolgungssysteme ausschließlich repressiven, rechtwidrigen Charakter hatten, dieser Zustand größtenteils unverändert fortbestand, scheint es unmöglich, das Justiz- und Strafverfolgungssystem ohne größere systemische Veränderungen auf die Sicherung und den Schutz der Menschenrechte und Grundfreiheiten auszurichten.

Die oben genannten Faktoren erklären auch, warum die im geltenden Recht erfolgten Veränderungen, die - obwohl sie scheinbar alle einen fortschrittlichen und demokratischen Charakter aufweisen - weiterhin die für ein totalitäres System kennzeichnende Ausrichtung gegen die Menschenrechte und Grundfreiheiten beibehalten haben.

Artikel 29 der Verfassung der Ukraine verankert folgende Norm:

> „Jeder verhafteten oder festgenommenen Person müssen unverzüglich die Gründe für ihre Verhaftung oder Festnahme mitgeteilt, ihre Rechte erläutert und vom Zeitpunkt der Festnahme an die Möglichkeit gegeben werden, sich selbst zu verteidigen oder die Hilfe eines Verteidigers in Anspruch zu nehmen.“

Diese Regelung sieht keine Einschränkungen hinsichtlich der Frage vor, wer als Verteidiger agieren darf, und somit darf nach dem allgemeinen Grundsatz „alles, was nicht gesetzlich verboten ist, ist erlaubt“ jede festgenommene oder inhaftierte Person jedermann um Rechtshilfe bitten, der solche Hilfe leisten kann. Es ist klar, dass die betroffene Person denjenigen beauftragen wird, der die wirksamste, kompetenteste und qualifizierteste Hilfe leisten kann.

Am 20. November 2012 trat in der Ukraine die neue Strafprozessordnung (StPO) in Kraft, die - so die Autoren - die Situation im Bereich der Strafjustiz deutlich verbessern soll, indem sie in dieser Materie die besonders offensichtlichen Spuren des totalitären Systems beseitigt. Hat sie diese Aufgabe erfüllt? Meiner Ansicht nach leider nicht, zumindest nicht in Bezug auf das Recht auf Verteidigung.

Um diese Ansicht zu verifizieren, sollen die Regelungen des Rechts auf Verteidigung in der vorherigen, noch sowjetischen, und die in der neuen StPO verglichen werden.

Art. 20 StPO n. F. „Gewährleistung des Rechts auf Verteidigung“ sieht Folgendes vor:

> „1. Verdächtige, angeklagte, freigesprochene, verurteilte Personen haben das Recht auf Verteidigung, das darin besteht, dass ihnen die Möglichkeit gewährt wird, mündliche oder schriftliche Erklärungen bzgl. des Verdachts oder der Anklage abzugeben, das Recht, Beweise zu sammeln und vorzulegen, persönlich an dem Strafverfahren teilzunehmen, die Hilfe eines Verteidigers in Anspruch zu nehmen und andere durch diese Strafprozessordnung vorgesehenen Verfahrensrechte auszuüben.
>
> 2. Der Ermittler, der Staatsanwalt, der Untersuchungsrichter, das Gericht sind verpflichtet, den Verdächtigen bzw. Angeklagten über seine Rechte aufzuklären und ihm das Recht auf qualifizierte Rechtshilfe seitens eines von ihm gewählten oder eines Pflichtverteidigers zu gewährleisten.
>
> 3. In den Fällen, die von dieser Strafprozessordnung und/oder vom Gesetz vorgesehen sind, das die Gewährung von unentgeltlicher Rechtshilfe regelt, wird dem Verdächtigen bzw. Angeklagten Rechtshilfe auf Kosten des Staates unentgeltlich gewährt.
>
> 4. Die Beteiligung des Verteidigers des Verdächtigen bzw. Angeklagten, des Vertreters des Geschädigten am Strafverfahren beschränkt die Verfahrensrechte des Verdächtigen, des Angeklagten, des Geschädigten nicht.“

Eine ähnliche Regelung in der alten StPO – Artikel 21 „Gewährleistung des Rechts auf Verteidigung für den Verdächtigen, Beschuldigten und Angeklagten“ – sah Folgendes vor:

> „Dem Verdächtigen, Beschuldigten bzw. Angeklagten wird das Recht auf Verteidigung gewährleistet. Die für die Ermittlung zuständige Person, der Untersuchungsführende, der Staatsanwalt, der Richter und das Gericht sind verpflichtet, vor der ersten Verneh-

mung eines Verdächtigen, Beschuldigten, bzw. Angeklagten ihn über das Recht aufzuklären, einen Verteidiger in Anspruch zu nehmen, und das zu Protokoll zu nehmen, sowie dem Verdächtigen, Beschuldigten bzw. Angeklagten die Möglichkeit zu gewähren, sich mit den gesetzlich festgelegten Mitteln gegen die erhobene Anklage zu verteidigen und den Schutz seiner persönlichen und Eigentumsrechte zu gewährleisten."

Wie man sieht, wurde in der alten Strafprozessordnung nicht nur das Recht auf Verteidigung, sondern auch der Zeitpunkt geregelt, wann und wie dieses Recht zu gewährleisten ist, dies fehlt in der neuen Strafprozessordnung. Ferner geht es in der alten Strafprozessordnung um die Gewährleistung des Rechts auf Verteidigung und in der neuen um das Recht auf qualifizierte Rechtshilfe.

Wie oben ausgeführt, sehen weder völkerrechtliche Akte noch die Verfassung der Ukraine Einschränkungen in Bezug auf den Kreis von Personen vor, die als Verteidiger auftreten, d.h. das Recht auf Verteidigung einer der Begehung einer Straftat angeklagten Person ausüben dürfen. Die vorherige Strafprozessordnung sah in Artikel 44 „Verteidiger" Folgendes vor:

„Ein Verteidiger ist eine Person, die in der gesetzlich vorgesehenen Art und Weise befugt ist, für den Schutz der Rechte und der legitimen Interessen eines Verdächtigen, Beschuldigten, Angeklagten, Verurteilten, Freigesprochenen zu sorgen und ihm die notwendige Rechtshilfe im Rahmen eines Strafverfahrens zu leisten.

Als Verteidiger werden Personen, die ein Zertifikat besitzen, das sie zur Rechtsanwaltschaft in der Ukraine berechtigt, und andere Fachleute auf dem Gebiet des Rechts zugelassen, die nach dem Gesetz berechtigt sind, Rechtshilfe persönlich oder im Auftrag einer juristischen Person zu leisten. In den Fällen und in der von diesem Kodex vorgesehenen Art und Weise werden als Verteidiger nahe Verwandte eines Verdächtigen, Beschuldigten, Angeklagten, Verurteilten, Freigesprochenen, sein Vormund oder Pfleger zugelassen."

In der neuen Strafprozessordnung ist diese Regelung in Artikel 45 „Verteidiger" verankert.

„1. Verteidiger ist ein Rechtsanwalt, der den Schutz eines Verdächtigen, Beschuldigten, Angeklagten, Verurteilten, Freigesprochenen, einer Person, auf die beabsichtigte Zwangsmaßnahmen medizinischer oder pädagogischer Natur anzuwenden sind oder die Frage über deren Anwendung entschieden wird, wahrnimmt, oder einer Person, gegenüber der die Frage ihrer Auslieferung an ein fremdes Land (Extradition) geprüft wird.

2. Als Verteidiger darf derjenige nicht als Rechtsanwalt auftreten, dessen Angaben nicht in das Einheitsregister der Rechtsanwälte der Ukraine eingetragen sind oder in Bezug auf den das Einheitsregister der Rechtsanwälte der Ukraine die Angaben über die Aussetzung oder Beendigung des Rechts auf Rechtsanwaltschaft enthält."

War in der vorherigen Strafprozessordnung das Recht auf Verteidigung nicht eingeschränkt, weil es keinen Kreis von Personen definierte, die als Verteidiger auftreten konnten, so enthält die neue Strafprozessordnung die Möglichkeit der Einschränkung des Personenkreises durch einen lokalen, normativen Akt eines Vereins, nämlich der Nationalen Vereinigung der Rechtsanwälte der Ukraine. M. a. W. hängt die Gewährleistung eines der grundlegenden Menschenrechte für die Staatsbürger der Ukraine von einem Verein ab.

In der Ukraine pflegen die Regierungsbeamten, wenn es notwendig wird, eine Steuer einzuführen oder anderweitig die Rechte und Freiheiten zu beschränken, Bezug auf gewisse internationale Erfahrungen zu nehmen und diese als Beispiel für die Existenz solcher Phänomene in den entwickelten Demokratien anzuführen. Dies gilt auch für die Einführung eines Registers der Rechtsanwälte, das in einigen Ländern auf mittelalterliche Zunftorganisationen zurückgeht. Dort jedoch trägt die jahrhundertealte Tradition zur Unabhängigkeit der Rechtsanwälte bei, obwohl auch dort manchmal das Recht des Einzelnen auf Verteidigung verletzt wird.

In der heutigen Ukraine, wo die jetzige Rechtsanwaltschaft die schlechtesten sowjetischen Traditionen bewahrt hat, stellt die Schaffung derartiger nationaler Verbände unserer Meinung nach nichts anderes dar, als einen Versuch, die Rechtsanwaltschaft zu kontrollieren, die sich nicht als gesellschaftlich einflussreiche Fachinstitution etablieren konnte, und insofern einen Versuch, das Grundrecht auf Verteidigung unter die Kontrolle bestimmter Personen oder Interessensgruppen zu stellen, die von den Interessen der Öffentlichkeit weit entfernt sind.

IV. Verdeckte Ermittlungsmaßnahmen

Dr. Thomas Bode

Europa-Universität-Viadrina, Frankfurt/Oder

Verdeckte Ermittlungsmaßnahmen in Deutschland und Polen im Vergleich

Dieser rechtvergleichende Aufsatz behandelt die verdeckten Ermittlungsmaßnahmen in Deutschland und Polen, wobei der Fokus mehr auf letzteren liegt. An geeigneter Stelle werden Vergleiche zur deutschen Rechtssituation gezogen. Aufgrund der Weite und Tiefe der Materie wird nicht auf alle Einzelheiten eingegangen. Dafür sollen jedoch die wesentlichen Merkmale und Unterschiede aufgezeigt werden, wodurch die Leitlinien des jeweiligen Rechtskreises bei den strafprozessualen verdeckten Ermittlungsmaßnahmen erkennbar sind.

Die verdeckten strafprozessualen Ermittlungsmaßnahmen in Deutschland

Grundsätzliches

Die in der StPO geregelten verdeckten Ermittlungsmaßnahmen sind verfassungsrechtlich umstritten und wurden daher durch verschiedene Entscheidungen des BVerfG eingehegt. Das BVerfG erkannte in der Vergangenheit auf Verfassungswidrigkeit hinsichtlich der Regelungen zur Wohnraumüberwachung[1] und zur Vorratsdatenspeicherung[2], und auch in den billigenden Urteilen[3] wurden dem Gesetzgeber Grenzen aufgezeigt. Dabei sind Überwachungsmaßnahmen, die netzbasierte Telekommunikation betreffen, von besonderer Aktualität. Dies bedeutet aber nicht, dass die Observation von Kommunikation ohne technische Hilfsmittel weniger stark geschützt wird. Art. 10 GG soll keinen stärkeren Schutz für eine bestimmte Art und Weise der Kommunikation bewirken, sondern eine normative Erstreckung des natürlichen Schutzes von Gesprächen unter Anwesenden auf Gespräche unter Abwesenden gewährleisten.

1 BVerfGE 109, 279 (Großer Lauschangriff).
2 BVerfGE 125, 260 (Vorratsdatenspeicherung).
3 BVerfGE 129, 208 (TKÜ-Neuregelung); BVerfGE 130, 151 (Bestandsdatenauskunft).

Einzelmaßnahmen

Die strafprozessualen verdeckten Ermittlungsmaßnahmen finden sich in der deutschen StPO verstreut im Abschnitt über Beschlagnahme und Durchsuchung (§§ 98ff. StPO) sowie bei der allgemeinen Ermittlungsgeneralklausel (§§ 163d ff. StPO). Wurden früher einige der verdeckten Maßnahmen unmittelbar unter die Generalklausel (§§ 161, 163 StPO) subsumiert, sind die verschiedenen Fallgruppen heute speziell in Einzelnormen geregelt. Lediglich einige Maßnahmen ohne unmittelbar staatliche Überwachung – insbesondere das Führen von V-Personen – befinden sich im juristischen „Niemandsland".[4]

Der Gesetzgeber hat durch verschiedene Mechanismen ein restriktives Anordnungsregime für verdeckte Maßnahmen vorgeben. So sind einige Maßnahmen durch Anlasstatenkataloge auf bestimmte schwere Delikte beschränkt, die auch im Einzelfall schwer wiegen müssen. Für weniger grundrechtsbelastende Maßnahmen wird eine nicht näher eingegrenzte Straftat von erheblicher Bedeutung verlangt. Außerdem ist für verdeckte Maßnahmen ein bestimmter Tatverdacht notwendig, der konkreter als ein einfacher Anfangsverdacht sein soll. Die Anordnung ist für fast alle Fallgruppen dem Richter vorbehalten, es sei denn es liegt ein Eilfall (Gefahr in Verzug) vor. Die Maßnahmen dürfen zudem nur subsidiär gegenüber weniger einschneidenden Ermittlungsmethoden angeordnet werden. Bei einigen Maßnahmen bestehen zudem für die Ermittlungsbehörden statistische Berichts- und dem Betroffenen persönlich gegenüber Informationspflichten. Die Anordnungsvoraussetzungen sind dabei aber nicht einheitlich, sondern umso restriktiver, je belastender der Gesetzgeber den durch die Maßnahme erfolgenden Grundrechtseingriff einschätzt.

Die detaillierten Regelungen sind trotz der hohen Regelungsdichte des Bereichs allerdings nicht immer einfach verständlich und geben Anlass zu Streit und Missverständnissen. Offene Fragen ergeben sich hinsichtlich der Auslegung von Details, wie etwa dem bestimmten Tatverdacht oder der Reihenfolge der Grundrechtsbelastung.[5]

---

4 Für eine Subsumtion unter die Generalklausel bei Forderung einer eigenständigen Regelung de lege ferenda *Bode*, Verdeckte strafprozessuale Ermittlungsmaßnahmen, Heidelberg 2012, S. 448. Für die h.M., nach der überhaupt keine Regelung notwendig ist, aber unter Umständen doch ein ganz erheblicher Grundrechtseingriff oder sogar eine Verletzung der Menschenwürde vorliegen soll, BGH NStZ 2007, 713 (jedenfalls kein Fall des § 110a StPO); Heidelberger Kommentar/*Gercke,* 5. Aufl. Heidelberg 2013, § 110a Rn. 22f. m.w.N.

5 Vgl. zum ganzen *Eckstein*, Ermittlungen zu Lasten Dritter, Tübingen 2013, S. 54ff.; *Bode*, S. 245ff.

Problempunkte

Mit dem teilweise verfassungswidrigen § 100g StPO, der die Vorratsdatenspeicherung von Verkehrsdaten der Telekommunikation regelte, befindet sich wegen dessen Teilnichtigkeit[6] quasi eine „Regelungsleiche" in der StPO. Nach dem Urteil[7] des EuGH zur Vorratsdatenspeicherungsrichtlinie[8] ist unklar, wie es mit Speicherung und Zugriff auf Verkehrsdaten weitergehen soll – eine anlasslose Vorratsdatenspeicherung wird es wohl nicht mehr geben, da der EuGH bemängelt hat, dass in der Richtlinie kein Zusammenhang zwischen den Daten, die gespeichert werden sollen, und einer „Bedrohung der öffentlichen Sicherheit" gefordert war.[9] Aus der Praxis der Strafverfolgungsbehörden werden trotzdem Rufe nach einer neuen Regelung laut.[10] Von einem deutschen Bundesland wird ein Verzicht auf die Vorratsdatenspeicherung angeregt.[11] Auf der im Juni 2014 stattgefundenen sog. „Frühjahrskonferenz" der Justizminister des Bundes und der Länder stand die Frage der Wiedereinführung der Vorratsdatenspeicherung auf der Agenda.[12]

Neben der Vorratsdatenspeicherung ist die Bestandsdatenerhebung ein aktuelles Thema. Mit § 100j StPO wurde jüngst eine Eingriffsgrundlage für die Bestandsdatenerhebung geschaffen, die eine – im Vergleich zu Maßnahmen der Telekommunikationsüberwachung und Verkehrsdatenerhebung - relativ geringe Eingriffsschwelle vorsieht. Es ist nicht auszuschließen, dass das BVerfG mit der Frage der Verfassungsmäßigkeit dieser Norm – zumindest im Hinblick auf die Zuordnung dynamischer IP-Adressen – noch befasst werden wird.

In Grundsatzfragen besteht dazu noch Klärungsbedarf. Nicht ausdiskutiert ist, wie der Nemo-Tenetur-Grundsatz sich zu verdecktem Vorgehen verhält, und wie die ebenfalls in Art. 1 Abs. 1 GG wurzelnde Lehre vom Kernbereich der persönlichen Lebensgestaltung in fassbare Kriterien umzusetzen ist. Auch die Unterschiede zwischen präventiven Maßnahmen nach den Polizei- und Geheimdienstgesetzen und repressiven nach den Polizeigesetzen erscheinen

---

6 BVerfGE 125, 260, 262f.

7 EuGH C-293/12 und C-594/12.

8 Richtlinie 2006/24/EG (nun ungültig).

9 EuGH C-293/12 und C-594/12 Abs. 59.

10 Bund deutscher Kriminalbeamter, http://www.bdk.de/der-bdk/aktuelles/bundesregierung-kann-vorratsdatenspeicherung-sofort-einfuhren, 08.04.2014, abgerufen am 24.06.2014.

11 Heise online, http://www.heise.de/newsticker/meldung/Sachsen-verlangt-Verzicht-auf-Vorratsdatenspeicherung-2236927.html, 23.06.2014, abgerufen am 24.06.2014.

12 Ergebnisse standen bei Redaktionsschluss noch nicht fest.

teilweise inkonsequent. Unklar ist zudem, unter welchen Bedingungen zu präventiven Zwecken gewonnene Daten zur Strafverfolgung genutzt werden dürfen. Hinsichtlich des Einsatzes von Verbindungspersonen ist fraglich, ob eine Regelung über die Generalklausel ausreicht. Weitere Einzelheiten der deutschen Regelungen sollen im Folgenden bei Gelegenheit der Vorstellung der entsprechenden polnischen Normen und Probleme erfolgen.

Die verdeckten Ermittlungsmaßnahmen in Polen

Auch in Polen sind verdeckte Ermittlungen nicht unumstritten. So zeigte der Fall *Barbara Blida*[13] ein praktisches Problem hinsichtlich politisch motivierten Missbrauchs (nicht nur) verdeckter Ermittlungsmaßnahmen. Probleme häuften sich in jüngerer Vergangenheit bei verdeckten Ermittlungen zu anderen als genuin strafprozessualen Zwecken.[14]

Hinsichtlich der strafprozessualen Ermittlungen ist auffällig, dass einerseits sehr viele verdeckte Maßnahmen durchgeführt werden, andererseits aber ähnlich wie in der deutschen StPO die entsprechenden prozessualen Normen nicht von Anfang an in den *kodeks postępowania karnego* (polnische StPO, nachfolgend: „KPK") integriert waren, sondern ein relativ junges und unsortiertes Rechtsgebiet als Fremdkörper in den KPK eingefügt wurde. Das Gegenmodell findet sich in der ukrainischen StPO, die 2012 komplett neu und mit einem gesonderten Abschnitt über die verdeckten Ermittlungsmaßnahmen erlassen wurde.[15]

Der Begriff „Verdeckte Ermittlungen" wird wörtlich übersetzt nicht im polnischen Recht gebraucht. Verwendung findet der Begriff *„czynności operacyjno-rozpoznawcze"* (operativ-aufklärende Maßnahmen) Dieser wurde erstmals (in der Gesetzgebung) im Jahr 1983 angewendet, aber bis heute nicht einheitlich definiert.[16] Darunter fallen zumindest alle gängigen geheimen Methoden der

---

13 Vgl. zu diesem Fall *Vetter*, Wohin steuert Polen?: Das schwierige Erbe der Kaczynskis, Münster 2008, S. 143; *Polak/Nelken*, Polish Prosecutors, Political Corruption, and Legal Culture, S. 240, in: *Febbrajo/Sadurski*, Central and Eastern Europe after Transition, Surrey (GB) 2013.

14 Vgl. Entscheidungen des VerfGH vom 24. Juni 1997, K 21/96; OTK ZU 1997, Nr. 2, Pos. 23.; 4/04; K 41/02; K. 45/02; Urt. v. 12. Dez. 2005, K 32/04, OTK ZU 005, Nr. 11A, Pos. 132; K 54/07.

15 Vgl. Kapitel 21 der Ukrainischen Strafprozessordnung, http://www.en.pravo.org.ua/files/Criminal%20justice/CPC.pdf, abgerufen am 26.6.2014.

16 *A. Taracha*, Czynności operacyjno-rozpoznawcze. Aspekty kryminalistyczne i prawodawcze, Lubin 2006.

Informations- und Beweisgewinnung.[17] Weder in der deutschen noch in der polnischen StPO ist die Heimlichkeit explizit angesprochen.

Für den unbedarften Leser des KPK ergibt sich zunächst folgendes Bild:

Auch in Polen wird ein Ermittlungsverfahren erst in Gang gesetzt, wenn der begründete Verdacht der Begehung einer Straftat besteht (Art. 303 KPK). Die auf diesem Weg vorzunehmenden Handlungen sind Handlungen, die ex post, d.h. nach Eintritt des Vorfalls, erfolgen und zum Zweck haben, zu ermitteln, ob dieser Vorfall tatsächlich eine Straftat darstellte, und den Täter zu ermitteln und zu bestrafen.

Im KPK sind die Postbeschlagnahme in Art. 218 und die Telekommunikationsüberwachung in Art. 237 geregelt. Selbst die in Deutschland direkt in der Verfassung (Art. 13 Abs. 3 GG) vorgeregelte verdeckte Ermittlungsmaßnahme wird in der polnischen StPO nicht genannt. In ihr werden die anderen „Reste" der verdeckten Ermittlungsmaßnahmen über Generalklauseln abgehandelt. Diese erste oberflächliche Analyse verdient einen genaueren Blick. Ich möchte mich neben einem Überblick dreier für einen Rechtsvergleich interessanten Themenkomplexe widmen: Der Telekommunikationsüberwachung (inklusive des Einsatzes sonstiger technischer Mittel, der Verkehrsdatenerhebung und der Vorratsdatenspeicherung) sowie der akustische Wohnraumüberwachung und zuletzt dem Einsatz verdeckter Ermittler und V-Personen.

Diese Maßnahmenkomplexe sind nicht nur theoretisch interessant, sondern auch für Fälle grenzüberschreitender Zusammenarbeit wichtig. Nicht zuletzt stellt sich bei grenzüberschreitenden Ermittlungen die Frage nach der Verwertbarkeit von Daten, die nach anderen gesetzlichen Standards gewonnen wurden, als denen, die im prozessführenden Land gelten.

Technische Kommunikationsüberwachung

Telekommunikationsüberwachung in Polen

Die Telekommunikationsüberwachung (TKÜ) ist in Abschnitt 26 „Überwachung und Speicherung von Gesprächen", Art. 237ff. KPK geregelt.[18] Auch Polen hat sich jedenfalls bei der TKÜ für einen Straftatenkatalog entschieden. Auch

---

17 *A. Posytek*, Wartość dowodowa czynności operacyjno-rozpoznawczych, „Prokuratura i Prawo" 2011, Nr. 3, S. 23–34.

18 Verdeckte „operative" Ermittlungen: sechs staatliche Organe haben die Kompetenz Telekommunikation zu überwachen oder Post zu beschlagnahmen (darunter: Polizei, Grenzschutz, „Militärgendarmerie", Antikorruptionseinheit, verschiedene nachrichtendienstliche Behörden).

hier braucht es einen Tatverdacht oder ein laufendes Ermittlungsverfahren, jedoch wird kein gesteigerter Tatverdacht verlangt. Der Straftatenkatalog ist kleiner und übersichtlicher als der Deutsche. Hier wie dort wird die leichte und mittlere Eigentums- und Vermögenskriminalität ausgenommen. In Polen ist aber jede Tat gegen Vermögen von bedeutendem Wert von einer Art begrenzter Generalklausel erfasst, Art. 237 § 3 15. KPK. Nach Verfahrenseröffnung sind diese Maßnahmen zulässig, wenn der Staatsanwalt die Zustimmung des Gerichts eingeholt hat.

Die Regelung ist im Hinblick auf die komplementäre Pflicht der Telekommunikationsdienstleister, den Anfragen der Strafverfolgungsbehörden zu entsprechen, von erfreulicher Kürze und Klarheit. Diese Pflicht ist in Art. 237 § 5 KPK und nicht wie in Deutschland nur in einem gesonderten Gesetz (§ 110 TKG) sehr ausführlich geregelt. Die Anbieter von Telekommunikationsdiensten sind aber auch gem. Art. 179 des *Prawo telekomunikacyjne* (polnisches Telekommunikationsgesetzes, nachfolgend: „pTKG“) verpflichtet, die Bedingungen für den Zugang und die Registrierung aller geleisteten Telekommunikationsdienstleistungen zu schaffen, sowie die Registrierung der Telekommunikationsübermittlungen und der im Gesetz genannten Daten für ein Gericht oder einen Staatsanwalt sicherzustellen. Die „Doppelregelung“ ist aber im Sinne gesetzlicher Bestimmtheit dem deutschen System vorzuziehen, das nicht einmal eine Verweisung des § 100a StPO auf das TKG enthält. Die Verwertung durch Wiedergabe durch das Gericht wird ausdrücklich angesprochen. Auch dies ist im Vergleich zur deutschen Regelung klarer, die darauf vertraut, dass der Rechtsanwender als Experte schon wissen wird, dass nach deutschem Recht das Abhören einer Tonaufzeichnung Augenschein ist.[19] Art. 238 KPK regelt die Kommunikationsüberwachung und -speicherung für einen begrenzten Zeitraum (zunächst maximal drei Monate mit der Möglichkeit einer Verlängerung in einem „besonders begründeten Fall“ um maximal weitere drei Monate).

Verkehrsdatenerhebung

Die strafprozessuale Verkehrsdaten*erhebung* ist im polnischen Strafprozessrecht des KPK nicht gesondert geregelt. Nur Art. 180c pTKG regelt ausdrücklich die Gewinnung und – im europäischen Vergleich mit zwei Jahren lange - anlasslose Speicherung von Verkehrsdaten durch Telekommunikationsdienstleister. Diese Norm regelt aber nur die Pflicht der Diensteanbieter nicht das Recht der Ermittlungsbehörden, Herausgabe zu verlangen. Dies ist im Vergleich zur detaillierten

19 *Kramer*, Grundbegriffe des Strafverfahrensrechts, 7. Aufl. Stuttgart 2009, Rn. 152.

Regelung der inhaltlichen Telekommunikationsüberwachung eine doch erhebliche Regelungslücke. Zumal polnische Behörden im europäischen Vergleich sehr viele Verkehrsdaten abfragen.[20] Im polnischen Strafprozessrecht bliebe daher eigentlich nur die Datenerhebung außerhalb des KPK – wie die Speicherung als solche – auf das pTKG zu stützen oder als Annex zur inhaltlichen Überwachung nach Art. 237 KPK zu betrachten.

Der polnische Gesetzgeber ist aber einen anderen Weg gegangen und hat die Verkehrsdatenerhebung durch die Polizei in Art. 20 Abs. 2a 1) und vor allem Art. 20c polnisches Polizei Gesetz (nachfolgend: „pPolG") geregelt. Dies betrifft Daten über die Nummern des Sende- und Empfangsgeräts, personenbezogene Daten über die Benutzer dieser Geräte, über die Ortsbestimmung dieses Gerätes sowie über das Einloggen bei den Relaisstationen (Art. 20c des pPolG i.V.m. Art. 180c und 180d). Die Polizei ist berechtigt, diese Daten für die Vorbeugung oder Aufklärung von Straftaten zu erlangen. Das Gesetz regelt weder weitergehende Beschränkungen noch stellt es diesbezüglich besondere Bedingungen auf.[21]

Das ist im Vergleich zur Deutschen Regelung in jedem Fall weniger klar und bestimmt. Die Regelung gab daher auch Anlass zu einer verfassungsgerichtlichen Überprüfung der Vorschrift.[22]

Anwendung „technischer Mittel"

Art. 241 KPK (eingeführt 2003) lässt darüber hinaus die Anwendung technischer Mittel zur Überwachung und Speicherung anderer Gespräche oder anderer Informationsübermittlung zu, darunter Informationen, die mittels E-Mail übertragen werden. Diese Vorschrift erlaubt daher den Einsatz von Internet, Funkgeräten oder anderen technischen Mitteln (etwa kleine Funkmikrophone, sog. Wanzen). Nach h.L. lässt die Regelung des Art. 241 KPK nach der Novelle vom

20 In Polen wurden etwa 2009 über 1 Mio. Mal Verkehrsdaten abgefragt, vgl. die Evaluation der europäischen Kommission, KOM (2011) 225, S. 26.

21 *D.Szumiło-Kulczycka*, Außerprozessuale Erhebung von Beweisen und Verwertung dieser Beweise im Strafprozess, S. 4, http://www.law.uj.edu.pl/~kpk/dowody/wp-content/uploads/2014/03/Polen-Landesbericht.pdf, abgerufen am 26.06.2014; Vgl. *D. Szumiło-Kulczycka*, Czynności operacyjno – rozpoznawcze i ich relacje do procesu karnego, Warszawa 2012, S. 268.

22 Vgl. Beschwerde des Bürgerbeauftragten vom 1. August 2011, Nr. RPO – 662587-II-II/ST, VerfGH AZ K 23/11; vgl. auch: Bericht der Obersten Kontrollkammer, Mitteilung über die Kontrollergebnisse. Erhebung und Verwertung von Verbindungsrechnungen, Informationen über die Ortsbestimmung eines Mobiltelefons sowie anderer Angaben gemäß Art. 180 c und d TKG, KPB – P/12/191.

10.1.2003 keine Zweifel zu, dass die Norm die Überwachung und Speicherung von Informationen im Internet, im Rundfunkwege und auf jede andere Weise erlaubt.[23] Dies ist freilich problematisch, da man einwenden könnte, Art. 241 KPK wolle nur den Anwendungsbereich des Art. 237 KPK, der auf Telekommunikation zugeschnitten ist, erweitern, aber keine Aussage zu den technischen Mitteln treffen. Das kann aber nicht überzeugen, da die Norm ohne solche Maßnahmen leerlaufen würde.

§ 241 KPK lautet wörtlich: „*Die Vorschriften dieses Abschnitts werden auf die mittels technischer Geräte erfolgende Überwachung und Speicherung der Inhalte von anderen Gesprächen oder Informationsübermittlungen, darunter elektronischer Korrespondenz, entsprechend angewandt.*“[24] Auch insoweit ist im Hinblick auf die Frage, ob Verkehrsdaten erfasst sind, nur von Inhalten, nicht aber von den zugehörigen Identifikationsinformationen die Rede.

Löschungspflicht

Aus Art. 238 § 3 KPK ergibt sich, dass der Staatsanwalt nach Beendigung der Telekommunikationskontrolle eine Löschung aller erhobenen und gespeicherten Daten beantragt (also obligatorisch), wenn diese für das Strafverfahren ohne Bedeutung sind. Über den Antrag entscheidet dann das Gericht. Möglich ist auch eine teilweise Löschung, wenn die Daten nur zum Teil für das Strafverfahren bedeutungslos sind.

Zur Beantragung der Löschung ist ab einem bestimmten Zeitpunkt (Abschluss des Ermittlungsverfahrens) auch der Einzelne berechtigt, gegen den die Telekommunikationsüberwachung gerichtet war.

Vorratsdatenspeicherung

Aus der eben genannten zeitlichen Begrenzung der Speicherung folgt, dass bei wörtlicher Anwendung Art. 237ff. KPK eine Vorratsdatenspeicherung eigentlich nicht ausdrücklich erlaubt. Die Vorratsdatenspeicherung ist aber auf der Grundlage des pTKG in bestimmten Grenzen zulässig, Art. 180a ff. pTKG. In der Umsetzungsmaßnahme sind alle vier Grundsätze zu Datensicherheit und Datenschutz sowie Kontrollstellen verankert. Mit einer Höchstdauer von zwei Jahren lag die Speicherungshöchstdauer im europäischen Vergleich am oberen

---

23 *S. Waltoś/P. Hofmański*, Proces karny, Aufl. 11, Warszawa 2013, S. 369, Rn. 598; *T. Grzegorczyk*, Kodeks postępowania karnego. Komentarz, Zakamycze 2003, Art. 241, Rn. 2.

24 Eigene Übersetzung des Art. 241 KPK.

Ende der Skala. Die ursprüngliche Beschränkung auf 24 Monate gilt aber nicht mehr. Durch eine Gesetzesnovelle wurde der Zeitraum der zulässigen Vorratsdatenspeicherung auf 12 Monate reduziert.[25] Der ursprüngliche Änderungsgesetzesentwurf sah einen Zeitraum von sechs Monaten vor, konnte sich jedoch nicht durchsetzen.

Ob diese lange Speicherungsdauer oder die fehlende Spezialregelung im KPK dazu einen entscheidenden Beitrag leisten, kann nur vermutet werden. Jedenfalls spielte die Verkehrsdatenerhebung bereits vor dem Ende der deutschen Variante der Vorratsdatenspeicherung in Polen eine größere Rolle als in Deutschland: In Deutschland erfolgten im Evaluationsjahr 2008 nur 12.684 Abfragen. In Polen wurden im selben Zeitraum 1.048.318 Anfragen gestellt.[26] Die Vorratsdatenspeicherung wird aber auch in Polen heftig kritisiert. In der polnischen Literatur wird bemängelt, dass die entsprechenden Vorschriften zu allgemein formuliert sind und über die Maßgaben der RL über die Vorratsdatenspeicherung 2006/24/EG (polnisch: „*dyrektywa retencyjna*") hinausgehen. Die Vorratsdaten (Art. 180c pTKG) können u.a. nicht nur zur Verfolgung, sondern auch zur Verhütung von Straftaten (z.B. Art. 20c pPolG, Art. 10b des polnischen Gesetzes über den Grenzschutz) angewendet werden. Der Kreis der Behörden, die auf diese Daten zugreifen könne, ist nach der innerpolnischen Kritik zu weit.

Das *Trybunał Konstytucyjny* (polnischer Verfassungsgerichtshof, nachfolgend: „VerfGH") hat die Vorschriften des Gesetzes über das *Centralne Biuro Antykorupcyjne* (Zentrales Büro für Korruptionsbewältigung, nachfolgend: „CBA"), die die Speicherung personenbezogener Daten in einem weiten Umfang zugelassen haben, für verfassungswidrig erklärt.[27] Die unmittelbare strafprozessuale Gewinnung und Nutzung wurde allerdings noch nicht verfassungsgerichtlich überprüft.

Auf fehlerhafte Umsetzung der Vorratsdatenspeicherungsrichtlinie hat im Jahr 2011 der Hauptinspektor für den Schutz der Personaldaten (GIODO) hingewiesen. 2013 hat dagegen die *Najwyższy Izba Kontrolna* (Oberste Kontrollkammer, nachfolgend: „NIK") die polnische Regelung negativ bewertet und die Kontrollergebnisse an den polnischen VerfGH weitergeleitet. Es bleibt abzuwarten, wie

---

25 Ustawa z dnia 16 listopada 2012 r. o zmianie ustawy – Prawo telekomunikacyjne oraz niektórych innych ustaw, Dz.U. 2012 poz. 1445.

26 KOM (2011) 225, S. 41, 46, wobei anzumerken ist, dass Polen und Deutschland offenbar nach unterschiedlichen Standards Daten erhoben haben und diese Zahlen aus dem Kommissionsbericht nicht plausibel differieren. Es ist aber davon auszugehen, dass Polen sich im europäischen Vergleich im oberen Drittel der Anordnungshäufigkeit nach befindet.

27 Urteil vom 23. Juni 2009, AZ: K 54/07.

die Entwicklung nach der Verwerfung der Richtlinie durch den EuGH weitergeht. Es steht aber zu vermuten, dass sich der bisherige relativ lockere und unkritische Umgang der Strafverfolgungsbehörden mit den Vorratsdaten auch in Polen nicht halten lässt.

Daten, die entgegen den gesetzlichen Vorgaben zur verdeckten Ermittlungen gewonnen wurden, unterliegen in Polen einem Beweisverwertungsverbot, da Art. 50 der polnischen Verfassung (nachfolgend: „pVerf") ein Recht auf Löschung widerrechtlich erlangter Informationen garantiert.[28] Die Verwertung von Zufallsfunden ist in Polen[29] wie in Deutschland (§ 477 StPO) so geregelt, dass nur dann eine Verwertung zulässig ist, wenn die Erkenntnis auch im konkreten Strafverfahren hätte erlangt werden dürfen.

Verdeckte Ermittler – „unkonventionelle" Beweismittel?

Verdeckte Ermittler als Beispiel nicht spezifisch geregelter Maßnahmen

Der Einsatz eines verdeckten Ermittlers (*tajny agent policji*) ist im KPK nicht geregelt. Es gibt allerdings Regelungen in unterschiedlichen speziellen Gesetzen (sog. Polizeigesetzen), wobei die Regelungen sehr ähnlich und zum Teil sogar identisch sind.[30]

Problem der „unkonventionellen" Beweismittel

Problematisch ist, ob die im Rahmen der operativen Maßnahmen gewonnenen Beweise und Informationen im Prozess als Beweise angesehen werden können. Aus Art. 19 PolG und Art. 27 ABW-Gesetz ergibt sich, dass Beweise auch im Rahmen einer operativen Überwachung (also noch vor Beginn des Strafverfahrens) gesammelt und gesichert werden können. *M. Klejnowska* befürwortet

---

28 Pol. VerfGH vom 12. Dezember 2005, K 32/04, OTK ZU 2005, z. 11A, Pos. 132. Beschluss des OG vom 30. November 2010, III KK 152/10, OSP 2011, Nr. 6, Pos. 65; Beschluss des OG vom 22. September 2009, III KK 58/09, OSNKW 2010, Nr. 3, Pos. 28; diese Frage war vor den genannten Entscheidungen stark umstritten und ist seit 2011 nun auch gesetzlich geregelt.

29 *Szumiło-Kulczycka*, Außerprozessuale Erhebung von Beweisen und Verwertung dieser Beweise im Strafprozess, S. 4 (siehe auch Fn. 21).

30 *R. Janiszowski-Downarowicz*, Granice dozwolonej prowokacji w polskim prawie karnym, in: PiP 3, 2009, S. 87, 92; Art. 9f. Gesetz über den Grenzschutz, Artt. 19a, b, 20a und 22 PolG, Artt. 36 und 37 Gesetz über Agentur der Innensicherheit (ABW) und Nachrichtendienst (AW), Artt. 24 und 25 Gesetz über das Zentrale Büro für Korruptionsbewältigung (CBA).

diese Regelung und weist darauf hin, dass sie den Bedürfnissen der Praxis entspricht.[31] *T. Hanausek* hält diese Regelung für einen legislativen Fehler – Beweissicherung sei eine prozessuale Tätigkeit, könne also nicht vor dem Verfahren erfolgen, operative Maßnahmen lieferten deshalb kein Beweismaterial.[32] *Waltoś* behandelt die direkte Anwendung der Ergebnisse, z.B. einer operativen Überwachung, mit Vorsicht und formuliert allgemeine gesetzliche Voraussetzungen für unkonventionelle Beweismittel (in diesem Sinne plädiert er für eine umfassende Regelung).[33] Es wird auch bemerkt, dass ein verdeckter Ermittler im Prozess als Zeuge inkognito auftreten könnte.[34]

Dass für die unkonventionellen Beweismittel eine umfassende gesetzliche Regelung notwendig ist, erscheint aus deutscher Tradition plausibel. *Grzegorczyk/Tylman* stellen allerdings fest, dass sämtliche, als unkonventionell zu bezeichnende Beweismittel heutzutage gesetzlich geregelt sind.[35] *Waltoś/Hofmański* sehen die sog. unkonventionellen Beweismittel als besondere Beweismittelkategorie an. Sie sind deswegen umstritten, weil sie dem bisherigen Strafverfahren unbekannt sind. Ein völliger Verzicht auf diese Beweismittel ist jedoch angesichts des Bedürfnisses der Kriminalitätsbekämpfung nach herrschender Ansicht kaum möglich. Es sei daher Aufgabe des Gesetzgebers, die neuen Beweismittel so zu regeln, dass sie einerseits zur effektiven Kriminalitätsbekämpfung beitragen und sich andererseits im verfassungsrechtlichen Rahmen bewegen.[36]

Die vorgenannten Autoren sprechen sich für eine umfassende gesetzliche Regelung aus, ohne eine Aussage darüber zu treffen, ob für die unkonventionellen Beweismittel ein gemeinsamer „allgemeiner Teil" erforderlich wäre.

Gesetzliche Regelungen sollten u.a. folgenden Anforderungen genügen[37]:

1. Notwendigkeit einer Änderung der Regelung des polnischen Strafgesetzbuchs zum Agent Provokateur;
2. Subsidiaritätsprinzip: Vorrangig soll auf konventionelle Beweismittel zurückgegriffen werden;

---

31 *M. Klejnowska*, Podsłuch operacyjny i prowokacja policyjna, „Prokuratura i Prawo" 2004, Nr. 3, S. 95f.

32 *T. Hanausek*, Wybrane zagadnienia prawa policyjnego, (in:) *S. Smuga* (Hrsg.) Prawo policyjne. Komentarz, Katowice 1992, S. 11. Ob die Ansicht als h.M. gewertet werden kann, erscheint mir zweifelhaft.

33 *S. Waltoś/P. Hofmański*, S. 398–399.

34 *T. Grzegorczyk/J. Tylman*, Polskie Postępowanie Karne, 6. Aufl. Warszawa 2007, S. 540.

35 *T. Grzegorczyk/J. Tylman*, S. 539.

36 *S. Waltoś/P. Hofmański*, S. 398, Rn. 636.

37 *S. Waltoś/P. Hofmański*, S. 399f., Rn. 638.

3. die Zulässigkeit solcher Beweismittel soll auf Täter der schwersten Delikte beschränkt sein;
4. gerichtliche Zustimmung im Vorfeld der Anordnung derartiger Maßnahmen;
5. rechtswidrig erlangtes Material muss vernichtet werden;
6. die Zustimmung zur Durchführung solcher Maßnahmen soll zeitliche, personelle sowie sachliche Schranken vorsehen.

Die Autoren sehen noch andere allgemeine Anforderungen vor. Außerdem gehen sie von der Notwendigkeit aus, weitere spezifische Voraussetzungen gesetzlich zu normieren.[38] Im deutschen Recht hat sich die etwa die von *Grzegorczyk/Tylman* zum polnischen Recht vertretene Ansicht durchgesetzt. Man geht von einer Regelung der entsprechenden Maßnahmen durch Einzelvorschriften der StPO aus. Im polnischen Recht ist die Regelungsdichte aber vergleichsweise gering, so dass hier eine detaillierte Regelung angebracht erscheint. Doch hinsichtlich des bisher nicht geregelten Einsatzes von V-Personen besteht sowohl in Polen als auch in Deutschland eine Regelungslücke, die man nach m. E. nicht über die Ermittlungsgeneralklausel des deutschen Rechts lösen kann. Ob mit einer generellen Reglung für unkonventionelle Maßnahmen genug getan ist, wage ich auch zu bezweifeln.

Akustische Wohnraumüberwachung

Im deutschen Recht gibt es mit §§ 100c, d StPO eine ausdrückliche und ausführliche Regelung der akustischen Wohnraumüberwachung in der StPO. Dass es insoweit um einen Intensiven Grundrechtseingriff geht, ist durch Art. 13 GG klargestellt.

Eine ausdrückliche Spezialregelung fehlt bis heute im KPK. Vor 2003 gab es zudem mit Art. 241 KPK nur eine in ihrem Anwendungsbereich strittige Auffangregelung (Art. 241 KPK a.F.). Die Zulässigkeit der akustischen Wohnraumüberwachung war daher vor allem vor 2003 in Polen problematisch. Das polnische Oberste Gericht (OG) hatte über den Anwendungsbereich des Art. 241 KPK zu entscheiden. Angesichts des mehrdeutigen Wortlauts der Norm ging es um die Frage, wie weit die Erweiterung des Anwendungsbereichs der Überwachung und Speicherung von Gesprächen in Art. 237 KPK reicht.[39] Das Gericht hat sich angesichts des unklaren Wortlauts zugunsten der Privatsphäre des Einzelnen für eine restriktive Auslegung ausgesprochen und nur solche Inhalte unter Art. 241 KPK

38 *S. Waltoś/P. Hofmański*, S. 400, Rn. 638.
39 Sąd Najwyższy w uchwale I KZP 60/99, OSNKW 2000, nr. 3–4, poz. 26.

a.F. subsumiert, die über Telekommunikationsnetze übermittelt wurden. Daraufhin wurde die Norm des Art. 241 KPK a.F. zugunsten einer Ausweitung des Anwendungsbereichs geändert, so dass nunmehr unter die fragliche Norm jegliche Gespräche fallen, auch wenn sie nicht über Telekommunikationsnetze stattfinden (z.B. Gespräche in der Wohnung, im Park etc.).[40]

Da Art. 241 KPK eine Verweisnorm ist, finden auf solche Inhalte die Art. 237 ff. KPK entsprechend Anwendung. Daraus folgt, dass die akustische Wohnraumüberwachung unter entsprechenden Voraussetzungen zulässig ist. Dieser Zustand wird in Polen kritisiert. Der VerfGH nimmt in seiner Rechtsprechung ausdrücklich auf die Rechtsprechung des deutschen BVerfG (vom 3.3.2004 zum großen Lauschangriff) Bezug.[41] Dabei hat es zwar keine Sphärenformel erarbeitet, es unterstreicht jedoch, dass es im Bereich des Schutzes der Privatsphäre des Einzelnen und mithin im Bereich der Zulässigkeit der staatlichen verdeckten Eingriffe in diese Sphäre gewisse Abstufungen gibt, und so z.B. akustische Wohnraumüberwachungen weitergehenden Einschränkungen unterliegen müssen als Eingriffe in das Briefgeheimnis. Als äußerste Schranke betrachtet der VerfGH die Menschenwürde gem. Art. 30 pVerf, über Art. 241 KPK n. F. wurde jedoch nicht unmittelbar entschieden.

Im Hinblick auf die Gesetzesänderung (Art. 241 KPK n.F.), in deren Folge der Anwendungsbereich des Art. 241 KPK ausdrücklich ausgeweitet wurde, wird bemängelt, dass der Gesetzgeber den verfassungsrechtlichen Anforderungen nicht hinreichend Rechnung getragen hat, da er sich mit den verfassungsrechtlichen Gewährleistungen aus Art. 47 pVerf (Schutz der Privatsphäre) sowie Art. 50 pVerf (Unverletzlichkeit der Wohnung) in der Gesetzesbegründung nicht auseinandergesetzt hat.[42]

M. Jakowczyk vertritt mit der ganz h.M. die Auffassung, dass die akustische Überwachung von Gesprächen in Privatwohnungen gem. Art. 241 KPK nicht ausgeschlossen ist.[43]

Z. Brodzisz steht daher auf dem Standpunkt, dass Art. 241 i.V.m. Art. 237 § 3 KPK dem verfassungsrechtlichen Verhältnismäßigkeitsgrundsatz nicht entspricht, wenn es um die akustische Wohnraumüberwachung geht. Er plädiert z.B. dafür, für derartige Eingriffe einen engeren Katalog von Straftaten zu fassen, bei deren

---

40 *T. Grzegorczyk*, Kodeks postępowania karnego. Komentarz, Zakamycze 2003, Art. 241, Rn. 1f.

41 *Wyrok* TK z dnia 12 grudnia 2005 r., sygn. akt K 32/04.

42 *Z. Brodzisz*, Ochrona prywatności w procesie karnym – porównanieregulacji prawnych polskich i niemieckich, in: PiP 2013, Nr. 4, S. 35f.

43 *M. Jakowczyk*, Polnisches Strafprozessrecht, Warszawa 2008, S. 152.

mutmaßlichem Vorliegen diese Maßnahmen erlaubt sein sollten.[44] Er kritisiert auch die fehlende gesetzliche Normierung des Subsidiaritätsgrundsatzes.[45] Bemängelt wird schließlich nicht nur die fehlerhafte Rechtsetzung durch den Gesetzgeber, sondern auch die Missachtung der verfassungsrechtlichen Anforderungen auf der Ebene der Rechtsanwendung im Einzelfall.[46]

M. Chrabkowski bemerkt, dass akustische Überwachung einen Eingriff in die Unverletzlichkeit der Wohnung darstellt. Dieser Eingriff sei aber eine unvermeidbare Folge der Wahrnehmung von gesetzlich vorgesehenen Befugnissen zur operativen Überwachung (z.B. aus Art. 19 Abs. 6 Pkt. 3 pPolG).[47]

Festzuhalten bleibt, dass in Polen *de lege lata* die Auffangbestimmung des Art. 241 KPK nach Wortlaut und subjektiver Auslegung die akustische Wohnraumüberwachung umfasst. Damit bilden die Art. 241ff. KPK einen allgemeinen Auffangtatbestand für sämtliche technischen Kommunikationsüberwachungen. Ein Pedant dazu findet sich in der deutschen StPO zwar in § 100h StPO. Da der deutsche Gesetzgeber sich aber wegen der verfassungsrechtlichen Vorgabe der Bestimmtheit für Spezialregelungen für Wohnraumüberwachung (§ 100c, d StPO), akustische Überwachung außerhalb von Wohnräumen (§ 100f. StPO), verdeckte Ermittler (§ 110a StPO), längerfristige Observationen (§ 163f. StPO) und Fahndungsmaßnahmen entschieden hat, bleibt faktisch wenig übrig, was durch § 100h StPO oder die allgemeine Generalklausel aufzufangen wäre. Dennoch ist diese Regelung im Hinblick auf neue Maßnahmen wie etwa eine heimliche Computerdurchsuchung m. E.[48] nicht unproblematisch. Auch der Einsatz von V-Personen bleibt in einem ungeregelten „Niemandsland" ein Fall für die Ermittlungsgeneralklausel.[49]

Verfassungsrechtliche Regelungen und Grenzen

In Deutschland waren die Regelungen der verdeckten Ermittlungsmaßnahmen mehrfach Gegenstand verfassungsrechtlicher Streitigkeiten. Auch in Polen

---

44 *Z. Brodzisz*, S. 36.
45 *Z. Brodzisz*, S. 37.
46 Z. Brodzisz, S. 37.
47 *M. Chrabkowski*, Zgodność z prawem instalacji urządzeń podsłuchowych w mieszkaniu, „Palestra" 2013, Nr. 3–4, S. 109.
48 *Bode*, S. 400ff.
49 Vgl. oben Fn. 4.

sind die verdeckten Ermittlungsmaßnahmen verfassungsrechtlich nicht unumstritten.[50]

Im Zusammenhang mit verdeckten Ermittlungen wird insbesondere auf Art. 49 pVerf hingewiesen.[51] Was die Regelungen der Art. 237ff. KPK angeht, wird darin eine Ausnahme von Art. 49 pVerf gesehen[52]. Außerdem ist der Verhältnismäßigkeitsgrundsatz in Art. 31 Abs. 3 pVerf geregelt.

Rechtsvergleichend ist zu bemerken, dass eine dem Art. 13 Abs. 2 GG vergleichbare Vorschrift in der polnischen Verfassung nicht zu finden ist. Dieser Bereich wird nur teilweise in Art. 49–51 pVerf geregelt. Dies erklärt dann auch den Unterschied in der Regelungssystematik zwischen der deutschen StPO mit der Sonderstellung der sehr restriktiv geregelten §§ 100c, d StPO und den doch deutlich niederschwelligeren Voraussetzungen der Art. 237, 241 KPK.

Grundlegende Unterschiede

Neben der eben genannten Unterscheidung in den Regelungen der Grundrechte gibt es auch auf einfachgesetzlicher Ebene Unterschiede. In beiden Staaten wurden die verdeckten Ermittlungsmaßnahmen in die Prozessordnungen aufgenommen und stellen gewissermaßen einen Fremdkörper dar. Die schlankere Regelung in Polen zeigt allerdings, dass bei aller Ähnlichkeit doch ein Unterschied im Grundsätzlichen liegt. Der Stellenwert des Gesetzesvorbehalts ist geringer als in Deutschland, was zunächst einen einfacheren verdeckten Zugriff auf die Kommunikation erlaubt und in zweiter Linie einen reibungsloseren Zugriff der Strafverfolgungsbehörden auf vorhandene Daten gestattet. Damit sei nicht gesagt, dass der Bestimmtheitsgrundsatz und der Verhältnismäßigkeitsgrundsatz in Polen nicht gelten, dies ist sehr wohl der Fall,[53] jedoch wird eben aus jenen doch an sich dürren Grundbegriffen nicht exakt der gleiche Maßstab deduziert wie in Deutschland.

---

50 Vgl. Czynności operacyjno-rozpoznawcze a gwarancje konstytucyjne jednostki [in:] Proces karny a Konstytucja (Hrsg. A. Światłowski), Kraków 2013, S. 157–180.

51 *J. Grajewski* (Hrsg.), Prawo karne procesowe – część ogólna, 3. Aufl., Warszawa 2011, S. 424, Rn. 690; S. *Waltoś/P. Hofmański*, S. 369, Rn. 598.

52 *M. Klejnowska*, Oskarżony jako osobowe źródło informacji o przestępstwie, S. 156.

53 Vgl. zum Bestimmtheitsgrundsatz PolVerfGH OTK ZU 2002/6A83; *J. Skorupka*, O sprawiedliwości procesu karnego, LEX 2013, Rozdział III, Pkt. 3.3 (betrifft den Bestimmtheitsgrundsatz im Strafverfahren; *C. Schmidt/B. Banaszak/T. Milej*, Verfassungsrechtsprechung in Polen, Norderstedt 2014, S. 62 Fn. 139, 65, 136ff., 379ff., 392ff., 461ff., 488ff.; Zum Verhältnismäßigkeitsgrundsatz beispielsweise PolVerfGH OTK ZU 2003/2A/11.

Zur Verwertbarkeit von grenzüberschreitenden Ermittlungen, die die Anforderungen des § 100a StPO unterschreitenden, die Voraussetzungen der Art. 237ff. KPK aber erfüllen

Die im vorigen Abschnitt dargestellten grundlegenden Unterschiede sind auch in der Praxis bedeutsam. Es fragt sich, wie der Fall zu beurteilen wäre, bei dem eine durch polnische Behörden durchgeführte verdeckte Maßnahme regelungstechnisch auch in Deutschland im Prinzip erlaubt wäre, aber in Polen zu anderen Bedingungen: Dort nämlich wegen der geringeren Bedeutung des Gesetzesvorbehalts nur als „unkonventionelle Ermittlung“[54] durchgeführt würde oder per Annexkompetenz erledigt würde. Dürfte eine daraus hervorgehende Information im deutschen Strafprozess verwertet werden?

> **Beispiel:** *Durch akustische Wohnraumüberwachung und den Einsatz eines verdeckten Ermittlers werden in Polen durch polnische Strafverfolgungsbehörden Erkenntnisse gewonnen, die in einem deutschen Verfahren wegen schweren bandenmäßigen Betruges einer großen Anzahl deutscher Rentner durch den sog. „Enkeltrick“ verwertet werden sollen. Die Schäden beliefen sich auf insgesamt mehrere Millionen und überstiegen auch in den einzelnen Fällen teilweise 100.000 €.*

Die Wohnraumüberwachung wäre nach Art. 237 § 315. i.V.m. 241 KPK zulässig angeordnet, weil erhebliches Vermögen betroffen ist. Eine akustische Wohnraumüberwachung dürfte in Deutschland wegen einer solchen Anlasstat überhaupt nicht durchgeführt werden (§ 100c Abs. 2 StPO). Der Einsatz eines verdeckten Ermittlers ist ebenfalls nach polnischem Recht zulässig. Eine solche Maßnahme wäre an sich auch in Deutschland zulässig (§ 110a Abs. 1 Nr. 4 StPO). Die polnischen Regelungen der Art. 237ff. KPK genügen wegen ihrer Allgemeinheit aber nicht den innerdeutschen Regelungsstandard an gesetzlicher Klarheit, Bestimmtheit und Verhältnismäßigkeit.

Eine Verwertbarkeit der Beweise könnte trotzdem jedenfalls dann zu bejahen sein, wenn insoweit die Weiterleitung der gewonnen Erkenntnisse von Polen nach Deutschland rechtmäßig wäre. Welche Bedeutung dabei dem Prinzip der gegenseitigen Anerkennung i.S.d. Art. 82 Abs. 1, a) AEUV zukommt, ist ebenso unklar wie das Gewicht des jeweiligen Grundrechtsschutzes.[55] Auf supranationaler Ebene

---

54 Siehe oben in B.II.2 zu den „unkonventionellen Ermittlungen“.

55 Ob der Standard des Grundrechtsschutzes „gleich“ ist, lässt sich natürlich schwer bestimmen. Bezogen auf die konkreten Regelungen zur Wohnraumüberwachung dürfte aber zumindest diskutabel sein, dass die Norm des Art. 241 KPK n.F., die nun auch die

überholt die Europäische Ermittlungsanordnung (EEA)[56] als Ausprägung des Prinzips der gegenseitigen Anerkennung insoweit die europäische Beweisanordnung.[57] Die entsprechende Richtlinie 2014/41/EU ist wegen der noch nicht abgelaufenen Umsetzungsfrist zumindest nicht unmittelbar anwendbar. Eine richtlinienkonforme „Auslegung" der ohnehin sparsam in der StPO geregelten deutschen Beweiswertungsvorschriften ist zwar nach herrschender Methodenlehre[58] geboten, leider gibt die Richtlinie aber nichts unmittelbar zu Fragen der Verwertbarkeit her.[59]

Wohnraumüberwachung ermöglicht, mangels entsprechender Beschränkung nicht unerheblich hinter dem von Art. 13 GG verlangten deutschen Grundrechtsstandard zurückbleibt, wenn sich der polnische Gesetzgeber mit dem Grundrecht auf Schutz der Privatsphäre usw. in der Gesetzesbegründung gar nicht auseinandergesetzt hat – diese Frage kann im Rahmen dieses kurzen Beitrags allerdings nicht geklärt werden und bedürfte weiterer Untersuchungen. Hinzuweisen ist aber darauf, dass dann ggf. fraglich wäre, ob es darauf ankommt, dass Grundrechtsschutz für die Privatheit der Wohnung generell gewahrt ist oder ob schon jede grundrechtsverletzende unverhältnismäßige Regelung des einfachen Gesetzes eine Ausnahme vom Prinzip der gegenseitigen Anerkennung zulässt. Dass grundsätzlich auch in Polen das Grundrecht auf Privatheit der Wohnung geschützt wird, ist dabei unstrittig, vgl. *J. Skorupka*, O sprawiedliwości procesu karnego, LEX 2013, Rozdział II, Pkt. 3 (Unverletzlichkeit der Wohnung gem. Art. 50 pVerf als eine der grundrechtlichen Gewährleistungen für den Angeklagten im Strafprozess); *Z. Brodzisz*, S. 34.

56 Richtlinie 2014/41/EU, nach Abs. 7 der Gründe ersetzt die Richtlinie den Rahmenbeschluss. Eine rahmenbeschlusskonforme Interpretation des deutschen Beweisverwertungsrechts ist daher nicht mehr möglich – dafür *Swoboda*, Die Pflicht zur rahmenbeschlusskonformen Auslegung im deutschen Strafverfahren, HRRS 2014, S. 10ff.

57 RB Nr. 2008/978/JI, ABl. 350/72.

58 Die richtlinienkonforme Auslegung ist im Strafprozessrecht allerdings bereits grundsätzlich problematisch, jedenfalls wenn eine Norm ausgelegt werden soll, die bereits vor Erlass der Richtlinie bestand. Insoweit erscheint es mir im Hinblick auf die nur stark mittelbare demokratische Legitimation der Richtlinienentstehung (vgl. daher zu nationalen Kontrollvorbehalten BVerfG NJW 2009, 2267, 2287ff.; *Böse*, ZIS 2010, 76; *Polzin*, JuS 2012, S. 1ff.) und die Erfordernisse der Normenklarheit und Bestimmtheit hoch problematisch, auf eine nationale Umsetzung zu verzichten. Der Bürger ist im Strafprozess anderen Fährnissen ausgesetzt als im gemeinsamen Wirtschaftraum, in dem ihm eine richtlinienkonforme Auslegung evtl. Verbraucherschutzrechte oder andere Fertigungsstandards beschert. Eine Richtlinie ist – auch wenn sie bereits konkrete Vorgaben enthält – nicht der Ort, an dem der Bürger die wesentlichen Punkte des ihn potentiell belastenden Strafprozessrechts erwarten muss, zumal Art. 82 Abs. 3 AEUV „Notbremsmechanismen" für die Nationalstaaten enthält. M. E. ist daher nur eine für den Betroffenen günstige richtlinienkonforme Auslegung methodisch zulässig.

59 Bereits mit Bedauern zum Entwurf daher Stellungnahme des Deutschen Richterbundes zur belgischen Initiative für eine Richtlinie des Europäischen Parlaments und des

Innerstaatliches Problem und Auswirkungen der RL 2014/41/EU

Die Verwertbarkeit ist m.E. nach wie vor ein innerstaatliches Problem, das allerdings hinsichtlich der Vorfrage, ob die Beweise rechtswidrig oder rechtmäßig gewonnen wurden, von europäischen Vorgaben beeinflusst wird. Bei einem Verstoß gegen die Anforderung aus RL 2014/41/EU Art. 6 I b), also wenn die Maßnahme im Anordnungsstaat nicht hätte ergehen dürfen, wäre eine EEA rechtswidrig. Diese Rechtswidrigkeit muss sich m.E. auch auf die Frage der Beweisverwertung auswirken und die Verwertung ausschließen. Der Anordnungsstaat könnte sonst zwingende Verfahrensgarantien umgehen. Im obigen Beispielsfall der Wohnungsüberwachung wegen Betruges wäre also keine EEA aus Deutschland nach Polen zulässig. Die dennoch von den deutschen Behörden rechtswidrig erlangten Erkenntnisse unterlägen einem Beweisverwertungsverbot.

Eine andere Frage ist aber, wie zu verfahren wäre, wenn die Erkenntnisse ohne deutsche Initiative gewonnen wurden, und nachträglich nach Deutschland übermittelt werden, weil dort bereits das entscheidende Verfahren läuft. Hier kann man das Beweisverwertungsverbot mangels Kausalität des Handelns deutscher Behörden für die Beweisgewinnung in Polen nicht mit dem Umgehungsargument begründen. Insoweit muss die Erkenntnis aus dem fremden Staat so behandelt werden wie eine Erkenntnis, die ein privater Dritter gewonnen hat, ohne sich an die deutschen Verfahrensvorgaben zu halten, die für Private oder fremde Staaten nicht gelten.[60]

Der Einsatz eines verdeckten Ermittlers im Beispielsfall wäre aber auch nach der Richtlinie zulässig, wenn er auf Anforderung der deutschen Strafverfolgungsbehörden erfolgte. Nach Art. 6 Abs. 1 b) RL 2014/41/EU kommt es für die Rechtmäßigkeit einer EEA nicht darauf an, ob die rechtlichen Regelungen im Vollstreckungsland denen des Anordnungslandes gleichen, sondern ob die *Bedingungen* der Regelungen des Anordnungsstaates faktisch eingehalten werden.

Rates über die Europäische Ermittlungsanordnung in Strafsachen (Ratsdok. 9145/10), Nr. 20/10., http://www.drb.de/cms/index.php?id=658 abgerufen am 19.06.2014.

60 So auch die h.M. jedenfalls für Maßnahmen ausländische Geheimdienste, vgl. OLG Hamburg, NJW 2005, 2327; *Barczak*, StV 2012, 182; *Gleß*, JR 2008, 317, 325; *Schuster*, Verwertbarkeit im Ausland gewonnener Beweise im deutschen Strafprozess, Berlin 2006, S. 221. Die Lösung der Frage der Beweisverwertung bei der Gewinnung durch private Dritte geht über das Thema des Beitrages hinaus und soll hier nicht diskutiert werden. Zur Verwertbarkeit durch Private gewonnener Beweise vgl. Bay O NJW 2002, 2893; BGHSt 14, 358, 359; BGHSt 19, 325, 331; *Beulke*, Strafprozessrecht, 12. Aufl. 2012, Rn. 480ff.

Dafür spricht auch, dass nach Art. 9 Abs. 2RL 2014/41/EU der Vollstreckungsstaat (in den Grenzen seiner wesentlichen Rechtsgrundsätze) von seinen Regelungen hinsichtlich Verfahren und Form zugunsten des Anordnungsstaates abweichen darf. Nach der Spezialvorschrift des Art. 29 Abs. 4RL 2014/41/EU obliegen die genauen Voraussetzungen und die Rechtsstellung der verdeckten Ermittler der Vereinbarung der beteiligten Staaten. Die Vollstreckung der EEA wird in diesem Fall von der zuständigen Behörde des Vollstreckungsstaates „unter gebührender [was immer das heißen soll] Beachtung" seiner nationalen Rechtsvorschriften getroffen. Das belegt, dass die Regelungen in den beteiligten Staaten nicht gleich sein müssen. Die Erkenntnisse des Verdeckten Ermittlers wären danach – unter antizipierter Umsetzung der Richtlinie und auch bei richtlinienkonformer Auslegung des Rechtshilferechts – u.U. im Strafprozess verwertbar. Die Verwertbarkeit ist danach auch dann gegeben, wenn die polnische Regelung im Hinblick auf ihre Bestimmtheit und Verhältnismäßigkeit von der deutschen Regelung abweicht, aber bei der Durchführung der Maßnahme faktisch kein Verstoß gegen deutsches Recht vorläge, fände in einem hypothetischen Fall das Geschehen in Deutschland statt.

Fazit

Die Probleme der Beweisgewinnung und vor allem der Beweisverwertung werden jedenfalls weiter bestehen und erst bei einer Angleichung der (grundrechtlichen) Datenschutzstandards gelöst, wenn es zu einer weiteren Vertiefung auf EU-Ebene kommen sollte. Die oben genannte Richtlinie trägt insoweit bereits zur Angleichung bei, weil sie den Datenschutz ausdrücklich als Grundrecht benennt.[61] Das EuGH-Urteil zur Vorratsdatenspeicherung ist dabei neben der insoweit einigen Spielraum für Verringerungen der Standards im Vollstreckungsstaat bietenden Richtlinie zur EEA als gesetzgeberisches Instrument ein erstes judizielles Ausrufezeichen, dass es bei einer weiteren Entwicklung der Dogmatik gemeinsamer europäischer Grundrechte innereuropäisch nicht zwangsläufig zu einem *„race to the bottom"*[62] kommen muss, bei dem sich – ähnlich wie im Binnenmarkt – die niedrigsten Standards durchsetzen.

---

61 Richtlinie 2014/41/EU, Abs. 40: *„Der Schutz natürlicher Personen bei der Verarbeitung personenbezogener Daten ist ein Grundrecht. Gemäß Artikel 8 Absatz 1 der Charta und Artikel 16 Absatz 1 AEUV hat jede Person das Recht auf Schutz der sie betreffenden personenbezogenen Daten."*

62 *Satzger/Zimmermann*, ZIS 2013, S. 406, 409; vgl. EuGH, Urt. v. 26.2.2013, C-399/11, Rn. 40–46.

Prof. Leonid Loboiko

Universität des Innern, Donezk

Neuregelung der verdeckten Ermittlungsmaßnahmen nach der neuen Strafprozessordnung der Ukraine

Im Rahmen dieses Beitrags möchte ich die Veränderungen darstellen, die in den verdeckten prozessualen Ermittlungshandlungen durch die Verabschiedung und das Inkrafttreten der neuen Strafprozessordnung der Ukraine (nachfolgend: „StPO“) stattgefunden haben.

Ich werde vier Aspekte kurz ansprechen:

1. Die (nicht sehr alte) Geschichte der gesetzlichen Regelung der verdeckten Ermittlungshandlungen und die Gründe
2. Die wichtigsten verfahrensrechtlichen Bestimmungen der novellierten Rechtsvorschriften zur Regelung der verdeckten Ermittlungshandlungen
3. Die Probleme bei der praktischen Anwendung der neuen Rechtsvorschriften zur Regelung der verdeckten Ermittlungshandlungen
4. Die Aufnahme eines speziellen Kapitels über verdeckte Ermittlungshandlungen in die Strafprozessordnung in der Wahrnehmung der Öffentlichkeit.

1. Die Geschichte der gesetzlichen Regelung der verdeckten Ermittlungshandlungen und die Gründe

Um den Unterschied der Regelung dieser Ermittlungshandlungen in verschiedenen Zeiträumen zu erkennen, ist ein Rückblick auf die Geschichte dieser Frage von Bedeutung.

Man kann folgende Zeiträume einteilen:

- Bis 1992: In der StPO gab es zwar einen Artikel, in dem verdeckte Ermittlungs- und Fahndungshandlungen erwähnt wurden, aber die Arten der verdeckten Ermittlungshandlungen bzw. das Verfahren ihrer Durchführung wurde weder in der StPO noch in einem anderen Gesetz definiert. Die Arten und das Verfahren dieser Handlungen wurden vielmehr durch besondere, geheime Durchführungsbestimmungen geregelt.
- 1992–2012: Im Gesetz „Über die Ermittlungs- und Fahndungstätigkeit“ wurden verdeckte Ermittlungshandlungen zwar genannt, das Verfahren ihrer

Durchführung war aber durch geheime Durchführungsbestimmungen geregelt. Im Jahr 2001 wurde ein Artikel aufgenommen, der die Telekommunikationsüberwachung regelte. Dennoch fand die Ermittlung der Tatumstände bei einer Vielzahl von Strafverfahren jenseits des „offiziellen" Strafprozesses statt.

Im Jahr 2006 erging das EGMR-Urteil im Fall „*Volokh* gegen die Ukraine":

Dort wurde entschieden, dass Eingriffe in die Menschenrechte seitens der für die Ermittlungs- und Fahndungstätigkeit zuständigen Behörden nicht als „in Übereinstimmung mit dem Gesetz" erfolgt angesehen werden können, weil „die Gesetze der Ukraine die Grenzen und die Bedingungen der Ausübung ihrer Ermessensbefugnisse in dem besagten Bereich nicht mit ausreichender Klarheit definieren und keine ausreichenden Garantien gegen Willkür bei der Anwendung solcher Maßnahmen vorsehen."

Dieser Zeitraum zeichnete sich durch eine klare Aufteilung der Zuständigkeiten zwischen den operativen Mitarbeitern und den Ermittlungsbeamten aus, die mit richterlichen Befugnissen ausgestattet waren, und keinen Zugang zu vertraulichen Unterlagen (den Ergebnissen der Ermittlungs- und Fahndungstätigkeit) hatten. Welche Unterlagen an den Ermittlungsbeamten zu übergeben waren, entschieden die operativen Mitarbeiter, obwohl die Ermittlungsbeamten berechtigt waren, die Ergebnisse der Ermittlungs- und Fahndungstätigkeit als Beweise in einem Strafprozess zu akzeptieren oder abzulehnen.

Die Aufsicht über die Rechtmäßigkeit von verdeckten Handlungen übte der Staatsanwalt der jeweiligen Oblast (Region) aus.

- Nach dem 20.11.2012 gab es ein besonderes Kapitel in der Strafprozessordnung (Kapitel 21), in dem das Verfahren zur Vornahme von verdeckten Ermittlungshandlungen ausführlich geregelt wurde. Es wurde damit ein Zustand rechtlicher Bestimmtheit erreicht und die Eingriffe in die Menschenrechte erfolgen in Übereinstimmung mit dem Gesetz (der StPO). Die Aufsicht über verdeckte Handlungen übt der Rayonstaatsanwalt aus.

2. Die wichtigsten verfahrensrechtlichen Bestimmungen der novellierten Rechtsvorschriften zur Regelung der verdeckten Ermittlungshandlungen

1. In der neuen StPO wurden die Ermittlungs- und Fahndungstätigkeit sowie die Voruntersuchung in einer Vorerhebung zusammengeführt. Die Ermittlungs- und Fahndungstätigkeit floss dabei in die Voruntersuchung ein, weil sowohl die Ermittlungs- und Fahndungstätigkeit als auch die Voruntersuchung die Verbrechensaufklärung zum Ziel hatten. Darüber hinaus hat

die Ermittlungs- und Fahndungstätigkeit die Aufklärung von subversiven Handlungen ausländischer Nachrichtendienste und die Gewährleistung der Sicherheitsinteressen der Bürger, der Gesellschaft und des Staates zum Ziel. Dadurch wurde es möglich, die Zahl der relativ selbstständigen Vorverfahren von vier: Ermittlungs- und Fahndungstätigkeit, Einleitung eines Strafverfahrens, Ermittlung, vorgerichtliche Untersuchung, auf eins, die Vorerhebung, zu reduzieren. Dies ist für die Ukraine ein Erfolg, während es im übrigen Europa der Norm entspricht.

2. Seit der Verabschiedung der neuen StPO besteht in der Ukraine ein Dualismus der Regelung der verdeckten Ermittlungshandlungen.
   Einerseits gibt es die Gesetze „über die Ermittlungs- und Fahndungstätigkeit", „über die Grundlagen der Bekämpfung der organisierten Kriminalität", „über die Abwehr der Drogenkriminalität", die diese Handlungen regeln, welche die oben genannten Ziele verfolgen, zu denen auch die Ermittlung von Tatumständen gehört.
   Andererseits gibt es die StPO, die solche Ermittlungshandlungen für den Bereich des Strafverfahrens und in Zusammenhang mit einem Strafverfahren regelt.
3. Die Neuorganisation der gesetzlichen Regelung der verdeckten Ermittlungshandlungen im Gesetz „über die Ermittlungs- und Fahndungstätigkeit":
   a. Aus dem Gesetz „über die Ermittlungs- und Fahndungstätigkeit" wurden die Gründe für die Ermittlungs- und Fahndungstätigkeit bzgl. bereits begangener Straftaten abgeleitet.
   b. Ein operativer Mitarbeiter ist befugt, verdeckte Ermittlungshandlungen eigenständig, ohne von einem Ermittlungsbeamten beauftragt worden zu sein, in der durch die StPO vorgeschriebenen Art und Weise nur bzgl. der Vorbereitungshandlungen zu einer Straftat vorzunehmen. In Bezug auf diese Straftaten lässt das Gesetz die Durchführung der Ermittlungs- und Fahndungstätigkeit ohne formelle Einleitung eines Strafverfahrens zu. Allerdings gelten Vorbereitungshandlungen zu einer Straftat auch als Straftat.
   c. Im Gesetz „über die Ermittlungs- und Fahndungstätigkeit" wurden die Pflichten der operativen Mitarbeiter bzgl. der Aufklärung von (bereits begangenen) Straftaten aufgehoben. Übrig blieben die Kompetenzen zur Vorbeugung, Aufdeckung und Einstellung.
4. In Anbetracht der Bedeutung der Rechte von Personen, die durch verdeckte Ermittlungshandlungen betroffen sind, hat der ukrainische Gesetzgeber Mechanismen vorgesehen, die die willkürliche Einschränkung dieser Rechte verhindern sollen. Dieses sind die wichtigsten:
   - Für 10 von 13 verdeckten Ermittlungshandlungen ist eine Entscheidung des Ermittlungsrichters erforderlich. Der Richter musste auch früher

Genehmigungen für einige verdeckte, durch das Gesetz „über die Ermittlungs- und Fahndungstätigkeit" geregelte Ermittlungshandlungen erteilen, aber nicht für alle, die nun in Art. 21 der StPO geregelt sind. Außerdem wurde das Verfahren zur Genehmigungserteilung im Gesetz nicht genau definiert.

Die Prüfung von Anträgen, die in die Zuständigkeit eines Ermittlungsrichters fallen, nimmt der Vorsitzende des Gerichts oder in seinem Auftrag ein anderer Richter des Berufungsgerichts vor.

Ohne richterliche Entscheidung können verdeckte Ermittlungshandlungen in dringlichen Ausnahmefällen in Zusammenhang mit der Erhaltung des menschlichen Lebens oder der Verhinderung der Begehung von schweren oder besonders schweren Verbrechen eingeleitet werden, deren Katalog in der StPO aufgeführt ist (Kapitel I: Verbrechen gegen die Grundlagen der nationalen Sicherheit der Ukraine, Kapitel II: Verbrechen gegen Leben und Gesundheit von Personen, Kapitel VI, VII (Artikel 201 und 209), IX, XIII, XIV, XV, XVII Kapitel).

Einen solchen Beschluss muss der Ermittler in Abstimmung mit dem Staatsanwalt bzw. der Staatsanwalt selbst genehmigen. In einem solchen Fall ist der Staatsanwalt verpflichtet, unverzüglich nach Beginn einer derartigen Handlung einen entsprechenden Antrag an den Ermittlungsrichter zu stellen. Entscheidet dieser, die Genehmigung zu verweigern, so ist die Handlung sofort einzustellen.

Die neue StPO sieht verdeckte Ermittlungshandlungen vor, deren Vornahme keiner Entscheidung des Ermittlungsrichters bedarf, weil sie keine Verletzung der Privatsphäre zur Folge haben:

- Verbrechenskontrolle – Art. 271. Zuständig ist ausschließlich der Staatsanwalt;
- Erfüllung eines Spezialauftrags zur Aufklärung von strafbaren Handlungen – Art. 272. Zuständig ist entweder der Staatsanwalt oder der Ermittler auf Grundlage eines mit dem Chef der für Vorerhebung zuständigen Behörde vereinbarten Antrags.
- 11 von 13 Handlungen werden ausschließlich im Rahmen eines Strafverfahrens wegen schwerer oder besonders schwerer Straftaten durchgeführt, die im Strafmaß mit wenigstens fünf Jahren Freiheitsentzug bis zu lebenslanger Haft bedroht sind.
- Alle verdeckten Ermittlungshandlungen erfolgen nur Fällen, in denen es sich als unmöglich erweist, die Angaben über die Straftat und die Person, die diese Straftat begangen hat, auf eine andere Weise zu erhalten.
- Folgende Arten der Eingriffe in die private Kommunikation gibt es:
  1. Die Audio- und Videoüberwachung einer Person;
  2. Die Durchsicht und Beschlagnahme des Schriftverkehrs;

3. Die Telekommunikationsüberwachung;
4. Die Überwachung von elektronischen Informationssystemen.
   Eingriffe in die private Kommunikation zwischen einem Verteidiger, einem Priester und dem Verdächtigen bzw. Angeklagten, Verurteilten oder Freigesprochenen sind verboten.

- Weitere Arten der verdeckten Ermittlungs- bzw. Untersuchungshandlungen sind:
  Art. 267 StPO, die Untersuchung von nichtöffentlichen Orten, Wohnungen oder anderem Besitz einer Person;
  Art. 268 StPO, das Orten von funkelektronischen Anlagen;
  Art. 269 StPO, die Observation einer Person, einer Sache oder eines Ortes;
  Art. 270 StPO, die Audio- und Videoüberwachung eines Ortes;
  Art. 271 StPO, die Verbrechenskontrolle:
  1. Die kontrollierte Lieferung;
  2. Der kontrollierte und operative Einkauf;
  3. Die besondere Rekonstruktion des Tathergangs;
  4. Das Simulieren der Tatsituation.

  Art. 272 StPO, die Ausführung eines Spezialauftrags zur Aufklärung von kriminellen Handlungen einer organisierten Bande oder einer kriminellen Vereinigung;
  Art. 274 StPO, die verdeckte Probenahme für eine vergleichende Untersuchung;
  Art. 275 StPO, der Einsatz von Vertrauenspersonen und Informanten.
- Ein Ermittlungsrichter ist verpflichtet, den Antrag auf Genehmigung der Vornahme einer verdeckten Ermittlungs- bzw. Fahndungshandlung schnell, d.h. innerhalb von sechs Stunden nach dessen Eingang, zu prüfen.
- In der Entscheidung über die Vornahme einer verdeckten Ermittlungs- bzw. Fahndungshandlung wird die Dauer der Durchführung festgelegt:
- nicht länger als zwei Monate, mit der Möglichkeit einer Verlängerung;
- bis zur Feststellung des Standortes der zur Fahndung ausgeschriebenen Person;
- die Gesamtdauer einer verdeckten Ermittlungshandlung darf die maximale Dauer der Vorerhebung nicht überschreiten.
  Zudem ist der Staatsanwalt verpflichtet, die Beendigung der weiteren Durchführung einer verdeckten Ermittlungshandlung anzuordnen, wenn ihre Notwendigkeit weggefallen ist, auch wenn die Genehmigung von einem Ermittlungsrichter erteilt wurde.
- Im Falle der Ablehnung einer Genehmigung zur Durchführung einer verdeckten Ermittlungshandlung ist der Staatsanwalt berechtigt, erneut einen Antrag auf diese Genehmigung zu stellen.

- Über die vorgenommenen Handlungen sind die dadurch betroffenen Personen in Kenntnis zu setzen. Darüber informiert der Staatsanwalt oder der von ihm beauftragte Ermittler schriftlich:
  1. die Personen, deren Grundrechte während der verdeckten Handlungen vorübergehend eingeschränkt wurden;
  2. den Verdächtigen oder dessen Verteidiger.

  Der genaue Zeitpunkt der Mitteilung wird unter Berücksichtigung der Gefahr für die Erreichung des Ziels der Voruntersuchung, der öffentlichen Sicherheit, des Lebens oder der Gesundheit der an der Durchführung der Ermittlungshandlungen beteiligten Personen festgelegt. Die entsprechende Mitteilung über die Tatsache und die Ergebnisse der Handlungen muss innerhalb von zwölf Monaten nach der Einstellung dieser Handlungen erfolgen, aber nicht später als bei Vorlegung der Anklageschrift vor Gericht.
  Sollen die Ergebnisse der verdeckten Ermittlungshandlungen als Beweismittel verwendet werden, können die Personen vernommen werden, deren Handlungen oder Kontakte den Grund für diese Handlungen geliefert haben. Solche Personen werden nur von den Handlungen in Kenntnis gesetzt, die sich allein auf sie bezogen haben.
- Art. 255 StPO, Maßnahmen zum Schutz von Daten, die Informationen enthalten, die in einem Strafverfahren nicht verwendet werden:
  1. Die im Ergebnis der Durchführung von verdeckten Ermittlungs- bzw. Fahndungshandlungen sichergestellten Angaben, Gegenstände und Dokumente, die der Staatsanwalt für die weitere Durchführung der Vorerhebung für nicht erforderlich hält, müssen auf Grund seiner Entscheidung unverzüglich vernichtet werden.
  2. Die Verwendung der Akten für Zwecke, die mit dem Strafverfahren in keinem Zusammenhang stehen oder bei denen die Einsicht durch die am Strafverfahren Beteiligten oder andere Personen erfolgt, ist verboten.
  3. Ist der Eigentümer der bei der Durchführung von verdeckten Ermittlungs-, bzw. Fahndungshandlungen sichergestellten Gegenstände oder Dokumente an deren Rückgabe interessiert, so ist der Staatsanwalt verpflichtet, ihn darüber in Kenntnis zu setzen, dass die Gegenstände oder Dokumente dem Staatsanwalt vorliegen, und zu klären, ob der Eigentümer deren Rückgabe wünscht.
  4. Die Vernichtung von Angaben, Gegenständen und Dokumenten erfolgt unter Aufsicht des Staatsanwalts.
  5. Die Vernichtung der im Ergebnis der Durchführung von verdeckten Ermittlungs- bzw. Fahndungshandlungen sichergestellten Angaben, Gegen-

stände und Dokumente entbindet den Staatsanwalt nicht von seiner Mitteilungspflicht.

- Art. 256 StPO, die Verwendung der Ergebnisse von verdeckten Ermittlungs- bzw. Fahndungshandlungen bei der Beweisführung:
  Die Protokolle der Durchführung von verdeckten Ermittlungs- und Fahndungshandlungen, Audio- oder Videoaufzeichnungen, Fotos, andere durch die Anwendung von technischen Mitteln erzielte Ergebnisse, die bei deren Durchführung sichergestellten Gegenstände und Dokumente oder deren Kopien können bei der Beweisführung auf der gleichen Grundlage verwendet werden wie die Ergebnisse anderer Ermittlungs- und Fahndungshandlungen während der Vorerhebung.
- Art. 257 StPO, die Verwendung der Ergebnisse von verdeckten Ermittlungs- bzw. Fahndungshandlungen für andere Zwecke oder Übergabe von Informationen:
  1. Werden im Ergebnis der Durchführung von verdeckten Ermittlungs- und Fahndungshandlungen Merkmale einer Straftat aufgedeckt, die im Rahmen des vorliegenden Strafverfahrens kein Gegenstand der Ermittlung ist, so können die dabei erhaltenen Informationen in einem anderen Strafverfahren nur auf Grund eines Beschlusses des Ermittlungsrichters verwendet werden, der auf Antrag der Staatsanwaltschaft getroffen wird.
  2. Die Übergabe von im Ergebnis der Durchführung von verdeckten Ermittlungs- und Fahndungshandlungen erhaltenen Informationen erfolgt nur durch den Staatsanwalt.

Viele operative Mitarbeiter sind der Auffassung, dass das Wissen des Ermittlers und des Staatsanwalts über die Tatsache der Durchführung von verdeckten Handlungen das Risiko der Offenlegung von Geheimnissen im Zuge der Durchführung von Maßnahmen erhöht.

Die operativen Mitarbeiter sind gegen den Entzug ihrer Rechte auf präventive verdeckte Ermittlungen im Strafverfahren.

In der Ukraine werden die Ermittlungs- und Fahndungshandlungen überbewertet. Dies ist nach Jahrzehnten ihrer verdeckten Durchführung und der Herausbildung einer Haltung der Strafverfolgungsbehörden, sie als ausschließlich operative statt prozessuale Handlungen anzusehen, nachvollziehbar. Das, was derzeit Gegenstand der Regelung der veröffentlichten und für alle zugänglichen StPO ist, habe ich in den Jahren 1985–1987 in einer speziellen Polizeischule auf Grundlage von Dienstvorschriften mit dem Vermerk „streng geheim" studiert. Es ist eine gewisse Zeit erforderlich, damit sich diese Haltung ändert.

3. Die Probleme bei der praktischen Anwendung der neuen Rechtsvorschriften zur Regelung der verdeckten Ermittlungshandlungen

Im Prinzip waren alle Probleme der praktischen Anwendung vorhersehbar. Man kann feststellen, dass keines dieser Probleme einen Grund für die Verletzung von Rechten der Personen bildet, auf die sich die verdeckten Ermittlungshandlungen beziehen.

1. Ein erstes Problem betrifft die Aufteilung der Kompetenzen zwischen den Ermittlern und den operativen Mitarbeitern. Es ist durch verschiedene Ansätze zum Verständnis des Begriffs „Ermittler" entstanden. Nach dem Entwurf der StPO von 2009 ist Ermittler ein Polizeibeamter, der durch die Anwendung der StPO die prozessuale Funktion des Ermittlers wahrnimmt. Nach dem Entwurf der StPO von 2012 ist Ermittler eine Dienstbezeichnung der zuständigen Behörde. Es fragt sich, worin der Unterschied besteht.

Nach dem Entwurf der StPO von 2009 sollte der Ermittler im Rahmen eines Strafverfahrens sowohl offene als auch verdeckte Tätigkeiten (soweit Gründe dafür vorliegen) ausüben. D. h., dass ein und dieselbe Person, der Ermittler, eine Voruntersuchung mit verdeckten und nichtverdeckten Mitteln durchgeführt hätte, ohne dabei von anderen Polizeieinheiten unterstützt zu werden. Dieser Polizeibeamte sollte zusätzlich reine Ermittlungshandlungen vornehmen, wie z.B. die kriminalpolizeiliche „Aufklärung" und andere Tätigkeiten, die keine Beweiserhebung für Strafverfahren zum Ziel haben, wenn aber dabei Merkmale einer Straftat festgestellt werden, sollte er prozessuale Handlungen auf der Grundlage der StPO einleiten.

Nach der geltenden StPO sind diese Ämter getrennte Dienststellen mit unterschiedlichen Funktionen, die sich bei der Ermittlung von Strafdelikten zum Teil überschneiden. Aufgrund der jüngsten, in der letzten Phase der Arbeit am Entwurf der StPO vorgenommenen Aufnahme der Bestimmung über die Trennung der Ämter von operativen Mitarbeitern und Ermittlern in den Strafverfolgungsbehörden, insbesondere den Dienststellen des Innenministeriums, entstand eine paradoxe Situation: Die Ermittler von Amts wegen haben zwar die Befugnis, verdeckte Handlungen durchzuführen, sie besitzen jedoch keinerlei Erfahrung in diesem Bereich, während die operativen Mitarbeiter diese Erfahrungen haben, aber nicht berechtigt sind, eigenständig verdeckte Ermittlungshandlungen zu initiieren und durchzuführen. Die operativen Mitarbeiter nehmen sie nur im Auftrag der Ermittler vor, die für die Ergebnisse des Vorverfahrens verantwortlich sind.

In den ersten Wochen nach dem Inkrafttreten der neuen StPO ging die Zahl der durchgeführten verdeckten Ermittlungen deutlich zurück. Die Ermittler kannten sich nicht aus und scheuten sich, sie durchzuführen, und die operativen Mitarbeiter nahmen sie wegen des o. g. Verbots nicht vor. Derzeit wird ein Mechanismus zur Durchführung dieser Ermittlungshandlungen etabliert, aber er ist wegen der bürokratischen Verfahren bei der Erfüllung von Aufträgen – die offizielle Kommunikation zwischen Ermittler und operativem Mitarbeiter erfolgt über die Leitung der zuständigen Dienststellen – recht umständlich.

Dies zeigt, dass ein Ziel der Reform der Voruntersuchung – der Bürokratieabbau – nicht erreicht wurde.

2. Die Ermittlungsrichter sind noch nicht daran gewöhnt, auf der Grundlage der neuen StPO zu arbeiten. Darüber hinaus kann es vorkommen, dass es in einem Gericht auch nur einen Ermittlungsrichter, dafür aber eine Vielzahl von Anträgen der Staatsanwälte gibt. Es ist für ihn unmöglich, sie innerhalb der vom Gesetz festgelegten Frist zu prüfen.

Der Strafprozess ist der Tätigkeitsbereich, bei dem es i. d. R. keine Wochenenden gibt, weil Kriminelle auf Wochenenden keine Rücksicht nehmen. Die Ermittlungsrichter haben zwei freie Tage in der Woche. Ist der Richter im Wochenende, so kann es schwierig sein, verdeckte Handlungen vorzunehmen.

In einigen Gerichten haben die Ermittlungsrichter einen Zeitplan für die Prüfung von Anträgen festgelegt (drei Tage pro Woche zu festen Stunden). Auch hierdurch werden die Fristen zur Prüfung von Anträgen auf Vornahme verdeckter Ermittlungshandlungen durch die Ermittlungsrichter überschritten, denn nach dem Gesetz dürfen diese Fristen 6 Stunden nicht überschreiten, tatsächlich dauert es aber bis zu 10 Tagen oder länger.

3. Ambivalent ist auch die durch die Richter praktizierte Interpretation des Personenkreises, auf den sich verdeckte Handlungen beziehen können. Einige Richter sind der Auffassung, dass verdeckte Handlungen nur in Bezug auf die unter Verdacht stehenden Personen zulässig sind, und Eingriffe in die Privatsphäre einer Person, die in einem Strafverfahren entweder den Status eines Zeugen oder überhaupt keinen Status hat, unzulässig seien.

4. Unter den Ermittlungsrichtern herrscht teilweise ein Zuständigkeitsstreit zwischen den Amts- und Berufungsgerichten.

In der Oblast *Lviv* beispielsweise weigern sich die Richter der Amtsgerichte, Anträge der Ermittler über die Gewährung von Informationen aus der Mobiltelefonüberwachung zu prüfen, weil sie der Auffassung sind, dass dafür die Berufungsgerichte zuständig sind.

Zugleich hat ein Richter des Berufungsgerichtes der Oblast *Riwne* sich geweigert, dem Antrag eines Ermittlers auf Genehmigung der Ortung eines funkelektronischen Geräts in Übereinstimmung mit Art. 268 StPO stattzugeben, wobei er seine Entscheidung damit begründet hat, dass für die Beschlussfassung in dieser Angelegenheit das Amtsgericht zuständig ist, das die Entscheidungen nach dem Verfahren des 15. Kapitels StPO (Zeitweiliger Zugriff auf Gegenstände und Dokumente) treffen muss.

4. Die Aufnahme eines speziellen Kapitels über verdeckte Ermittlungshandlungen in die Strafprozessordnung in der Wahrnehmung der Öffentlichkeit

Der Nachklang der Sowjetzeiten bleibt noch lange bestehen. Die Menschen haben Angst vor illegaler Überwachung, Abhörmaßnahmen und vielem mehr. Eine besonders schreckliche Vorstellung bereitet das verdeckte Eindringen in die eigene Wohnung.

Die Medien beschuldigen die Regierung der gesetzlichen Verankerung einer verdeckten Überwachung der Bürger. Es ist erforderlich, die Öffentlichkeit darüber aufzuklären, dass in bestimmten Fällen ohne diese Maßnahmen weder die Ermittlung der Tatumstände einer Straftat, einer gemeingefährlichen Handlung, noch die Bestrafung des Täters möglich ist. Einige Abgeordnete der Opposition führen einen Kampf gegen Art. 21 StPO.

So brachte der Parlamentsabgeordnete *H.H. Moskal*, der der Fraktion *„Batkiwschtschina"* in der *Verchovna Rada* der Ukraine angehört, am 6.3.2013 einen Entwurf des Gesetzes zur Novellierung der StPO der Ukraine (zur Verbesserung der Durchführung von Ermittlungs- bzw. Fahndungshandlungen) unter der Nr. 2475 ein.

Dieser Gesetzentwurf sieht vor, den Ermittlern die neuen Befugnisse zur Durchführung von verdeckten Ermittlungshandlungen (Lauschangriffe, Observation usw.) zu nehmen und diese Möglichkeiten nur den operativen Einheiten vorzubehalten. Aus irgendwelchen Gründen sind die Abgeordneten sowie einige Wissenschaftler und Praktiker der Überzeugung, dass, wenn verdeckte Handlungen von operativen Einheiten auf der Grundlage von Geheimvorschriften (oder der StPO) vorgenommen werden, das Niveau der Gewährleistung der Rechte der Bürger erhöht werden würde.

Die Zuständigkeit der Ermittler zur Durchführung von verdeckten Handlungen ist in den europäischen Modellen des Strafprozesses vorgesehen.

Wenn sie in Übereinstimmung mit dem Gesetz, unter Wahrung der Garantien vor Missbrauch durch die Strafverfolgungsbehörden erfolgen, ist daran nichts auszusetzen.

Der geltenden StPO wurde der von der Regierung *Julia Timoschenko* vorbereitete Entwurf zugrunde gelegt. Schon jener Entwurf enthielt das Kapitel

„verdeckte Ermittlungshandlungen", das bis zur Verabschiedung der StPO fast unverändert blieb. Ukrainische Juristen und Politiker sollten sich bemühen, die aufgezeigten Probleme durch die Novellierung der StPO und durch Leisten von Überzeugungsarbeit hinsichtlich ihrer Bestimmungen, die mit den europäischen Standards der Strafrechtspflege übereinstimmen, zu überwinden.

V. Vereinbarungen im Strafprozess

Prof. Dr. Arndt Sinn

Lehrstuhl für Deutsches und Europäisches Straf-und Strafprozessrecht, Internationales Strafrecht sowie Strafrechtsvergleichung, Universität Osnabrück

Die Verständigung (§ 257c StPO) im deutschen Strafverfahren*

A. Einleitung

Verständigungen im Strafverfahren sind auch unter den Begriffen „Absprache", „Vergleich" oder „Deal" bekannt. Das Gericht und die Verfahrensbeteiligten – vornehmlich Staatsanwaltschaft, Angeklagter und Verteidigung, aber auch die Nebenklage – versuchen dabei, sich über den Verfahrensfortgang und insbesondere den Verfahrensausgang zu verständigen.

Die Motivation der an solchen Verständigungen Beteiligten dürfte unterschiedlich sein. Für die Justiz steht die Schonung ihrer knappen Ressourcen im Vordergrund. Dieses Ziel kann durch ein „abgesprochenes" und damit möglichst rasches Verfahren erreicht werden. Hinzu kommt der Wunsch, komplexe bzw. komplizierte Verfahren überhaupt abschließen zu können. Der Angeklagte versucht mit einer Verständigung, einen für ihn günstigen Verfahrensausgang zu erreichen. Der Preis, den er dafür zahlt, ist ein Geständnis.

Über den Deal, Absprachen oder Verständigungen im Strafverfahren ist in Deutschland in den letzten Jahren viel gestritten worden.[1] Wollte man alle Veröffentlichungen zu diesem Thema auswerten, so würde das diesen Beitrag sprengen. Die Anhänger der beiden Lager – Befürworter und strenge Gegner – haben sich positioniert und es hat den Anschein, dass die Anhänger von Verständigungen

---

* Der Text gibt den Inhalt des Vortrags wieder, den der Verf. anlässlich der Projekttagung in Fischbachau gehalten hat. Der Beitrag wurde bereits anlässlich der Projekttagung in Almaty/Kasachstan in Schroeder/Kudratov (Hrsg.), die strafprozessuale Hauptverhandlung zwischen inquisitorischem und adversatorischem Modell, Schriften des IOR Bd. 75, Frankfurt/M. 2014, S. 145–159 veröffentlicht. Der Vortragsstil wurde beibehalten. Der Vortrag wurde um Fußnoten und die Entscheidung des BVerfG v. 19.3.2013 ergänzt.

1 Vgl. etwa Meyer-Goßner ZRP 2004, 187 (187f.); Roxin/Schünemann, Strafverfahrensrecht, 27. Auflage 2012, § 17 Rn. 9ff.; Schünemann ZRP 2009, 104 (105).

im Strafprozess gewonnen haben. Denn mit § 257c StPO findet sich seit dem Sommer 2009[2] eine Regelung zu Verständigungen in der deutschen Strafprozessordnung. Schließlich hat sich auch das Bundesverfassungsgericht in seiner vielbeachteten Entscheidung[3] vom 19.3.2013 mit den Regelungen abgefunden und in der Vorschrift keinen Verfassungsverstoß finden können.

Auch ich will mich mit meinem Vortrag klar positionieren – und zwar als Gegner von Absprachen. Bevor ich dazu komme, soll kurz der Inhalt der für das deutsche Strafprozessrecht immer noch neuen Regelungen widergegeben werden:

B. Die Regelung zur Verständigung im Strafverfahren - § 257c StPO

§ 257c StPO enthält Regelungen zum zulässigen Inhalt, zum Zustandekommen und den Folgen einer Verständigung.[4] Der Rahmen, den die Grundsätze des geltenden Strafprozessrechts ziehen, wird dabei nicht verändert.[5] Die Vorschrift unterscheidet bewusst nicht zwischen verteidigtem und unverteidigtem Angeklagten und schließt auch amtsgerichtliche Verfahren nicht von den Regelungen über die Verständigung aus. Damit soll verhindert werden, dass eine ungerechte „Zwei-Klassen-Justiz" entsteht. Außerdem wird dies der Praxis gerecht, denn auch vor den Amtsgerichten finden Verständigungen statt.[6]

Die erforderliche Transparenz und Dokumentation des mit einer Verständigung verbundenen Geschehens – nicht zuletzt zum Zweck einer Nachprüfung in der Revision – soll durch umfassende Mitteilungs- und Protokollierungspflichten des Gerichtes sichergestellt (§ 243 Abs. 4, § 257c Abs. 4, 5, § 273 Abs. 1a StPO) werden.[7]

I. Gegenstand der Verständigung

Der Inhalt einer Verständigung ist ausdrücklich in § 257c Abs. 2 StPO geregelt:[8]

---

2 § 257c eingef. mWv 4.8.2009 durch Gesetz vom 29.7.2009 (BGBl. I S. 2353).

3 BVerfG, 2 BvR 2628/10 vom 19.3.2013.

4 Vgl. insg. BT-Drs. 16/12310 v. 18.3.2009, S. 1ff.

5 Vgl. BT-Drs. 16/12310 v. 18.3.2009, S. 1.

6 Vgl. BT-Drs. 16/12310 v. 18.3.2009, S. 2.

7 Vgl. BT-Drs. 16/12310 v. 18.3.2009, S. 1.

8 Die Vorschrift des § 257c StPO umfasst fünf Absätze:
Absatz 1 Satz 1 stellt die Zulässigkeit von Absprachen fest. In Satz 2 wird nochmals herausgehoben, dass die sich aus § 244 Abs. 2 StPO ergebende Amtsaufklärungspflicht unberührt bleibt.

„Gegenstand dieser Verständigung dürfen nur die Rechtsfolgen sein, die Inhalt des Urteils und der dazugehörigen Beschlüsse sein können, sonstige verfahrensbezogene Maßnahmen im zugrundeliegenden Erkenntnisverfahren sowie das Prozessverhalten der Verfahrensbeteiligten. Bestandteil jeder Verständigung soll ein Geständnis sein. Der Schuldspruch, sowie Maßregeln der Besserung und Sicherung dürfen nicht Gegenstand einer Verständigung sein."[9]

II. Belehrungspflichten

Zusätzlich ist für jeden Fall, in welchem dem Urteil eine Verständigung vorausgegangen ist, eine Belehrung des Betroffenen über seine Freiheit, Rechtsmittel einzulegen, vorgesehen (§ 35a S. 3 StPO). Ein Rechtsmittelverzicht ist ausgeschlossen (§ 302 Abs. 1).

Die Befugnis zur Einlegung von Rechtsmitteln bleibt also für alle Verfahrensbeteiligten unberührt. Weder Berufung noch Revision gegen ein Urteil, dem eine Verständigung vorausgegangen ist, werden ausgeschlossen oder beschränkt. Damit soll die erforderliche Kontrolle durch das Rechtsmittelgericht gewährleistet bleiben.

In Absatz 2 S. 1 wird der Gegenstand einer Verständigung umschrieben: Hiernach sind nur die Rechtsfolgen zulässiger Inhalt einer Verständigung, mit ihnen jedoch auch sonstige Verfahrensmaßnahmen sowie das Prozessverhalten der Verfahrensbeteiligten. In Satz 2 wird herausgestellt, dass ein Geständnis Bestandteil der Verständigung sein sollte. Diese Formulierung zeigt jedoch, dass das nicht zwingend ist. In Satz 3 werden der Schuldspruch und die Maßregeln als Inhalt einer Verständigung ausgeschlossen.
In Abs. 3 S. 1 werden die Mitteilungspflichten des Gerichts geregelt und in S. 2 wird die Zulässigkeit der Angabe einer Strafober- und Untergrenze normiert.
Abs. 4 regelt die Möglichkeit eines Wegfalls der Bindung des Gerichts an die Verständigung. Die Bindung entfällt, wenn „rechtlich oder tatsächlich bedeutsame Umstände übersehen worden sind oder sich neu ergeben haben und das Gericht deswegen zu der Überzeugung gelangt, dass der in Aussicht gestellte Strafrahmen nicht mehr tat- oder schuldangemessen ist" oder wenn das Prozessverhalten des Angeklagten nicht den Erwartungen des Gerichts entspricht. Gem. S. 3 darf das Geständnis eines Angeklagten in einem solchen Fall nicht mehr verwendet werden; des Weiteren muss das Gericht eine Abweichung unverzüglich mitteilen, so S. 4.
Abs. 5 enthält die Pflicht zur Belehrung des Angeklagten über den Inhalt des Abs. 4. Die Vereinbarung eines Rechtsmittelverzichts im Rahmen einer Verständigung ist gem. § 302c Abs. 1 S. 2 StPO ausgeschlossen.

9 Im Falle einer Absprache muss der Angeklagte über seine Möglichkeit, Rechtsmittel einzulegen, nochmals belehrt werden (§ 35a Satz 3 StPO).

III. Transparenzpflichten

Schließlich muss die erfolgte Verständigung auch in den Urteilsgründen erwähnt werden (§ 267 Abs. 3 S. 5 StPO), auch im Fall eines abgekürzten Urteils (§ 267 Abs. 4 S. 2 StPO).

IV. Weitere flankierende Vorschriften

Neben der Kernvorschrift des § 257c StPO wurden weitere Normen eingefügt.

Der neue § 243 Abs. 4 StPO soll garantieren, dass alle Verfahrensbeteiligten von Verständigungsgesprächen erfahren und damit die gewünschte Transparenz sicherstellen.

Mit der Reform sollen auch kommunikative Elemente im Strafverfahren gestärkt[10] werden, die außerhalb einer Verständigung zur Verfahrensförderung geeignet sind (§§ 160b[11], 202a[12], 257b[13] StPO), aber im gerichtlichen Verfahren auch zur Vorbereitung einer Verständigung dienen können. Die §§ 160b, 202a und 212 StPO stellen dementsprechend klar, dass sowohl im Ermittlungs-, als auch im Zwischen- und nach Eröffnung des Hauptverfahrens Gespräche über eine Verständigung möglich sind.

In § 273 StPO sind die Protokollierungspflichten enthalten, die sowohl für bloße Erörterungen für eine Verständigung (§ 257b StPO) als auch im Falle der Einigung auf eine Absprache (§ 257c StPO) gelten. Weiterhin ist die Beachtung der in §§ 243 Abs. 4, 257c Abs. 4 und Abs. 5 StPO genannten Mitteilungen und Belehrungen protokollierungspflichtig.

---

10 Vgl. BT-Drs. 16/12310 v. 18.3.2009, S. 2.

11 *§ 160b: StPO*
Die Staatsanwaltschaft kann den Stand des Verfahrens mit den Verfahrensbeteiligten erörtern, soweit dies geeignet erscheint, das Verfahren zu fördern. Der wesentliche Inhalt dieser Erörterung ist aktenkundig zu machen.

12 *§ 202a StPO*
Erwägt das Gericht die Eröffnung des Hauptverfahrens, kann es den Stand des Verfahrens mit den Verfahrensbeteiligten erörtern, soweit dies geeignet erscheint, das Verfahren zu fördern. Der wesentliche Inhalt dieser Erörterung ist aktenkundig zu machen.

13 *§ 257b StPO*
Das Gericht kann in der Hauptverhandlung den Stand des Verfahrens mit den Verfahrensbeteiligten erörtern, soweit dies geeignet erscheint, das Verfahren zu fördern.

V. Zwischenergebnis

Dieser sehr kurze Einstieg in die Materie genügt schon, um die Systemrelevanz dieser Neuregelung zu hinterfragen. Denn mit der Stärkung kommunikativer Elemente, insbesondere in der Hauptverhandlung, stehen die das deutsche Strafprozessrecht leitende Inquisitionsmaxime und weitere Grundsätze auf dem Prüfstand. Es ist zu fragen, ob diese Regelung nicht das Leitprinzip im deutschen Strafprozess – die Wahrheitsermittlung – auflöst und an diese Stelle ein pseudo-adversatorisches Verfahren setzt, das Gleichheit und Gerechtigkeit hinter Verfahrensökonomie und Ressourcenschonung zurücktreten lässt.

Dazu aber später. Zunächst soll der Weg nachgezeichnet werden, wieso es überhaupt zu so einer systemeinschneidenden Regelung kommen konnte.

C. Hintergründe der Neuregelung

Die Einführung einer Regelung zur Absprache wird als eine der einschneidendsten Änderung der Strafprozessordnung seit ihrer Einführung im Jahr 1877 angesehen.[14]

Dabei war im 19. Jahrhundert sowie in der ersten Hälfte des 20. Jahrhunderts noch kein Ruf nach einer derartigen Regelung hörbar.

Erst in den 1960er und 1970er Jahren wurde zunehmend beklagt, dass die Justiz der wachsenden Anzahl von Verfahren und der Beweisaufnahme nicht mehr Herr werde. Parallel zu diesen Klagen begann die Diskussion, wie eine Entlastung der Gerichte erreicht werden könnte.

Der erste Schritt in Richtung „Entlastung" sollte dadurch erreicht werden, die zu verhandelnden Verfahren zu reduzieren. Die Bestrebungen galten dem Ziel, für weniger Verfahren eine aufwendige Hauptverhandlung durchführen zu müssen. Das konnte nur durch Herabsetzung der Verfahrensanzahlen bereits im Ermittlungsverfahren gelingen. Um dieses Ziel zu erreichen, bedurfte es rechtlicher Mechanismen, das Legalitätsprinzip zu durchbrechen. Mit dem Opportunitätsprinzip, das bei leichteren bis mittelschweren Straftaten anwendbar ist, wurde eine Lösung gefunden. Die gesetzliche Normierung der Möglichkeit einer folgenlosen Einstellung ist in § 153 StPO zu finden, der 1975 eingeführt wurde.[15]

---

14 Jahn/Müller NJW 2009, 2625.

15 § 153 StPO eingef. mWv 1.1.1975 durch Art. 21 EGStGB (BGBl. I S. 469); Vorläufer dieser Vorschrift war § 23 der Verordnung über Gerichtsverfassung und Strafrechtspflege vom 4.1.1924 (RGBl I, 15); ausführlich zur Geschichte des § 153 vgl. Beulke, in: Löwe-Rosenberg, StPO, 26. Auflage 2008, Band 5, § 153 vor Rn. 1.

Eine Einstellung des Verfahrens ist bei Vergehen dann möglich, wenn die Schuld des Täters als gering anzusehen wäre und kein öffentliches Interesse an der Verfolgung besteht, vgl. § 153 Abs. 1 StPO. Für eine derartige Einstellung benötigt die Staatsanwaltschaft, wenn das Vergehen nicht mit einer im Mindestmaß erhöhten Strafe bedroht ist und die Folgen der Tat gering sind, nicht die Zustimmung des Gerichts. Sollte die Klage bereits erhoben worden sein, verbleibt diese Möglichkeit auch noch dem Richter gem. § 153 Abs. 2 StPO.

Neben dieser Einstellungsmöglichkeit wegen Geringfügigkeit wurde 1975[16] auch § 153a StPO eingeführt, der in seiner ursprünglichen Fassung eine Einstellung ermöglichte, wenn das öffentliche Interesse bei geringer Schuld durch die Erteilung von Auflagen beseitigt werden kann.[17] Diese Norm war für leicht über der Geringfügigkeitsschwelle liegende Taten vorgesehen. Die Praxis nutzte sie bald aber auch für schwerere Straftaten und der Gesetzgeber folgte dem im Jahr 1993. Seither kann das Verfahren gem. § 153a StPO eingestellt werden, wenn die Schwere der Schuld einer Einstellung unter Auflagen und Weisungen nicht entgegensteht.

Was hat das nun mit einer Verständigung zu tun?

Insbesondere zwei Umstände stellen den Zusammenhang zu meinem Thema her. Zum einen der Entlastungsaspekt: Die Einführung insb. der §§ 153 und 153a StPO wie auch des § 257c StPO wurde von dem Gedanken nach einer Entlastung der Justiz geleitet. Zum anderen wohnt auch den eben genannten Opportunitätsregelungen ein „kommunikativer Aspekt“ bis in die Hauptverhandlung hinein inne. Nicht selten ist eine Einstellung gemäß § 153a StPO an eine geständige Einlassung gebunden oder es finden Gespräche darüber statt, welche Auflagen eine Einstellung begleiten sollen. Jedenfalls muss der Beschuldigte eine „Gegenleistung“ in Form der Erfüllung von Auflagen und Weisungen erbringen, damit das Verfahren gegen ihn eingestellt wird.

Wie gesehen bieten sich derartige „frühe Verständigungen“ aber nur bei Bagatellkriminalität und mittlerer Kriminalität an. In allen anderen Fällen muss also eine umfangreiche Hauptverhandlung durchgeführt werden. Auch in diesen Fällen, im Bereich schwererer bis schwerster Kriminalität, konnte in den 1960er und 1970er Jahren beobachtet werden, dass die Verfahrensbeteiligten außerhalb einer rechtlichen Regelung und vereinfacht in der Form „Strafnachlass gegen

16 § 153a StPO eingef. mWv 1.1.1975 durch Art. 21 EGStGB (BGBl. I S. 469); ausführlich zur Geschichte der Norm Beulke, in: Löwe-Rosenberg, StPO, 26. Auflage 2008, Band 5, § 153a vor Rn. 1.

17 Kritisch zu § 153a StPO Schroeder/Verell, Strafprozessrecht, 5. Aufl. 2011, § 13 Rn. 99.

Geständnis" Absprachen trafen. Das war übliche Praxis, eine Diskussion darüber fand aber nicht statt.

Als Detlef Deal aus Mauschelhausen – ein Pseudonym – dann im Jahre 1982 im Strafverteidiger über die Absprachenpraxis berichtete, konstatierte er einen Zustand, der dem erfahrenen Strafverteidiger, dem Gericht und der Staatsanwaltschaft wohl bekannt und vertraut war. „Fast jeder kennt es, fast jeder praktiziert es, nur keiner spricht darüber."[18] In der Rechtswissenschaft entbrannte erst im Anschluss an diese Veröffentlichung eine lebhafte Diskussion über das Für und Wider der Absprachen.[19]

1987 erkannte das Bundesverfassungsgericht Absprachen grundsätzlich als verfassungsgemäß an.[20] Die Grundsätze eines fairen, rechtsstaatlichen Strafverfahrens verböten nicht, außerhalb der Hauptverhandlung eine Verständigung zwischen Gericht und Verfahrensbeteiligten über Stand und Aussichten der Verhandlung herbeizuführen, der schon das Strafrecht Grenzen setze. Die Handhabung der natürlichen Aufklärungspflicht, die rechtliche Subsumtion und die Grundsätze der Stoffbenutzung dürften dabei jedoch nicht ins Belieben oder zur freien Disposition des Verfahrensbeteiligten und des Gerichts gestellt werden. „Dem Gericht und der StA ist es deshalb untersagt, sich auf einen „Vergleich" im Gewande des Urteils, auf einen „Handel mit der Gerechtigkeit" einzulassen."[21]

Auch auf dem Deutschen Juristentag 1990 wurde sich mit Absprachen im Strafprozess befasst. Die Beschlüsse hierzu richteten sich zwar nicht eindeutig für oder gegen diese Praxis, es erfolgte jedoch ein Appell an den Gesetzgeber, durch eine Regelung die bestehenden Unsicherheiten zu beseitigen.[22]

Der BGH befasste sich erstmals 1997 vertieft mit Verfahrensabsprachen im Strafprozess. Der 4. Strafsenat stellte zunächst einige allgemeine Grundsätze als Voraussetzung für wirksame Absprachen heraus.[23] Grundlagen sollten auch hier das Rechtsstaatsprinzip und ein faires, rechtsstaatliches Verfahren sein. Die Eckpunkte der vom BGH für zulässig gehaltenen Absprachenpraxis waren:

- Eine Absprache über den Schuldspruch ist auf der Grundlage des Rechtsstaatsprinzips ausgeschlossen.

---

18 Weider StV 1982, 545.

19 Vgl. die umfangreichen Nw. bei Roxin/Schünemann, Strafverfahrensrecht, 27. Auflage 2012, § 17 D.

20 BVerfG NJW 1987, 2662.

21 BVerfG NJW 1987, 2662 (2663).

22 NJW 1990, 2991 (2993).

23 BGH NStZ 1998, 31.

- Die Absprache muss in der öffentlichen Hauptverhandlung in Anwesenheit aller Beteiligten durchgeführt werden, es sind jedoch Vorgespräche unter einzelnen Beteiligten möglich, über deren wesentlichen Inhalt jedoch in der Hauptverhandlung berichtet werden muss.
- Die Vereinbarung eines Rechtsmittelverzichts mit dem Angeklagten vor der Urteilsverkündung ist unzulässig.
- Eine verbindliche Zusage zu einer bestimmten Strafe ist unzulässig, das Gericht kann dem Angeklagten jedoch eine Strafobergrenze zusichern, die es im Falle eines glaubhaften Geständnisses nicht zu überschreiten erklärt.
- Die freie Willensentschließung des Angeklagten darf nicht durch die Drohung mit einer höheren Strafe oder dem Versprechen eines gesetzlich nicht vorgesehenen Urteils beeinflusst werden.
- Die Aufklärungspflicht des Gerichts bleibt bestehen. Grundlage eines Urteils kann daher nur der nach Überzeugung des Gerichts tatsächlich geschehene Sachverhalt sein, ein leeres Formalgeständnis oder ein Geständnis, welches das Gericht nicht überzeugt, reichen nicht aus.
- Auch ein abgesprochenes Geständnis kann strafmildernd berücksichtigt werden.
- Das Gericht ist an eine unter diesen Voraussetzungen zustande gekommene Verständigung gebunden und kann nur von dieser Absprache abweichen, wenn sich schwerwiegende neue Umstände ergeben, die dem Gericht zuvor nicht bekannt waren.

Durch diese Entscheidung wurde die Praxis zur Verständigung bestätigt. Der BGH verfolgte das Ziel, der wuchernden Absprachenpraxis Konturen zu verleihen und durch richterliche Rechtsfortbildung den rechtsfreien Raum für Absprachen zu beseitigen.

In der Praxis zeigte sich jedoch, dass die Vorgaben des BGH nicht immer beachtet wurden und die alte Verständigungspraxis beibehalten wurde. Außerdem waren sich die Strafsenate über die Frage, wie mit Rechtsmittelverzichten umzugehen sei, nicht einig. Deshalb entschied am 3.3.2005 der Große Senat in Strafsachen.[24] In seiner Entscheidung appellierte er an den Gesetzgeber, die Zulässigkeit und, bejahendenfalls, die wesentlichen rechtlichen Voraussetzungen und Begrenzungen von Urteilsabsprachen gesetzlich zu regeln.[25] Es sei primär Aufgabe des Gesetzgebers, die grundsätzlichen Fragen der Gestaltung des

24 BGHSt (GrS) 50, 40.
25 BGHSt (GrS) 50, 40 (64).

Strafverfahrens und damit auch die Rechtsregeln, denen die Urteilsabsprache unterworfen sein soll, festzulegen.

In Bezug auf mögliche Vereinbarungen eines Rechtsmittelverzichts stellte der Große Senat klar, dass diese unzulässig sind. Wenn ein Gericht sein Urteil einer revisionsrechtlichen Kontrolle entziehe, verletze dies die Würde des Gerichts. Ebenso unzulässig sei auch die Erklärung eines Rechtsmittelverzichts im Anschluss an die Hauptverhandlung. Lediglich ein Rechtsmittelverzicht, dem eine Absprache vorherging, in der der Angeklagte eine qualifizierte Belehrung erhalten habe, auch trotz einer Urteilsabsprache die Möglichkeit zu haben, Rechtsmittel einzulegen, sei möglich.

Der Große Senat ergriff auch die Chance, die Möglichkeit einer Abweichung des Gerichts von der Absprache zu erweitern: Eine Lösung von der Absprache durch das Gericht sei auch möglich, „wenn schon bei der Urteilsabsprache vorhandene relevante tatsächliche oder rechtliche Aspekte übersehen wurden".[26] In seinem Beschluss verwies der Große Senat jedoch auch auf die Grenzen solcher richterlicher Rechtsfortbildung. Dieser Feststellung folgte ein Appell an den Gesetzgeber, eine Regelung zu Absprachen zu treffen und die Ausgestaltung dieser nicht den Gerichten zu überlassen.

Bereits vor der Entscheidung des Großen Senats wurde in der Literatur der Gesetzgeber aufgerufen, eine Regelung zu Absprachen in die StPO aufzunehmen.[27] Nach der Entscheidung des Großen Senats konnte oder wollte der Gesetzgeber diese Rufe nicht länger ignorieren.

Nun könnte man angesichts einer Regelung in der StPO und der höchstrichterlichen Entscheidungen versucht sein anzunehmen, dass endlich eine rechtsstaatliche Lösung für ein bisher außerhalb der StPO stattgefundenes Absprachenproblem gefunden worden ist. Schon die Terminologie im neuen § 257c StPO verzichtet auf den Begriff „Absprache" – natürlich wird der „Deal" auch nicht erwähnt – und nennt das Ergebnis des zwischen den Verfahrensbeteiligten gewonnenen Einvernehmens „Verständigung". Der Gesetzgeber wollte mit dieser feinen sprachlichen Unterscheidung dem Eindruck entgegenwirken, dass die Grundlage des Strafurteils eine quasivertragliche Vereinbarung ist. Über Begrifflichkeiten will ich an dieser Stelle auch nicht streiten, denn wie man es sprachlich auch dreht und wendet, positiv oder negativ ausdrückt, klar ist, bei einer Verständigung geht es um den Austausch von

---

26 BGHSt (GrS) 50, 40 (50).
27 Landau ZRP 2004, 146 (147).

Verhandlungsmasse[28]: Geständnis gegen Vergünstigung - und daran ist das Gericht (§ 257c Abs. 4 S. 1 StPO) auch gebunden.

Die Befürworter der Verständigungsregelung bringen aber immerhin vor, dass ein Parlamentsgesetz Transparenz, Vorhersehbarkeit und Vertrauen in die Lauterkeit der Strafverfolgungspraxis mit sich bringe.

Diesem Argument kann man sich nicht ohne weiteres entziehen und deshalb bemühen es die Befürworter einer Regelung zu Verständigung im Strafverfahren wohl auch immer wieder. Übersehen wird dabei jedoch, dass diese Regelung ein Fremdkörper im deutschen Strafverfahren ist und zu zahlreichen Systembrüchen führt. Diese Systembrüche möchte ich im Folgenden mit drei Thesen beweisen.

D. Drei Thesen zur Systemwidrigkeit von sog. Verständigungen

1. Verständigungen im Strafprozess gefährden die Wahrheitsfindung.
2. Verständigungen im Strafprozess gefährden die Gerechtigkeit.
3. Verständigungen im Strafprozess können Verträge zu Lasten Dritter sein.

Zu 1. Verständigungen im Strafprozess gefährden die Wahrheitsfindung.

Eine wesentliche Säule des deutschen Strafprozesses ist der sog. Ermittlungsgrundsatz. Mit diesem Grundsatz verbindet sich das Prinzip der materiellen Wahrheit. Das Gericht hat also den Sachverhalt selbst zu ermitteln, ist an Geständnisse des Angeklagten nicht gebunden und auf Beweisanträge nicht beschränkt. Kurz: Dem Ermittlungsgrundsatz wohnt ein konsensuales Element im Unterschied zu kommunikativen Elementen zwischen Gericht und Angeklagtem nicht inne.

Die Gesetzesbegründung zu § 257c StPO bemüht sich nun,[29] den Paradigmenwechsel von Amtsermittlung hin zur konsensualen Erledigung des Strafverfahrens zu überspielen, in dem erklärt wird, es sei „keine neue – dem deutschen Strafprozess bislang unbekannte – Form einer konsensualen Verfahrenserledigung, die die Rolle des Gerichtes, insbesondere bei seiner Verpflichtung zur Ermittlung der materiellen Wahrheit, zurückdrängen würde“, wünschenswert. Vielmehr sollen weiterhin die Grundsätze des Strafverfahrens gelten. Wie soll man das verstehen? Ermittlungsgrundsatz und materielle Wahrheit vertragen sich nicht mit konsensualen Elementen, die in der Natur der Sache liegend, auf

28 Ähnlich Schroeder/Verell, Strafprozessrecht, 5. Aufl. 2011, § 25 Rn. 205.
29 BT-Drs. 16/12310 v. 18.3.2009, S. 8.

eine Zurückdrängung der Amtsermittlungspflicht zugunsten einer schnellen Verfahrenserledigung abzielen. Die richterliche Aufklärungspflicht gemäß § 244 Abs. 2 StPO hat keine Bedeutung mehr, wenn sich das Gericht die Überzeugung vom Tathergang nicht durch eigene Sachaufklärung verschafft, sondern die Plausibilität des Geständnisses aus dem ihm vorliegendem Aktenmaterial folgert.[30] Im Ergebnis ergeht das Urteil nicht aufgrund des Inbegriffs der mündlichen und die Beweise unmittelbar enthaltenen Hauptverhandlung (§ 261 StPO), sondern aufgrund der von der Staatsanwaltschaft gewonnen Ermittlungsergebnisse in Verbindung mit dem Geständnis.[31] Gerade in Wirtschaftsstrafverfahren, die nicht nur langwierig, sondern auch teuer sind, wird das Interesse an der Feststellung der Wahrheit auf dem Altar der Verfahrensökonomie geopfert.

Das ist umso bedenklicher, als der Strafprozess doch das Instrument ist, um den Rechtsbruch des Bürgers vor aller Augen (gemeint ist die Öffentlichkeit) festzustellen und zu sanktionieren, damit die Normgeltung im Bewusstsein aller bleibt, was man als positive Generalprävention beschreibt. Mit dem Strafprozess wird also dem Ziel des Strafrechts, der Sicherung des gesellschaftlichen Friedens, gedient.

Mit dem Schuldspruch wird der Rechtsbruch negiert, das Recht wiederhergestellt. Mit der konkreten Sanktion wird dem Bürger ein Übel auferlegt, dass seiner Schuld entspricht und nach außen, also im Verhältnis zu allen anderen Bürgern sichtbares Zeichen für die Geltung des Rechts ist. Es gibt also eine gesellschaftliche Komponente der Strafe, die nicht im Belieben des Bürgers steht, sondern um der Wiederherstellung des Rechts wegen geschieht.

Mit einer Verständigung wird dieser Zusammenhang nun aufgehoben. Der Bürger soll und darf in einem Rechtsstaat nur dann bestraft werden, wenn er eine Straftat begangen hat, nicht aber, wenn er sich der Überlegenheit des Staates fügt und sich seinem Schicksal ergibt. Der Rechtsbruch kann aber nur dann festgestellt werden, wenn der Prozess dem Grundsatz der Wahrheitsermittlung von Amts wegen folgt. Der Ermittlungsgrundsatz ist also nicht als Gängelei und unnötige Förmelei, sondern auch als Selbstbeschränkung des Staates zu verstehen. Das schärfste Schwert gegen den Bürger zu führen ist nur dann richtig, wenn sich der Richter vollumfänglich von der Schuld des Angeklagten hat überzeugen können. Aufgrund von Verständigungen abgekürzte Prozesse können diese Funktion nicht erfüllen.

30 Schünemann ZRP 2009, 104 (106); vgl. a. Schroeder/Verell, Strafprozessrecht, 5. Aufl. 2011, § 25 Rn. 205.

31 Schünemann ZRP 2009, 104 (106).

Zu These 2: Verständigungen im Strafprozess gefährden die Gerechtigkeit.

Hier gilt es zwei Dinge zu unterscheiden.

Zum einen die *Verfahrensgerechtigkeit* und zum anderen die Gerechtigkeit hinsichtlich der verhängten *Sanktion*.

Wie zu These 1 ausgeführt, beruht die Überzeugung des Gerichts bei einer Verständigung im Wesentlichen nicht mehr auf dem Ermittlungsgrundsatz, sondern auf Konsens. Die Überzeugung darüber, ob in dem konkreten Fall eine Verständigung möglich ist, verschafft sich das Gericht u.a. aus den Ermittlungsakten. Faktisch bedeutet dies, dass der Angeklagte sich dem Ergebnis des Ermittlungsverfahrens unterwirft.[32] Verteidigungsrechte im Ermittlungsverfahren, die ergebniskorrigierend eingreifen könnten, sind jedoch nur rudimentär ausgebildet. Das System des Strafverfahrens hat dies bisher auch nicht erzwungen, da Ermittlungsgrundsatz und Inbegriff der Hauptverhandlung den Angeklagten bisher auch einen gewissen Schutz boten.

Hinsichtlich der verhängten Sanktion sehe ich ebenfalls die Gerechtigkeit in Gefahr. Nicht zu übersehen ist, dass das Geständnis nun legal zum Druckmittel[33] gegen den Angeklagten werden kann, woran auch die „Soll"-Formulierung in § 257c StPO nichts ändert. Auch dass Strafzumessungserwägungen in die Überlegungen einzubeziehen sind, vermag an der Faktizität des Druckes nichts zu ändern. Besonders brisant wird der Geständnisdruck in der Untersuchungshaft. Nicht von ungefähr wird auch von Seiten der Richterschaft ein Missbrauch der Untersuchungshaft als Druckmittel[34] beklagt. Hat der Beschuldigte aber zur Aussetzung des Haftbefehls gegen ihn bzw. der Angeklagte zur Verhinderung einer massiven Sanktion nur die Verhandlungsmasse „Geständnis" zur Verfügung, so hat das mit Gerechtigkeit nichts mehr zu tun.

Zur 3. These: Verständigungen im Strafprozess können Verträge zu Lasten Dritter sein.

Die These scheint gewagt zu sein. Ein Blick in die Strafverfolgungspraxis belehrt jedoch eines Besseren. Zunächst stellt die Gesetzesbegründung zu § 257c StPO fest, dass Entscheidungen, die in eine andere Verantwortlichkeit als derjenigen fallen, die am Erkenntnisverfahren beteiligt sind oder Prozesssituationen außerhalb des gegenständlichen Erkenntnisverfahrens betreffen (wie z.B.

32 Roxin/Schünemann, Strafverfahrensrecht, 27. Auflage 2012, § 17 Rn. 27; Schünemann ZRP 2009, 104 (106).

33 Vgl. Roxin/Schünemann, Strafverfahrensrecht, 27. Auflage 2012, § 17 Rn. 27; Schünemann ZRP 2009, 104 (106); vgl. a. Schroeder/Verell, Strafprozessrecht, 5. Aufl. 2011, § 25 Rn. 205 a. E.

34 Gieg GA 2007, 469 (477).

Entscheidungen im Strafvollstreckungsverfahren oder Entscheidungen in Strafverfahren, die bei anderen Gerichten anhängig sind), ausgeschlossen sind.[35] Derartige Verträge zu Lasten Dritter meine ich auch nicht. Vielmehr habe ich folgende Situation vor Augen:

In einem großen Wirtschaftsstrafverfahren werden zahlreiche Beschuldigte angeklagt und der Sachverhalt teilweise in abgetrennten Verfahren verhandelt. So entstehen Parallelprozesse. Teilweise wird den unterschiedlichen Angeklagten Beihilfe oder Mittäterschaft an bspw. Bilanzmanipulationen vorgeworfen. Um gegen die angeklagten mutmaßlichen Hauptverantwortlichen genügend Zeugenaussagen in deren Prozess einführen zu können, werden zunächst die abgetrennten Verfahren verhandelt. In diesen Verfahren erfolgen alle Verurteilungen aufgrund einer Verständigung, wobei die Angeklagten alle geständig gewesen sind.

Gerade in diesen Situationen wirkt die Verständigung wie ein Vertrag zu Lasten Dritter der angeklagten Hauptverantwortlichen.

Um die eigene Glaubwürdigkeit nicht zu gefährden, wird die geständige Einlassung, die natürlich zu Lasten der Hauptangeklagten wirkt, nicht von der anschließenden Zeugenaussage abweichen. Ob die geständigen Einlassungen aber allein der Prozesstaktik geschuldet waren, bleibt im Dunkeln. Gerade in komplexen Wirtschaftsstrafverfahren kommt es nicht selten vor, dass die Angeklagten ihre eigene Verantwortlichkeit nicht nachvollziehen können und das Geständnis ein willkommener Ausweg aus der Untersuchungshaft ist. Natürlich wird man dagegen einwenden wollen, dass der Grundsatz der freien richterlichen Beweiswürdigung es erlaubt, ungerechtfertigten Zeugenaussagen keinen Glauben zu schenken. Ist man aber erst einmal beim Glauben oder Nichtglauben angekommen, dann sind Verteidigungsmöglichkeiten kaum noch gegeben.

Lässt man meine drei Thesen Revue passieren, so geht mit der Einführung des § 257c StPO ein Paradigmenwechsel einher. Mit den klassischen Prinzipien des deutschen Strafprozesses lässt sich dieser nicht vereinbaren.

E. Ein Blick in andere Länder

Spricht man über Absprachen, so greift man gern das im Vereinigten Königreich oder in den Vereinigten Staaten praktizierte „Plea Bargaining“ auf.[36] Sieht man sich die Struktur des in diesen Ländern herrschenden adversatorischen

35 BT-Drs. 16/12310 v. 18.3.2009, S. 13.

36 Vgl. dazu Hertel ZJS 2010, 198ff.

Prozesses an, so wird schnell deutlich, dass sich eine Übertragung des „Plea Bargaining" auf einen der Amtsermittlung verpflichtenden Prozess verbietet.

Im adversatorischen Strafprozess legt die Staatsanwaltschaft mit der Anklage unabänderlich den Prozessgegenstand und den abzuurteilenden Straftatbestand fest. Außerdem erfolgen die Entscheidungen über die Schuld des Täters und die zu verhängende Strafe getrennt voneinander. Nur bei der Entscheidung über die Schuld des Täters ist grundsätzlich eine Jury dazu berufen, diese zu treffen. Entschließt sich der Angeklagte nun zu einer „Guilty Plea", also einem Schuldbekenntnis, so entfällt dieser Abschnitt vollständig und es schließt sich die Phase zur Feststellung des Strafmaßes durch das Gericht an. Damit ist der Angeklagte in der Lage, dem Gericht die Überprüfung des angeklagten Straftatbestandes zu entziehen bzw. eine Bindung über den Anklagegenstand herbeizuführen, was eine dementsprechende Verurteilung zur Folge hat. Der angeklagte Straftatbestand ist mit der Staatsanwaltschaft ebenso aushandelbar, wie die Herabsetzung der Strafe durch das Gericht gegen das Schuldbekenntnis des Angeklagten. Außerdem kann der Angeklagte mit der Staatsanwaltschaft die Fakten des Prozesses aushandeln, denn da allein Verteidigung und Staatsanwaltschaft den Prozessstoff u.a. durch die Benennung von Zeugen einzubringen haben, haben sie es auch in der Hand, die Fakten des Verfahrens zu bestimmen. Das Gericht hat demgegenüber keine Möglichkeit, selbst offensichtliche Unklarheiten durch die Ladung weiterer Zeugen aufzuklären.[37] Zusammengefasst bedeutet das: der adversatorische Strafprozess ist ein Parteienprozess, während der deutsche Strafprozess dem Vorbild des Inquisitionsverfahrens folgt. Der Inquisitionsprozess folgt dem Ideal der Wahrheitsfindung; der adversatorische Prozess gleicht demgegenüber dem Wettstreit zweier Kämpfer: Staatsanwaltschaft vs. Verteidigung. Allein diese kurzen Ausführungen sollten genügen, um die systematischen Unterschiede zwischen beiden Prozessarten aufzuzeigen.

Nur am Rande sei erwähnt, dass die Praxis des „Plea Bargaining" in der angelsächsischen Literatur nicht unkommentiert bleibt und die Selbstverständlichkeit von Absprachen kritiklos hingenommen wird.[38] Vielmehr gleichen die Kritikpunkte sehr den in der deutschen Literatur vorgebrachten Argumenten.

Auch andere europäische Länder wie Italien, Frankreich, Polen und ab 2011 auch die Schweiz sehen in ihren Strafprozessrechten die Möglichkeit vor, dass Verfahren durch konsensuale Elemente zu beeinflussen. Es mag sich also durchaus ein Trend hin zu Verfahrensabsprachen erkennen lassen. Ein

37 Vgl. Hertel ZJS 2010, 198ff.
38 Hertel ZJS 2010, 198 (200f.) mwN.

seriöser Rechtsvergleich macht es jedoch erforderlich, die Strukturen der ausländischen Prozessrechte zu erforschen, um dann eine Vergleichbarkeit mit der deutschen Rechtslage herstellen zu können. So beinhaltet das italienische Recht adversatorische und inquisitorische Elemente, weshalb sich dort auch Absprachen eher rechtfertigen lassen, als in einem reinen Inquisitionsprozess. Der sog. „Blick über den Gartenzaun", sieht häufig nur das Grün, nicht aber die Blattläuse.

Immerhin, einen Leuchtturm und konsequenten Streiter gegen Absprachen konnte ich ausfindig machen: Österreich.

In Österreich hat der OGH[39] den Absprachen eine vollständige Absage erteilt, denn wegen des „eklatanten Widerspruches zur Erforschung der materiellen Wahrheit" seien sie „prinzipiell abzulehnen". Die Beteiligten, so der OGH weiter, würden sich bei Fortsetzung der Absprachenpraxis disziplinärer und strafrechtlicher Verantwortlichkeit aussetzen.

F. Die Praxis der Absprachen nach der Einführung des § 257c StPO

Mit der Gesetzesänderung, deren Kern der neu eingeführte § 257c StPO darstellt, gibt es nun seit drei Jahren eine Regelung zu den Absprachen im Strafprozess. Noch immer wird die Vorschrift argwöhnisch betrachtet[40], an anderer Stelle wird bereits eine Reform vorgeschlagen[41].

Die Praxis zu § 257c StPO ist kaum zu durchschauen. Man muss sich klar machen: Der Deal außerhalb § 257c StPO bleibt Realität, solange alle Verfahrensbeteiligten zufrieden sind. Insbesondere hinsichtlich des verbotenen Rechtsmittelverzichts ist man in der Praxis sehr kreativ, um diesen zu umgehen.[42] Es gibt verschiedene „Taktiken" der Gerichte, wie dies ermöglicht wird. Eine Option besteht darin, dass das Gericht einen „Vorschlag" zum Verfahrensausgang unterbreitet und die anderen Beteiligten daraufhin schweigen, wobei dieser Vorgang dann nicht als Verständigung iSd § 257c StPO angesehen wird.[43] Bei einer weiteren, von massiver Kritik[44] begleitete Variante wird direkt im Anschluss an die

39 OGH JBl 2005, 127f.

40 Bittmann NStZ-RR 2011, 102.

41 Fezer NStZ 2010, 177.

42 Vgl. etwa BGH NStZ-RR 2010, 213 und 244f.; OLG Frankfurt a.M. NStZ-RR 2010, 213f.

43 Fischer ZRP 2010, 249 (250).

44 Fischer ZRP 2010, 249 (250); Niemöller StV 2010, 474f.

Verkündigung eines Urteils ein Rechtsmittel eingelegt, jedoch unmittelbar danach – wie zuvor abgesprochen – wieder zurückgenommen. Da diese Möglichkeit dem Wortlaut des § 302 Abs. 1 S. 2 StPO nach nicht widerspricht, hat ihn der 1. Strafsenat des BGH für zulässig erklärt.[45] Deshalb forderten die Teilnehmer des 68. Deutschen Juristentags, der 2010 stattfand, in einem ihrer Beschlüsse, in § 302 Abs. 1 S. 2 StPO auch die Unzulässigkeit der Rücknahme des Rechtsmittels während der Einlegungsfrist zu normieren.[46]

Aber auch andere Regelungen der Gesetzesnovelle werden kritisiert: Als problematisch haben sich insbesondere die umfangreichen Protokollierungspflichten erwiesen, da sie für viele Fälle zu komplex sind. Diese detaillierten Vorschriften zielen vielmehr auf aufwändige Großverfahren ab, obwohl Absprachen auch in kleineren, vor einem Einzelrichter geführten Prozessen angewendet werden.[47]

Die Entscheidung des Bundesverfassungsgerichts[48]

Interessant sind die empirischen Daten, die das Bundesverfassungsgericht durch einen Sachverständigen erheben ließ.

Der Senat hat den Sachverständigen Prof. Dr. Altenhain, Universitätsprofessor an der Heinrich-Heine-Universität Düsseldorf, mit der Durchführung einer repräsentativen empirischen Untersuchung zur Praxis der Verständigung im Strafverfahren beauftragt. Zu diesem Zweck hat der Sachverständige im Zeitraum zwischen dem 17.4. und 24.8.2012 insgesamt 190 mit Strafsachen befasste Richterinnen und Richter des Landes Nordrhein-Westfalen befragt, von denen 117 als Strafrichter oder Vorsitzende eines Schöffengerichts und 73 als Vorsitzende einer Strafkammer tätig waren. Als Kontrollgruppe wurden daneben 68 Staatsanwältinnen und Staatsanwälte sowie 76 Fachanwältinnen und Fachanwälte für Strafrecht befragt.

Nach Einschätzung der befragten Richter wurden im Kalenderjahr 2011 17,9 % der Strafverfahren an Amtsgerichten und 23 % der Strafverfahren an Landgerichten durch Absprachen erledigt. Auf die Frage, in wie viel Prozent der Fälle nach ihrer Einschätzung in der gerichtlichen Praxis die gesetzlichen Vorschriften zur Verständigung verletzt würden, gaben etwas mehr als die Hälfte der Richter an, dass dies in mehr als der Hälfte aller Verfahren mit Absprachen der Fall sein dürfte. So gaben 58,9 % der befragten Richter an, mehr als die Hälfte ihrer Absprachen „informell", also ohne Anwendung des § 257c StPO

---

45 BGH NJW 2010, 2294.

46 68. DJT, Beschlüsse Ziff. II(5) a cc.

47 Fischer ZRP 2010, 249 (250).

48 BVerfG, 2 BvR 2628/10 vom 19.3.2013.

durchgeführt zu haben, 26,7 % gaben an, immer so vorgegangen zu sein. 33 % der befragten Richter gaben an, außerhalb der Hauptverhandlung Absprachen geführt zu haben, ohne dass dies in der Hauptverhandlung offengelegt wurde, während 41,8 % der Staatsanwälte und 74,7 % der Verteidiger angaben, dies schon erlebt zu haben. Die Offenlegungspflicht wird von einem nicht unbeachtlichen Teil der Richter als überflüssiger Formalismus empfunden. Die Regelung zum sogenannten Negativattest (§ 273 Abs. 1a S. 3 StPO) bleibt in der Praxis oft unbeachtet. 54,4 % der befragten Richter gaben an, eine nicht erfolgte Verständigung für im Protokoll nicht erwähnenswert zu halten. 46,7 % der befragten Richter weisen entgegen § 267 Abs. 3 S. 5 StPO nicht in den Urteilsgründen auf eine dem Urteil vorausgegangene Verständigung hin. Sehr häufiger Inhalt von Absprachen ist die Einstellung beziehungsweise Beschränkung des Verfahrens nach §§ 154, 154a StPO; in diesem Zusammenhang wird auch die Einstellung anderer, nicht in die Anklage einbezogener Verfahren im Rahmen sogenannter „Gesamtlösungen" immer wieder thematisiert. (Im Rahmen einer von G. Schöch durchgeführten anonymisierten empirischen Erhebung zur Absprachepraxis in München sind sogar „Familienlösungen" bekanntgeworden, bei denen etwa der Mann eine höhere Freiheitsstrafe erhält und im Gegenzug die Frau eine Bewährungsstrafe, um zu Hause die Kinder versorgen zu können, oder die zukünftigen Strafen von Familienangehörigen in anderen Verfahren gleich mit abgesprochen werden [vgl. G. Schöch, Urteilsabsprachen in der Strafrechtspraxis, 2007, S. 147]). Teilweise werden ausweislich der Studie von Prof. Dr. Altenhain durch § 257c Abs. 2 StPO ausdrücklich ausgeschlossene Inhalte wie etwa der Schuldspruch in die Absprache aufgenommen. Während 61,7 % der Richter angaben, die Glaubhaftigkeit von im Anschluss an eine Absprache abgelegten Geständnissen immer zu überprüfen, räumten 38,3 % der Richter ein, die Glaubhaftigkeit des Geständnisses nicht immer, sondern nur häufig, manchmal, selten oder nie zu überprüfen. 35,3 % der befragten Richter haben nach eigenem Bekunden dem Angeklagten oder seinem Verteidiger in Verständigungsgesprächen neben der Strafobergrenze beziehungsweise dem bestimmten Strafmaß für den Fall einer Kooperation schon einmal eine zweite Strafe für den Fall einer „streitigen" Hauptverhandlung genannt, 16 % gaben an, typischerweise so vorzugehen. Die Einlegung eines Rechtsmittels nach einer Absprache ist sehr selten. Nach Auskunft von 27,4 % der Richter wurde sogar bei Verständigungen gemäß § 257c StPO - entgegen § 302 Abs. 1 S. 2 StPO - ausdrücklich auf Rechtsmittel verzichtet. Von den Richtern gaben 14,7 % an, dass bei ihnen nach einer Absprache „immer" auf Rechtsmittel verzichtet werde; bei 56,6 % geschah dies „häufig" (Staatsanwälte: 5,6 % bzw. 64,8 %; Verteidiger: 5,6 % bzw. 76,1 %). Nicht weniger als 16,4 % der Richter und 30,9 % der Staatsanwälte erklärten, sich im Rahmen einer Absprache schon auf eine ihrer Ansicht nach zu milde Strafe eingelassen zu haben. Demgegenüber haben sich von den Verteidigern 30,3 % nach eigener Auskunft schon auf eine ihrer Ansicht nach zu hohe Strafe im Wege der Absprache eingelassen. Der „Strafrabatt" im Anschluss an ein absprachegemäß abgelegtes Geständnis liegt nach Angaben der Befragten zumeist zwischen 25 % und 33,3 % der wahrscheinlich zu erwartenden Strafe nach „streitiger" Verhandlung.[49]

Angesichts dieses empirischen Befundes muss es auf den ersten Blick verwundern, dass das Bundesverfassungsgericht die Regelungen zur Verständigung verfassungsrechtlich unbeanstandet ließ. Dabei darf jedoch nicht übersehen werden, dass das Bundesverfassungsgericht die geschilderte Praxis deutlich missbilligte und die den Verfassungsbeschwerden zugrundeliegenden Verurteilungen aufgehoben hat. Das bedeutet, dass nicht die Regelungen zu beanstanden waren, sondern deren fehlerhafte Anwendung und Missachtung.

In seinen Leitsätzen führt das BVerfG Folgendes aus:

Das im Grundgesetz verankerte Schuldprinzip und die mit ihm verbundene Pflicht zur Erforschung der materiellen Wahrheit sowie der Grundsatz des fairen, rechtsstaatlichen Verfahrens, die Unschuldsvermutung und die Neutralitätspflicht des Gerichts schließen es aus, die Handhabung der Wahrheitserforschung, die rechtliche Subsumtion und die Grundsätze der Strafzumessung zur freien Disposition der Verfahrensbeteiligten und des Gerichts zu stellen.

Verständigungen zwischen Gericht und Verfahrensbeteiligten über Stand und Aussichten der Hauptverhandlung, die dem Angeklagten für den Fall eines Geständnisses eine Strafobergrenze zusagen und eine Strafuntergrenze ankündigen, tragen das Risiko in sich, dass die verfassungsrechtlichen Vorgaben nicht in vollem Umfang beachtet werden. Gleichwohl ist es dem Gesetzgeber nicht schlechthin verwehrt, zur Verfahrensvereinfachung Verständigungen zuzulassen. Er muss jedoch zugleich durch hinreichende Vorkehrungen sicherstellen, dass die verfassungsrechtlichen Anforderungen gewahrt bleiben. Die Wirksamkeit der vorgesehenen Schutzmechanismen hat der Gesetzgeber fortwährend zu überprüfen. Ergibt sich, dass sie unvollständig oder ungeeignet sind, hat er insoweit nachzubessern und erforderlichenfalls seine Entscheidung für die Zulässigkeit strafprozessualer Absprachen zu revidieren.

Das Verständigungsgesetz sichert die Einhaltung der verfassungsrechtlichen Vorgaben in ausreichender Weise. Der in erheblichem Maße defizitäre Vollzug des Verständigungsgesetzes führt derzeit nicht zur Verfassungswidrigkeit der gesetzlichen Regelung.

49 Original BVerfG 2 BvR 2628/10 v. 19.3.2013 Rz. 48 und 49.

Mit den Vorschriften des Verständigungsgesetzes hat die Zulassung von Verständigungen im Strafverfahren eine abschließende Regelung erfahren. Außerhalb des gesetzlichen Regelungskonzepts erfolgende sogenannte informelle Absprachen sind unzulässig.

G. Zusammenfassung

Die Konzeption des deutschen Strafprozesses hat durch § 257c StPO einen wesentlichen Prinzipienwiderspruch erfahren.

Durch die durch den BGH vorgezeichnete und vom Gesetzgeber übernommene Lösung konnte weder das Ziel einer effektiven Entlastung der Justiz erreicht (da eine Akzeptanz eines „schlanken Geständnisses" unmöglich bleibt), noch der Amtsaufklärungsgrundsatz gewahrt werden (da die Gerichte aus Zeitersparnis eine Prüfung des Geständnisses nur anhand der Aktenlage vornehmen können).[50]

Das Bundesverfassungsgericht konnte eine neue StPO-Reform nicht einleiten, weil es die Einschätzungsprärogative des Gesetzgebers, Verständigungen in der StPO zu normieren, nicht überprüfen kann. Es hatte unmittelbar die angegriffenen Verurteilungen und nur mittelbar die den Verständigungen zugrundeliegenden Normen am Maßstab des Grundgesetzes zu überprüfen. Dass die Normenkontrolle vor dem Hintergrund der Gewaltenteilung zurückhaltend stattfinden musste, liegt auf der Hand. Solange die Grundprinzipen „Schuldprinzip", „fair trial", „Unschuldsvermutung" und „richterliche Neutralität" durch Regelungen zu Verständigungen gewahrt bleiben, ist es dem Gesetzgeber nicht verwehrt, solche einzuführen. Das löst zwar das verfassungsrechtliche Problem und bestätigt die Gewaltenteilung, ungelöst bleiben aber die inner-systematischen strafprozessualen Brüche, also die Vermischung von inquisitorischen und adversatorischen Elementen. Diese zu beseitigen sollte sich der Gesetzgeber dringend bemühen. Das Bundesverfassungsgericht hat sehr deutlich gemacht, dass es die weitverbreitete Praxis, die Regelungen zur Verständigung zu umgehen, ja zu missachten, missbilligt. Ihm ist darin zuzustimmen, dass das Recht die Praxis und nicht die Praxis das Recht zu bestimmen hat[51]. Nachdenklich muss es aber machen, dass mindestens seit den 1980er Jahren die Praxis sich weder davon abhalten ließ, ohne Regelungen zu einer Verständigung solche zu treffen, noch, nachdem der BGH dem Einhalt gebieten wollte, sich an diese Vorgaben zu halten. Und selbst nachdem der Gesetzgeber Regelungen eingeführt hat,

50 Fezer NStZ 2010, 177 (181).

51 BVerfG 2 BvR 2628/10 v. 19.3.2013, Rz. 119.

dealte eine weitverbreitete Praxis daran vorbei. Natürlich ist dies kein Problem des Rechts, sondern der Rechtsanwendung. Dieses Problem zu lösen ist deshalb auch keine Rechtsfrage, sondern ein praktisches Problem.

Es gilt nun Farbe zu bekennen: Die Einführung so einschneidender konsensualer Elemente in das Strafverfahren wie § 257c StPO muss zwangsläufig eine Reform des Strafverfahrensrechts[52] nach sich ziehen, andernfalls das Strafprozessrecht nicht nur systematische Brüche aufweist, sondern auch seinen Zweck einbüßt – Instrument zur Wahrung von Gerechtigkeit zu sein.

---

52 Vgl. Roxin/Schünemann Strafverfahrensrecht, 27. Auflage 2012, § 17 Rn. 31; Schünemann ZRP 2009, 104 (106f.).

Prof. Dr. habil. Sławomir Steinborn

Lehrstuhl für Strafprozessrecht und Kriminologie, Universität Danzig

Vereinbarungen im polnischen Strafprozess

1. Entstehungsgeschichte

Die ersten Diskussionen in der polnischen Wissenschaft bzgl. der Prozessvereinbarungen fanden am Anfang der 90er Jahre des XX. Jahrhunderts statt.[1] Während der Vorbereitungen der polnischen Strafprozessordnung (StPO) tauchten sehr schnell Vorschläge bzgl. der Einführung des Instituts der Strafprozessvereinbarungen auf. Die neue polnische StPO wurde 1997 verabschiedet und trat am 1. September 1998 in Kraft. Dieses Gesetz sieht zwei Rechtsinstitute, die auf einer Prozessvereinbarung beruhen, vor: die Verurteilung ohne Hauptverhandlung (Art. 335 und 343 StPO) sowie das beschleunigte Verfahren (Art. 387 StPO). Obwohl beide Rechtsinstitute in dem in der angelsächsischen Rechtskultur vorhandenen Rechtsinstitut *plea bargaining* wurzeln, waren die im italienischen Strafprozess vorhandenen Vereinbarungen *pattegiamento* und *giudizzio abrevatio* hier die direkte Inspiration. Keinesfalls kann jedoch daraus gefolgert werden, dass die polnischen Vereinbarungen eine Nachahmung der italienischen Lösungen sind. Der Hauptgrund für ihre Einführung war zweifellos das Bestreben des Gesetzgebers, den Strafprozess zu beschleunigen, der zu dieser Zeit durch die Verschleppung des Verfahrens gekennzeichnet war.[2] Am Rande muss bemerkt werden, dass die neue StPO außer den bereits genannten Rechtsinstituten auch eine andere Lösung, die einen konsensualen Charakter aufweisen, enthält, und zwar die Mediation. Meinen Vortrag schränke ich jedoch nur auf die Verurteilung ohne Hauptverhandlung sowie das beschleunigte

---

1 Siehe u. A. S. Waltoś, „*Porozumienia*" *w polskim procesie karnym de lege lata i de lege ferenda (Próba oceny dopuszczalności)*, Państwo i Prawo 1992, Nr. 7; *Porozumiewanie się i uzgadnianie rozstrzygnięć przez uczestników postępowania karnego*, A. J. Szwarc (Hrsg.), Poznań 1993; W. Daszkiewicz, *Dobrowolne poddanie się karze (De lege ferenda)*, Państwo i Prawo 1993, Nr. 5.

2 Siehe A. Gaberle, *Reforma procedury karnej w Polsce w latach 1990–2002 (Uwarunkowania, założenia, perspektywy)*, Państwo i Prawo 2002, Nr. 5, S. 39; A. Murzynowski, *Ogólna charakterystyka nowego kodeksu postępowania karnego*, Państwo i Prawo 1997, Nr. 8, S. 6–7, 8; S. Steinborn, *Porozumienia w polskim procesie karnym*, Kraków 2005, S. 41–42.

Verfahren ein, da diese praktisch gesehen die größte Bedeutung haben. Wenn ich über „Vereinbarungen" spreche, sind diese zwei Rechtsinstitute gemeint.

Im ersten Zeitraum der Geltung der polnischen StPO ab 1997 wurden diese zwei Institute nicht oft in Anspruch genommen. Diese Lage änderte sich 2003 mit dem Inkrafttreten der Novelle der StPO,[3] da diese Novelle einige Unvollkommenheiten der damaligen Regelung abschaffte. Diese Regelungen galten in der damaligen Form bis 2013. Die am 27. September 2013 verabschiedete große Novelle der StPO[4] zog einige wesentliche Änderungen bzgl. der Prozessvereinbarungen nach sich, u.a. wird der Umfang der Sachen, in denen Prozessvereinbarungen zu Stande kommen können, erweitert. Ein Teil der Änderungen ist am 9. November 2013 in Kraft getreten und die sonstigen werden am 1. Juli 2015 in Kraft treten.

Heutzutage wird fast die Hälfte der Urteile in Strafsachen aufgrund von Vereinbarungen gefällt. Ausführliche Angaben beginnend ab 2001 stellt die unten stehende Tabelle dar.[5]

	Verurteilte (allgemein) (in Tausenden)	**Verurteilte in Folge einer Vereinbarung** (in Tausenden)
2001	395	39,5
2002	449	45,4
2003	516	38
2004	570	145,5
2005	581	247,6
2006	539	244,4
2007	509	217,8
2008	467	211,6
2009	471	225,4
2010	478	231,8
2011	482	228,5
2012	461	213,5
2013	421	181,6

Daher muss man niemanden davon überzeugen, dass Prozessvereinbarungen im polnischen Strafprozessrecht ein wesentliches Element der juristischen Praxis

3 Poln. GBl. vom 2003 Nr. 17, Pos. 155.

4 Poln. GBl. vom 2013 Pos. 1247.

5 Quelle: Statistiken des Justizministeriums und der Generalstaatsanwaltschaft (www.ms.gov.pl; www.pg.gov.pl).

darstellen. Man kann zugleich vermuten, dass ihre Bedeutung in der Zukunft noch zunimmt. Die Autoren der Novelle schätzen, dass dies sogar 70–80 % aller Strafsachen betreffen kann.

2. Abschluss der Vereinbarung und der Ablauf der Verhandlung

a) Verurteilung ohne Hauptverhandlung

Die Vereinbarung, auf Grund derer das verurteilende Gerichtsurteil ohne Hauptverhandlung erlassen wird, wird schon im Vorverfahren getroffen. Die Initiative zum Abschluss können der Staatsanwalt, der Beschuldigte und sein Verteidiger ergreifen. Soweit sie die Art und das Maß der Strafe und Maßnahmen festlegen, die gegen den Beschuldigten verhängt werden sollen, fügt der Staatsanwalt der Anklageschrift einen Antrag an das Gericht auf Verurteilung ohne Hauptverhandlung und die Verhängung der vereinbarten Sanktionen bei. Die Begründung des Antrags kann sich in diesem Fall auf die Begründung der Voraussetzungen der Verurteilung ohne Hauptverhandlung, also vor allem den Hinweis auf Beweise, die dafür sprechen, dass die Umstände der begangenen Tat keine Zweifel hervorrufen und die Verfahrensziele erreicht werden, beschränken. In diesem Fall muss auch die Anklageschrift keine Zusammenstellung der Beweise, deren Durchführung der Staatsanwalt beantragt, beinhalten. Der Beschuldigte muss ausdrücklich seiner Verurteilung ohne Hauptverhandlung und der Verhängung der vereinbarten Sanktionen zustimmen. Der Abschluss der Vereinbarung und die vereinbarten Bedingungen sind meist im Vernehmungsprotokoll des Beschuldigten, das vom Staatsanwalt und dem Beschuldigten unterzeichnet wird, enthalten.

Der Abschluss der Vereinbarung ermöglicht den Verzicht auf die Durchführung der weiteren Beweishandlungen im Vorverfahren. Die Erklärungen des Angeklagten zur Sache dürfen in diesem Fall keine Bedenken auslösen. Obligatorisch ist nur die Durchführung solcher Handlungen, bzgl. derer die Gefahr besteht, dass ihre Durchführung in der Hauptverhandlung unmöglich wäre. Praktisch gesehen wird diese Möglichkeit jedoch nicht oft in Anspruch genommen.

Nachdem die Klage erhoben wurde und zusammen damit der Antrag auf Verurteilung ohne Hauptverhandlung gestellt wurde, wird die Sache in einer Sitzung behandelt. In der Sitzung dürfen der Staatsanwalt, der Angeklagte sowie der Verletzte anwesend sein. Ihre Anwesenheit in dieser Sitzung ist nur dann obligatorisch, wenn der Vorsitzende oder das Gericht dies anordnet. Dies kann der Fall sein, z. B wenn das Gericht Bedenken bzgl. der Wirksamkeit der Zustimmung des Angeklagten hat oder die Notwendigkeit der Modifizierung der

Vorschläge bzgl. der Strafe und der Maßnahme (der Nebenstrafe) gesehen wird. Bislang blieb der Verletzte als eine Partei der Vereinbarung über die Verurteilung ohne Hauptverhandlung vollständig außer Acht, selbst wenn er Nebenkläger war. Er hat zwar die Möglichkeit, an der Sitzung teilzunehmen (Art. 343 § 5 StPO) sowie einen Antrag auf Wiedergutmachung des Schadens durch den Angeklagten zu stellen (Art. 343 StPO), aber seine Stellungnahme bzgl. der Bedingungen der Verurteilung muss nicht in Betracht gezogen werden. Er hat keine Möglichkeit, die Verurteilung in diesem Verfahren wirksam zu blockieren, d.h. die Vereinbarung zwischen dem Angeklagten und dem Staatsanwalt kann hinter seinen Rücken abgeschlossen werden. Diese Lage wurde vom Schrifttum[6] sehr kritisiert. Dies ändert sich ab dem 1. Juli 2015, denn die Novelle der StPO sieht im neuen Art. 343 § 3a StPO vor, dass dem Antrag auf Verurteilung ohne Hauptverhandlung nur unter der Bedingung stattgegeben werden kann, dass kein Widerspruch des Verletzten, der ordnungsgemäß über die Sitzung benachrichtigt wurde, erhoben wird.

Während der Sitzung untersucht das Gericht anhand der Akten, die das in dem Vorverfahren gesammelte Beweismaterial enthalten, ob die Voraussetzungen für die Verurteilung ohne Hauptverhandlung erfüllt sind. In der Sitzung werden keine Strengbeweise durchgeführt.

Die Novellierung der StPO sieht die Möglichkeit zur Initiative einer solchen Beendigung des Verfahrens auch für den Angeklagten vor. Er kann nämlich nach der Anklageerhebung vor dem Gericht und vor der Einreichung der Benachrichtigung über den Termin der Hauptverhandlung einen Antrag auf seine Verurteilung und die Verhängung einer bestimmten Strafe oder Nebenstrafe gegen ihn ohne Durchführung des Beweisverfahrens (Art. 338a StPO) stellen. Falls die Sache ein Vergehen betrifft, wird sie in einer Sitzung entschieden, und ihre Berücksichtigung ist von der Erfüllung der entsprechenden Voraussetzungen abhängig (Art. 343a StPO). Im Fall, dass der Antrag ein Verbrechen betrifft, wird in einer Hauptverhandlung nach Art. 387 StPO entschieden.

b) Das beschleunigte Verfahren

In dem beschleunigten Verfahren kann es nach der Erhebung der Anklage zum Abschluss der Vereinbarung kommen. Vor der Hauptverhandlung oder in der

---

6 Siehe R. Koper, *Warunki skazania oskarżonego wyrokiem bez rozprawy*, Przegląd Sądowy 1999, Nr. 5, S. 85; K. Kurowska, *Konsensualne sposoby zakończenia postępowania karnego a sytuacja procesowa pokrzywdzonego*, Prokuratura i Prawo 2002, Nr. 4, S. 19–21.

Verhandlung – bis zum Ende der ersten Vernehmung aller Angeklagten – kann der Angeklagte einen Antrag auf ein verurteilendes Urteil und die Verhängung der festgelegten Strafe oder eines Strafmittels stellen. Die Berücksichtigung dieses Antrags hängt davon ab, ob kein Widerspruch des Staatsanwalts oder des Verletzten vorliegt (Art. 387 § 2 StPO). Die Teilnahme des Letzteren in der Hauptverhandlung ist nicht obligatorisch und deswegen wird er über die Möglichkeit einer diesbezüglichen Antragstellung durch den Angeklagten informiert und über den Termin der Hauptverhandlung belehrt. Das Nichterscheinen des Verletzten in der Hauptverhandlung gilt als Nichteinlegen des Widerspruchs. Das Gericht beurteilt anhand des im Vorverfahren gesammelten Beweismaterials sowie der Erklärungen des Angeklagten zur Sache, ob die Voraussetzungen des beschleunigten Verfahrens erfüllt sind. Sind Gründe für den Erlass eines verurteilenden Urteils vorhanden, führt das Gericht keine weiteren Beweise mehr durch.

c) Das Geständnis

Die Verurteilung aufgrund einer Vereinbarung der Parteien ist nicht nur von der Erfüllung der bisher dargestellten Voraussetzungen, sondern auch von zwei weiteren wesentlichen Bedingungen abhängig. Erstens fordert der Gesetzgeber in beiden beschriebenen Instituten, dass über die Umstände der Straftatbegehung keine Zweifel bestehen. Zweitens sollen die Ziele des Verfahrens erreicht werden, obwohl die vollständige Hauptverhandlung nicht durchgeführt wird.

Nehmen wir bitte die erste Voraussetzung unter die Lupe. Sie bedeutet, dass das Gericht dazu verpflichtet ist, anhand des Beweismaterials zu untersuchen, ob keine Zweifel sowohl bzgl. der Täterschaft des Angeklagten als auch aller anderen wesentlichen Umstände, die für die Feststellung seiner strafrechtlichen Verantwortung, darunter für die richtige rechtliche Beurteilung der den Gegenstand des Urteils darstellenden Tat, vorhanden sind.[7]

Die meisten Divergenzen in der Literatur verursacht die Frage, ob ein Geständnis des Angeklagten erforderlich ist. Der Gesetzgeber formuliert diese Voraussetzung zwar nicht ausdrücklich, aber ein Teil des Schrifttums weist darauf hin, dass man sich eine Zustimmung zur Verurteilung ohne Geständnis kaum vorstellen kann.[8] Vor allem aufgrund Art. 387 StPO wird die Ansicht vertreten,

---

7 Urteil des OG vom 19. Oktober 2004, II KK 279/04, OSNKW 2005, Nr. 6, Pos. 52.

8 So v. A. J. Tylman (in:) T. Grzegorczyk, J. Tylman, *Polskie postępowanie karne*, Warszawa 2011, S. 794; P. Kardas, *Konsensualne sposoby rozstrzygania w świetle nowelizacji kodeksu postępowania karnego z dnia 10 stycznia 2003 r.*, Prok. i Pr. 2004, Nr. 1, S. 43–44;

dass der Antrag bzgl. der Verurteilung in diesem Verfahren durch den Angeklagten von dem Geständnis begleitet werden sollte.[9] Manchmal wird die Stellung eines Antrags auf die Verurteilung in einem beschleunigten Verfahren dem Geständnis sogar gleichgesetzt.[10] Solche Ansichten sind schwer zu vertreten. Ein Teil des polnischen Schrifttums ist der Auffassung, dass das Geständnis des Angeklagten nicht erforderlich ist und dass eine solche Bedingung nicht aus dem Tatbestandsmerkmal der „fehlenden Zweifel bzgl. der Umstände der Straftatbegehung" hergeleitet werden kann.[11] Der polnische Gesetzgeber sieht in anderen Vorschriften der StPO ein Geständnis als Tatbestandsvoraussetzung vor. Hätte er gewollt, dass das Geständnis Voraussetzung einer Verurteilung aufgrund einer Vereinbarung sein soll, hätte er diese Voraussetzung sicherlich ausdrücklich formuliert. Der Gesetzgeber stellt mit der Einführung der Anforderung der „mangelnden Bedenken bzgl. der Umstände der Straftatbegehung" nicht auf die Tatsache ab, ob der Angeklagte sich zur Schuld bekannt hat oder nicht, sondern auf die Erforderlichkeit des Vorhandenseins einer entsprechenden tatsächlichen Urteilsgrundlage. Rufen die gesammelten Beweise keine Bedenken bzgl.

E. Kruk, *Wyrok skazujący sądu pierwszej instancji w trybie art. 335 k.p.k.*, Kraków 2005, S. 78; L. K. Paprzycki (in:) J. Grajewski, L. K. Paprzycki, S. Steinborn, *Kodeks postępowania karnego. Komentarz*, L. K. Paprzycki (Hrsg.), Warszawa 2013, Bd. 1, S. 1036, 1108.

9 So v. A. T. Grzegorczyk, *Kodeks postępowania karnego. Komentarz*, Warszawa 2008, S. 819; P. Hofmański, E. Sadzik, K. Zgryzek, *Kodeks postępowania karnego. Komentarz*, P. Hofmański (Hrsg.), Warszawa 2011, Bd. 2, S. 524–525; S. Waltoś, *Nowe instytucje w kodeksie postępowania karnego z 1997 roku*, PiP 1997, Nr. 8, S. 33; A. Ważny, *Czy przyznanie się oskarżonego do winy warunkuje stosowanie instytucji określonej w art. 387 kodeksu postępowania karnego?*, Prok. i Pr. 2003, Nr. 6, S. 138; M. Zbrojewska, *Dobrowolne poddanie się karze w kodeksie postępowania karnego*, Białystok 2002, S. 167.

10 So v. A. P. Rogoziński, *Dobrowolne poddanie się przez oskarżonego odpowiedzialności karnej*, PiP 2000, Nr. 9, S. 56; D. Wysocki, *Instytucja „porozumienia" w postępowaniu karnym*, PiP 2000, Nr. 10, 94–95; vgl. auch S. Waltoś, P. Hofmański, *Proces karny. Zarys systemu*, Warszawa 2013, S. 513; J. Grajewski, *Przebieg procesu karnego*, Warszawa 2012, S. 216.

11 So v. A. J. Grajewski (in:) J. Grajewski, L.K. Paprzycki, S. Steinborn, *Kodeks...*, Bd. 1, S. 999; R. Koper, *Warunki...*, S. 79; K. Girdwoyń, *Konsensualny wymiar kary. Instytucje powszechnego procesu karnego*, Warszawa 2006, S. 47; A. Marek, *Konsensualny model rozstrzygania spraw w procesie karnym* (in:) *Zasady procesu karnego wobec wyzwań współczesności. Księga ku czci profesora Stanisława Waltosia*, (Hrsg.). J. Czapska, A. Gaberle, A. Światłowski, A. Zoll, Warszawa 2000, S. 66; R.A. Stefański, *Skazanie bez rozprawy w znowelizowanym kodeksie postępowania karnego*, Prok. i Pr. 2003, Nr. 6, S. 29; S. Steinborn, *Porozumienia...*, S. 270–275.

der Täterschaft des Angeklagten hervor, so kann man die Tatsache, dass er bzgl. seiner Schuld schweigt, schwer als ein Hindernis der Verurteilung anerkennen. Sicherlich erfordern hingegen Divergenzen zwischen den Handlungen des Angeklagten, der einerseits einer Verurteilung zustimmt, andererseits aber erklärt, dass er sich nicht zu seiner Schuld bekennt, eine besondere Aufmerksamkeit des Gerichts. Auch in der Rechtsprechung des polnischen Obersten Gerichts und der Appellationsgerichte wird nicht die Frage des Geständnisses betont, sondern die Erforderlichkeit der Klärung aller Umstände der Straftatbegehung.[12]

In der gerichtlichen Praxis wird oft aus der Anforderung, dass die Umstände der Straftat keine Bedenken auslösen sollten, die Voraussetzung abgeleitet, dass der Angeklagte gestehen sollte. Dies zieht bestimmte Konsequenzen nach sich. Das Geständnis stellt eine Wissenserklärung dar, kann daher nicht zurückgenommen werden, und der Angeklagte kann nur eine neue Wissenserklärung mit einem neuen Inhalt abgeben. Im Endeffekt bedeutet das Verhandeln mit dem Staatsanwalt oftmals eine Einfahrt in eine Einbahnstraße. Indem der Angeklagte eine Vereinbarung abschließt und der Verurteilung zustimmt, legt er ein Geständnis ab, ohne irgendeine Garantie, dass es in dieser Verhandlung zu einer Verurteilung kommt und gegen ihn die strafrechtliche Sanktion in dem vereinbarten Maße verhängt wird., Die Verurteilung aufgrund der Vereinbarung wird nicht nur aufgrund der Rücknahme der Einwilligung durch den Angeklagten unmöglich, wozu er bis zum Erlass des Urteils in der ersten Instanz berechtigt ist. Angesichts einer fehlenden Regelung überwiegt in der Literatur der Standpunkt, dass auch der Staatsanwalt und der Verletzte ihre Willenserklärung bis zum Urteilserlass zurücknehmen können. Es wird zwar behauptet, dass der Staatsanwalt dies nur dann tun dürfe, wenn sich die Prozesslage geändert hat, es fehlt jedoch an einer diesbezüglichen rechtlichen Regelung, die das Recht des Staatsanwalts auf Rücknahme der Einwilligung einschränken würde.[13] Die polnische Regelung

12 Siehe Urteil des Appellationsgerichtes Warschau vom 27. September 2013, II AKa 273/13, LEX Nr. 1392057; Urteil des Appellationsgerichtes Lublin vom 28. September 2009, II AKa 69/09, Orzecznictwo Sądów Apelacyjnych 2011, Nr. 4, S. 41; Beschluss des Obersten Gerichtes vom 22. Mai 2006, II KK 355/05, OSNKW-R 2006, Pos. 1085; Urteil des Obersten Gerichtes vom 23. Mai 2013, II KK 123/13, OSN - Prok. i Pr. 2013, Nr. 9, Pos. 13.

13 Siehe umfangreicher S. Steinborn, *Odwoływalność oświadczeń woli a porozumienia w polskim procesie karnym*, Palestra 2001, Nr. 7–8, S. 33ff.; I. Nowikowski, *Odwołalność czynności konsensualnych w polskim procesie karnym (zagadnienia wybrane)* (in:) *Ocena funkcjonowania porozumień procesowych w praktyce wymiaru sprawiedliwości*, C. Kulesza (Hrsg.), Warszawa 2009, S. 82ff.

bzgl. der Vereinbarungen sieht kein Beweisverbot bzgl. der Verwendung von Erklärungen des Angeklagten zur Sache vor, die von ihm in Zusammenhang mit dem Abschluss der Vereinbarung abgegeben wurden, wenn das Urteil auf dieser Grundlage nicht zustande kommt. Heutzutage erlangt der Angeklagte, der seine Erklärungen zur Sache abgegeben und im Zusammenhang mit dieser Vereinbarung gestanden hat, im Fall, dass es nicht zu einer Verurteilung i. S. d. Vereinbarung kommt, keinen der erwarteten Vorteile, aber den „Preis" dafür, das Geständnis, hat er „bezahlt". Das Gericht berücksichtigt im Urteil im normalen (nicht-konsensuellen) Verfahren in der Beweiswürdigung die zuvor und nachher abgegebenen Erklärungen des Angeklagten, darunter das Schuldbekenntnis, und beurteilt die Gründe einer möglichen Änderung des Schuldbekenntnisses. Die Möglichkeit der Änderung der Prozesstaktik unter diesen Voraussetzungen während des Kampfs um den Freispruch oder eine mildere rechtliche Qualifikation der Tat ist daher vollkommen illusorisch.[14]

3. Gegenstand der Vereinbarungen

Anfangs konnte die Verurteilung ohne Hauptverhandlung nur in Sachen von Vergehen, die mit einer Freiheitsstrafe bis zu 5 Jahren bedroht sind, stattfinden. Im Jahr 2003 wurde dieses Institut auf Vergehen, die mit einer Freiheitsstrafe bis zu 10 Jahren bedroht werden, ausgedehnt, und mit der Novelle der StPO wurde der Gegenstand dieses Rechtsinstituts auf alle Vergehen, also Straftaten, die mit einer Freiheitsstrafe bis zu 12 Jahren oder einer milderen Strafe bedroht sind, erweitert.

Vereinbarungen im Rahmen des beschleunigten Verfahrens konnten hingegen ursprünglich in Sachen eines Vergehens, das mit einer Freiheitsstrafe von bis zu 8 Jahren bedroht wird, geschlossen werden. Im Jahr 2003 wurde der Abschluss einer solchen Vereinbarung bei jedem Vergehen möglich und die Novellierung der polnischen StPO von 2013 sieht die Erweiterung des Bereichs dieses Instituts ab dem 1. Juli 2015 vor, und zwar auf alle Verbrechen, auch auf die allerschwersten.

Die Änderungen, die vor der Novellierung von 2013 eingeführt wurden, riefen Kontroversen hervor. Die Erweiterung des Sachbereichs der Vereinbarungen auf die allerschwersten Verbrechen wurde schon seit Langem durch Praktiker

14 Vgl. auch S. Ładoś, *Dobrowolne poddanie się karze a zasada pacta sunt servanda* (w:) *Ocena funkcjonowania porozumień…*, S. 97–98; M. Kuśmierczyk, *Czy jesteśmy skazani na porozumienia procesowe?* (in:) *Ocena funkcjonowania porozumień…*, S. 367–368.

gefordert, vor allem durch die Richter. Dies ist sicherlich auf die Tatsache zurückzuführen, dass die Prozessvereinbarungen auch unbestrittene praktische Vorteile nach sich ziehen, wie die Verbesserung des Strafverfahrens, die Reduzierung der Belastung der Justiz und die Ermöglichung einer schnellen Lösung der Sache, soweit zwischen den Parteien kein Streit besteht, sowie die Beschleunigung der Zahlung von Schadenersatz für den durch das Verbrechen verursachten Schaden. Die Anhänger einer solchen Änderung betonen, dass auch in Fällen schwerer Verbrechen, in denen es keine größeren Zweifel bzgl. der Beweise, die eine ausführliche Erörterung in der Hauptverhandlung erfordern würden, gibt, diese Vorteile bestehen. Für die Parteien ist in diesem Fall nur der Maß der Sanktion von Bedeutung. Es gibt daher keine Gründe, eine vollständige Gerichtsverhandlung durchzuführen.

Es muss zugegeben werden, dass die Erweiterung der Verurteilung ohne Hauptverhandlung auf alle Vergehen (also Straftaten, die mit einer Freiheitsstrafe bis zu 12 Jahren bedroht sind) noch keine gravierende Änderung darstellt,[15] da dieses Rechtsinstitut seit einiger Zeit auch schon in Bezug auf Straftaten angewandt werden konnte, die mit einer Freiheitsstrafe bis zu 10 Jahren bedroht waren. Außerdem betraf das in Art. 387 StPO vorgesehene Rechtsinstitut alle übrigen Vergehen schon länger. Anders jedoch stellt sich die Frage der Erweiterung des Sachbereichs der Verurteilung nach Art. 387 StPO dar. Ohne Zweifel stellt eine diesbezügliche Erfassung aller Verbrechen eine weitgehende Änderung dar. Dies bedeutet, dass wegen jeder hypothetischen Straftat, die vor ein Strafgericht gelangen kann, Verhandlungen zwischen dem Staatsanwalt (und eventuell dem Verletzten) und dem Angeklagten und seinem Verteidiger stattfinden können. Es ist jedoch kaum möglich, alle Gefahren zu überblicken, die sich aus der Ermöglichung eines Deals bei den allerschwersten Verbrechen ergeben. Dies bedeutet, dass es sogar bei einer Tat, die mit einer lebenslangen Freiheitsstrafe bedroht ist, möglich wäre, zwischen dem Staatsanwalt (und eventuell dem Verletzten) sowie dem Angeklagten und seinem Verteidiger zu verhandeln. Eine solche Richtung der Änderungen kann Bedenken axiologischer Natur auslösen, die mit der Frage zusammenhängen, ob und gegebenenfalls wie weit staatliche Organe verhandeln dürfen und damit verbunden Kompromisse mit Personen schließen, gegenüber denen ein Verdacht besteht, schwere Verbrechen begangen zu haben. Dies könnte in der Gesellschaft den Eindruck erzeugen, dass es möglich ist, bzgl. des Maßes

---

15 Siehe die positive Bewertung dieses Vorschlags von J. Kasiński, *Konsensualne formy zakończenia postępowania w świetle zmian procedury karnej projektowanych przez Komisję Kodyfikacyjną Prawa Karnego* (in:) *Funkcje procesu karnego. Księga jubileuszowa Profesora Janusza Tylmana*, T. Grzegorczyk (Hrsg.), Warszawa 2011, S. 682–683.

der strafrechtlichen Verantwortung, die jemanden trifft, zu verhandeln, und dies sogar bei allerschwersten Verbrechen.[16] Eine weitere Folge kann die Vertiefung der tatsächlichen Ungleichheiten zwischen den Angeklagten darstellen, weil die Personen, die einen höheren Vermögensstatus haben, die besten und die teuersten Rechtsanwälte als Wahlverteidiger beauftragen können, die im Stande sind, mit dem Staatsanwalt und dem Verletzten erfolgreich zu verhandeln. Die obigen Zweifel mögen zwar kein Argument für die völlige Ablehnung der konsensualen Institute bei schweren Verbrechen darstellen, jedoch sprechen sie sicherlich dafür, bei künftigen gesetzgeberischen Schritten ausführliche Überlegungen anzustellen.

Der Unterschied im Umfang der Sachen, in denen Vereinbarungen im Rahmen einer Verurteilung ohne Hauptverhandlung und eines beschleunigten Verfahrens geschlossen werden können, folgt vor allem aus ihrem rechtlichen Charakter. Die Verurteilung ohne Hauptverhandlung hat einen materiell-prozessualen Charakter, weil der Gesetzgeber mehr Möglichkeiten der Verhängung einer wesentlich milderen Strafe vorgesehen hat, als aus den allgemeinen, im Strafgesetzbuch (StGB) genannten Grundsätzen, folgt.

1) Das Gericht kann die außerordentliche Milderung der Strafe unabhängig von den im StGB vorgesehenen Grundlagen in Anspruch nehmen, was bedeutet, dass eine Strafe unter der gesetzlich angedrohten unteren Grenze für die jeweilige Tat verhängt wird.
2) Eine Strafaussetzung zur Bewährung – ausgesetzt werden kann sogar eine Freiheitsstrafe von nicht mehr als 5 Jahren (gemäß dem StGB nicht mehr als 2 Jahren), und die Probezeit kann bis zu 10 Jahren dauern (gemäß dem StGB bis zu 5 Jahren).
3) In Sachen der Vergehen, die gesetzlich mit einer Freiheitsstrafe von nicht mehr als 5 Jahren bedroht werden, kann das Gericht von der Verhängung der Strafe absehen und ausschließlich eine Strafmaßnahme verhängen (z.B. ein Fahrverbot); nach den Vorschriften des StGB ist dies nur bei Vergehen, die mit einer Freiheitsstrafe von nicht mehr als 3 Jahren bedroht werden, möglich.

Dahingegen hat das beschleunigte Verfahren einen strikt prozessualen Charakter, weil der Gesetzgeber ausdrücklich keine Möglichkeit der milderen Bestrafung

---

16 Siehe auch M. Jeż-Ludwichowska, *Skazanie w trybie art. 335 i 387 k.p.k. a funkcje procesowego prawa karnego w świetle projektowanych zmian legislacyjnych* (in:) *Nauki penalne wobec szybkich przemian socjokulturowych. Księga jubileuszowa Profesora Mariana Filara*, A. Adamski, J. Bojarski, P. Chrzczonowicz, M. Leciak, Toruń (Hrsg.) 2012, Bd. 2, S. 36–37.

des Täters vorgesehen hat. Dies bedeutet, dass die allgemeinen im StGB festgelegten Grundsätze der Strafzumessung angewandt werden. Einige Vertreter der Strafrechtslehre weisen jedoch darauf hin, dass sich allein aus dem konsensualen Charakter des beschleunigten Verfahrens die Möglichkeit einer milderen Bestrafung des Täters ergibt, allerdings nur im Rahmen des richterlichen Ermessensspielraums und unter Berücksichtigung der im StGB festgelegten Grundsätze.[17] Es wird argumentiert, dass die Verurteilung des Angeklagten in einer konsensualen Verfahrensweise zwar nicht ohne jegliche Bedeutung für die Strafbemessung sein kann, dass sie aber auch keinen Faktor darstellt, der die in Art. 53 StGB vorgesehenen Grundsätze des richterlichen Ermessensspielraums aushebeln würde. Deswegen soll man den Beitrag des Angeklagten zu einem schnelleren Abschluss des Verfahrens in Zusammenhang mit dem Erlass eines verurteilenden Urteils in einem beschleunigten Verfahren als einen Umstand ansehen, der von einer positiven Haltung des Angeklagten zeugen kann und milder zu bestrafen wäre, weil dies eine Art tätige Reue der Begehung der Straftat ist. Dieser Umstand muss also berücksichtigt werden, aber als ein Element, das die Strafbemessung beeinflussen kann, und dies in den durch die allgemeinen Grundsätze des in Art. 53 StGB festgelegten Grenzen. Grundsätzlich sollten in die konkrete Strafzumessung sämtliche Umstände einer Straftat einfließen, sowohl die mildernden als auch die verschärfenden. Es kann nicht vorkommen, dass einem besonderen Faktor eine entscheidende Bedeutung zukommt. Der Umstand, dass der Angeklagte sich freiwillig der Strafverantwortung stellt, kann nicht den Grundsatz eliminieren, dass die Strafe dem Grad der Sozialschädlichkeit der Tat entsprechen muss, es sei denn, der Gesetzgeber hat dies ausdrücklich und eindeutig zugelassen. Wesentlich ist an dieser Stelle auch, dass hier immer ein gewisser Spielraum bestehen wird, und zwar aufgrund des richterlichen Ermessensspielraums, der bei der Strafzumessung im Rahmen des Gesetzes gilt. Deswegen kann das Gericht selbst beurteilen, welche Bedeutung und welchen Einfluss der jeweilige Umstand in einer konkreten Sache auf die Strafzumessung hatte. Bei Berücksichtigung der Umstände, die eine Strafmilderung aufgrund der Urteile, die in einer konsensualen Verfahrensweise gefällt werden, bewirken, sollte die entscheidende Bedeutung

17 So v. A. R.A. Stefański (in:) Z. Gostyński (Hrsg.), *Kodeks postępowania karnego. Komentarz*, Warszawa 2004, Bd. 2, S. 268; ähnlich das OG in dem Urteil vom 7. September 1999, WKN 32/99, OSNKW 1999, Nr. 11–12, Pos. 77; T. Grzegorczyk, *Wniosek oskarżonego o skazanie go bez przeprowadzenia postępowania dowodowego na rozprawie*, PS 2000, Nr. 1, S. 26; M. Zbrojewska, *Dobrowolne…*, S. 187; P. Rogoziński, *O niektórych procesowych aspektach dobrowolnego poddania się przez oskarżonego odpowiedzialności karnej (art. 387 k.p.k.)*, Palestra 2001, Nr 1–2, S. 14.

nicht die Einwilligung des Angeklagten in eine Verfahrensweise, sondern vor allem eine bestimmte Verhaltensweise des Angeklagten haben, wie z.B. tatsächliche Reue, ein Geständnis, das keinen taktischen Charakter hat, die Offenlegung der Umstände der Straftatbegehung, die Aussöhnung mit dem Verletzten oder wenigstens der Entschuldigung bei dem Verletzten, die Wiedergutmachung des Schadens oder zumindest ein Anstreben einer Wiedergutmachung, sowie die Beseitigung anderer negativer Folgen der Straftat.[18]

Die StPO-Novelle vom 27. September 2013 führt ausdrücklich die Möglichkeit der Strafreduzierung für den Angeklagten ein, weil eine Milderung der Strafe in dem beschleunigten Verfahren nach anderen Gesetzen als dem StGB möglich ist (Art. 387 § 4 StPO). Bei Verbrechen stellt diese Möglichkeit einen Bonus für eine zügige Antragstellung dar, weil der Angeklagte dies nur dann nutzen kann, wenn er den Antrag auf Verurteilung vor Einreichung der Benachrichtigung über den Hauptverhandlungstermin gestellt hat. Dies bildet die Rechtsgrundlage für die mildere Bestrafung im Rahmen des beschleunigten Verfahrens, denn wenn der Gesetzgeber im Rahmen eines beschleunigten Verfahrens die Möglichkeit der Strafmilderung vorsieht, dann wird *argumentum a maiori ad minus* auch eine mildere Bestrafung des Angeklagten im Rahmen der gesetzlichen Strafandrohung anzunehmen sein.

Die Absprachen der Parteien im Rahmen der geschilderten Vereinbarungen beziehen sich vor allem auf Sanktionen, die gegen den Angeklagten wegen des von ihm begangenen Verbrechens verhängt werden sollten. Die Parteien sollten nicht nur die Art und das genaue Maß der Strafe festlegen, sondern auch die Art und das Maß der Straf- und Bewährungsmaßnahmen, soweit sie verhängt werden sollen. Die Festlegungen und weitere Vorschläge, die in dem Antrag an das Gericht enthalten sind, sollten möglichst ausführlich sein.[19] Im Rahmen der Vereinbarungen gibt es auch eine Reihe von Möglichkeiten der Festlegung, wie der durch das Verbrechen entstandene Schaden wiedergutgemacht werden sollte. In der Praxis ist es zu solchen Fällen gekommen, in denen der Antrag des Staatsanwalts die Frage der Verfahrenskosten umfasste, obwohl deren Zulässigkeit bzgl. der Absprachen sowohl in der Rechtsprechung[20] als auch in dem

---

18 Siehe ausführlicher S. Steinborn, *Porozumienia…*, S. 325–332.

19 Siehe ausführlicher S. Steinborn, *Porozumienia…*, S. 129–165.

20 So eine Möglichkeit wurde in den folgenden Urteilen zugelassen: OG vom 16. November 2011, III KK 322/11, LEX Nr. 1055032; OG vom 20. Januar 2012, III KK 414/11, LEX Nr. 111524; OG vom 11. April 2013, V KK 19/13, LEX Nr. 129828; anders in dem Urteil des OG vom 7. Februar 2007, V KK 421/06, OSNKW-R 2007, Pos. 397.

Schrifttum[21] uneinheitlich bewertet wird. Diese Frage wird durch die Novelle vom 27. September 2013 geklärt, indem sie nach Art. 335 § 1 StPO ausdrücklich zulässig ist.

Kontrovers wird in der Lehre die Frage behandelt, ob es zulässig ist, dass die Verhandlungen und Vereinbarungen auch Tatsachenfeststellungen und die rechtliche Qualifikation der Tat umfassen. Die Mehrheit lehnt eine solche Möglichkeit ausdrücklich mit dem Argument ab, dass dies dem Grundsatz der materiellen Wahrheit widerspricht.[22] Ich bin jedoch anderer Meinung, aber dies entspricht nicht der herrschenden Lehre. Es scheint allerdings möglich, dass die Parteien unter bestimmten Umständen einige Aussagen bzgl. des Sachverhalts, die rechtliche Qualifikation der Tat, sogar hinsichtlich der Anzahl der Taten, für deren Begehung der Angeklagte verurteilt werden soll, zum Gegenstand ihrer Vereinbarungen machen können. Es geht hier vor allem um die Fälle, in denen in der Sache ein „Auslegungsspielraum" vorhanden ist. Verhandlungen kann man sich z.B. in dem Fall vorstellen, in dem nach Einschätzung der Verteidigung der Staatsanwalt dem Angeklagten zu Unrecht zwei gesonderte Taten zur Last legt, wenn es sich dabei nur um eine das gesamte Verhalten des Angeklagten umfassende Tat handelt. Ähnliches gilt, wenn die rechtliche Qualifikation der Tat umstritten ist. Zweifellos gilt jedoch die Bedingung, dass die Festlegungen der Parteien nicht zur Verletzung des Grundsatzes der materiellen Wahrheit und des Legalitätsprinzips führen dürfen. Dies bedeutet, dass die Festlegungen der Parteien auf der Wirklichkeit beruhen müssen, vor allem auf den in der Sache gesammelten Beweisen, und wenn es um die Frage der rechtlichen Bewertung geht, sollte sie nach den geltenden Rechtsvorschriften und den zugelassenen Auslegungsmethoden begründet sein.[23]

---

21 Gegen die Zulässigkeit der Absprachen bzgl. Gerichtskosten, aber für die Zulässigkeit der Absprachen bzgl. Kosten zwischen dem Angeklagten und dem Verletzten: S. Steinborn, *Porozumienia...*, S. 166–167; ähnlich bzgl. Gerichtskosten: M. Świerk, *Kontrowersje wokół związania sądu stanowiskiem prokuratora w przedmiocie kosztów sądowych (art. 335 k.p.k.)*, PS 2013, Nr. 7–8, S. 161–163.

22 Siehe u. A. P. Kardas, *Konsensualne ...*, S. 42; A. Marek, *Konsensualny ...*, S. 66; R. A. Stefański, *Skazani e...*, S. 22; J. Tylman (in:) T. Grzegorczyk, J. Tylman, *Polskie postępowanie...*, S. 750; S. Waltoś, *Nowe instytucje ...*, S. 30; A. Ważny, *Modyfikacja uzgodnień przed sądem w trybie dobrowolnego poddania się karze*, Prokurator 2004, Nr. 1, S. 51; C. Kulesza, *Sprawiedliwa kara a konsensualne formy zakończenia postępowania karnego (uwagi na tle orzecznictwa sądowego)* (in:) *Profesor Marian Cieślak – osoba, dzieło, kontynuacje*, W. Cieślak, S. Steinborn (Hrsg.), Warszawa 2013, S. 933.

23 Siehe ausführlicher S. Steinborn, *Porozumienia...*, S. 108–129.

Bei dieser Gelegenheit ist noch eine Sache zu bemerken. Das polnische Oberste Gericht (OG) betont in seiner Rechtsprechung,[24] dass eine Identität der tatsächlichen Darstellung und der rechtlichen Qualifikation der Tat, die die Grundlage für den Abschluss der Vereinbarung bilden, sowie der tatsächlichen Darstellung und der rechtlichen Qualifikation der Tat in der die Grundlage des Urteils darstellenden Vereinbarung vorhanden sein muss. Wenn es nach Abschluss der Vereinbarung, aber noch vor der Antragstellung durch den Staatsanwalt bzgl. der Verurteilung ohne Hauptverhandlung, zu einer Änderung der tatsächlichen Darstellung und der rechtlichen Qualifikation der Tat kommt, muss der Staatsanwalt mit dem Angeklagten erneut die Verfahrensart der Verurteilung ohne Hauptverhandlung festlegen. Dies betrifft auch solche Fälle, in denen die Strafe und andere vorher vereinbarte Maßnahmen sich im Rahmen der Strafen und Maßnahmen, die verhängt werden können, halten. Eine Vereinbarung muss auch dann erneuert werden, wenn das Gericht eine Änderung des Sachverhalts oder der rechtlichen Qualifikation der Tat in Vergleich mit der Anklage und dem, was vorher die Grundlage für die Vereinbarung war, für erforderlich hält. Man kann nicht ausschließen, dass diese – völlig richtige – Verfahrensweise dazu dient, dass der Gegenstand der Verhandlungen nicht nur die Strafe, sondern auch die Darstellung des Sachverhalts und seine rechtliche Qualifikation umfasst.

4. Die Entscheidung des Gerichts und die Modifizierung der Bedingungen der Vereinbarung

Das Gericht ist an den Inhalt der Vereinbarung und des Antrags auf Verurteilung ohne Hauptverhandlung oder das beschleunigte Verfahren gebunden. Das Gericht kann den Antrag als rechtmäßig anerkennen oder ihn ablehnen. Entscheidet es sich jedoch für die erste Lösung, kann die Verurteilung nur nach den von den Parteien festgelegten und später im Antrag gestellten Bedingungen geschehen. Das Gericht hat keine Möglichkeit, andere als die von den Parteien vorgeschlagene Lösungen zu wählen, selbst dann nicht, wenn die Parteien in ihren Vorschlägen eine obligatorische Entscheidung außer Acht gelassen haben (z.B. eine Strafmaßnahme, deren Verhängung bei einer bestimmten Tat obligatorisch ist). Wenn das Gericht einen Grund für die Berücksichtigung des Antrags sieht, aber die von den Parteien vereinbarten Bedingungen der Verurteilung als ungeeignet bezeichnet (weil z.B. nach Meinung des Gerichts die vorgeschlagene Strafe zu mild oder zu streng ist), hat das Gericht nur die Möglichkeit, den Antrag und die

24 Siehe Urteil des OG vom 23. Februar 2012, III KK 386/11, OSNKW 2012, Nr. 5, Pos. 53.

Verurteilung aufgrund der Vereinbarung von einer entsprechenden Änderung der Bedingungen abhängig zu machen.[25] Die Parteien sind die einzigen Disponenten der Vereinbarung. Dies bedeutet, dass der Abschluss einer Vereinbarung erforderlich ist, die die ursprüngliche Absprache ändert. Vereinbaren die Parteien eine solche Änderung, kann das Gericht ein Urteil erlassen, das die geänderte Vereinbarung berücksichtigt. Ändern die Parteien die Bedingungen der Vereinbarung nicht, muss das Gericht das Urteil in der Form ablehnen und die Sache in das normale Verfahren überleiten.

Die Frage der Modifizierung der Bedingungen der Vereinbarung führt zu einem weiteren bemerkenswerten Problem. Durch den Hinweis des Gerichts auf die Erforderlichkeit der Modifizierung der Bedingungen der Vereinbarung setzt sich das Gericht dem Vorwurf der Befangenheit aus, insbesondere wenn die vorgeschlagene Änderung durch eine der Parteien kritisch bewertet wird. Wesentlich ist vor allem die Frage, ob der Hinweis des Gerichts an die Parteien, welche Änderung vorgenommen werden sollte (z.B. die Nennung des vom Gericht erwarteten Strafmaßes) zulässig ist, wenn das Gericht gleichzeitig die Berücksichtigung des Antrags und den Erlass des Urteils von dieser Änderung abhängig macht.[26]

5. Die Frage der effektiven Verteidigung

In Zusammenhang mit den durch die StPO-Novelle vom 27. September 2013 eingeführten Änderungen ist in der Praxis zu befürchten, dass der Grundsatz der materiellen Wahrheit und die Regeln der gerechten Urteilsfindung verletzt werden. Grund dafür ist nicht nur die wesentliche Erweiterung des Sachbereichs der Vereinbarungen, sondern auch die Erweiterung des Grundsatzes des kontradiktorischen Verfahrens im Strafverfahren. Je schwerer ein Verbrechen und je komplizierter die Beweislage ist, desto größer ist die Gefahr, dass Vereinbarungen vom Staatsanwalt benutzt werden, um das Risiko der Beweislast bzgl. der Schuld während eines kontradiktorischen Verfahrens vor Gericht zu vermeiden. Man kann sich Praktiken vorstellen, die darin bestehen, dass Staatsanwälte gegenüber Angeklagten sehr günstige Angebote der Strafzumessung machen, weil sie nicht sicher sind, ob das gesammelte Beweismaterial für die Verurteilung des Angeklagten in einem nicht-konsensualen Verfahren ausreicht. Auch für den

25 Siehe das Urteil des OG vom 21. August 2012, III KK 430/11, OSNKW 2012, Nr. 12, Pos. 130; Urteil des OG vom 9. Dezember 2005, WA 25/05, OSNKW 2006, Nr. 2, Pos. 20.

26 Siehe ausführlicher S. Steinborn, *Porozumienia…*, S. 185–207.

Richter kann die Frage, ob er den Vorschlag der konsensualen Beendigung des Verfahrens annehmen soll, zu einem Dilemma führen, indem er abwägt, was für ihn günstiger wäre: die Sache schnell zu entscheiden oder ein umfangreiches Beweisverfahren durchzuführen und anschließend noch eine ausführliche Begründung des Urteils schreiben zu müssen. Je größer der Einsatz und die potentiellen Vorteile für diejenigen sind, die an dem Abschluss und der Anerkennung der Vereinbarung beteiligt sind, desto größer ist die Gefahr der Verletzung des gesetzlichen Rahmens.

Aus Sicht des Angeklagten ergeben sich die praktisch größten Gefahren aus zwei Faktoren. Der erste Faktor ist die tatsächliche Ungleichheit zwischen dem Staatsanwalt und der ihn unterstützenden Staatsgewalt und dem Angeklagten, der oftmals allein im Verfahren steht und ohne entsprechende sachliche Hilfe am Abschluss der Vereinbarung mitwirkt. Die polnischen Regelungen sehen leider keine Regelung vor, die dem Angeklagten eine entsprechende Verteidigung beim Abschluss einer Vereinbarung mit dem Staatsanwalt garantiert. Es gelten hier die allgemeinen Regeln bzgl. der Bestellung eines Verteidigers bei Bedürftigkeit des Angeklagten. Es fehlt sogar an der Erforderlichkeit einer Sprechstunde, in der der Angeklagte sich mit einem Verteidiger vor dem Abschluss der Vereinbarung beraten könnte.

Den zweiten Faktor stellt der Mangel an Informationen dar, den der Angeklagte vor allem während des Vorverfahrens hat. Es ist daher schwer für ihn, seine eigene prozessuale Lage und die Adäquatheit und Attraktivität der von dem Staatsanwalt gemachten Vorschläge zu erkennen.[27] Kommt es noch vor Abschluss des Vorverfahrens und damit vor der Bekanntgabe der Ergebnisse des Vorverfahrens zu Verhandlungen, was i. d. R. der Fall ist, hat der Angeklagte meist noch keinen vollen Zugang zu den Verfahrensakten und sein Wissen beschränkt sich auf die Kenntnis der Vorwürfe und gegebenenfalls auf einige Handlungen, die während des Vorverfahrens vorgenommen wurden. Der Staatsanwalt hat keine Pflicht, dem Angeklagten das in dem Vorverfahren gesammelte Beweismaterial zu offenbaren.[28] Es ist somit für den Angeklagten und den Verteidiger schwer, die vom Staatsanwalt gemachten Vorschläge realistisch zu beurteilen, wenn sie

---

27 Vgl. auch C. Kulesza, *Porozumienia procesowe z perspektywy obrońcy* (in:) *Ocena funkcjonowania porozumień procesowych w praktyce wymiaru sprawiedliwości*, C. Kulesza (Hrsg.), Warszawa 2009, S. 79–80.

28 Vgl. C. Kulesza, *Od obrony formalnej do obrony realnej? Nowa rola obrońcy w projekcie reformy procedury karnej* (in:) *Problemy wymiaru sprawiedliwości karnej. Księga jubileuszowa Profesora Jana Skupińskiego*, A. Błachnio-Parzych, J. Jakubowska-Hara, J. Kosonoga, H. Kuczyńska (Hrsg.), Warszawa 2013, S. 470–471.

dieses Material nicht kennen. Die polnische StPO sieht keine besonderen Regelungen hierfür vor, was man als ernsten Fehler betrachten kann. Es scheint aber, dass die Vorschriften der StPO die Zugänglichmachung des Beweismaterials für den Angeklagten und seinen Verteidiger anordnen sollten, und zwar in dem Fall, dass der Staatsanwalt die Anwendung des Instituts nach Art. 335 und 343 StPO vorschlägt, wenn der Angeklagte und sein Verteidiger dies fordern. Nur unter dieser Voraussetzung kann man von einer bewussten Entscheidung bzgl. der Verurteilung ohne Hauptverhandlung sprechen.

6. Anfechtbarkeit des aufgrund einer Vereinbarung erlassenen Urteils

Zum Schluss möchte ich der Frage der Anfechtbarkeit der aufgrund von Vereinbarungen geschlossenen Urteile einige Bemerkungen widmen. Anfangs sah die polnische StPO keine Unterschiede bzgl. der Anfechtbarkeit solcher Urteile vor. Dies war u.a. Anstoß für das OG, die kontroverse Ansicht zu äußern, dass das Berufungsgericht das angefochtene Urteil ändern kann und eine andere Strafe als die von den Parteien vereinbarte verhängen kann, wenn es dies für begründet hält.[29] Später änderte sich die Rechtsprechung des OG. Es wurde angenommen, dass das Berufungsgericht bei Rüge der Verletzung materiellen Rechts das Urteil bzgl. der verhängten Strafe dann nicht ändern kann, wenn es die Vereinbarung missachtet und die Parteien den neuen, sich aus der Berufung ergebenden Bedingungen nicht zugestimmt haben. Kommt es nicht zu einer Modifizierung der Bedingungen der Vereinbarung vor dem Berufungsgericht, ist das angefochtene Urteil aufzuheben und die Sache zum erneuten Verfahren zu übergeben.[30] Auf Grund der in der Rechtsprechung stets bestehenden Divergenzen wurde die Frage der Zuständigkeit des Berufungsgerichts bzgl. der Kontrolle des in konsensualer Verfahrensweise erlassenen Urteils Gegenstand einer Entscheidung des OG in Besetzung von sieben Richtern. In dem Beschluss vom 25. September 2013 wurde angenommen, dass die Instanz-Kontrolle eines Urteils, das nach Art. 343 StPO erlassen wurde, außer der Modifizierung gemäß Art. 343 § 3 StPO, nach

29 Beschluss des OG vom 17. Oktober 2000, V KKN 362/00, OSNKW 2001, Nr. 1–2, Pos. 9.

30 Siehe das Urteil des OG vom 29. August 2012, V KK 208/12, OSNKW 2012, Nr. 12, Pos. 132; Urteil des OG vom 19. November 2008, V KK 181/08, LEX Nr. 477732; ähnlich auch in dem Schrifttum: R. Kmiecik, *Glosa do postanowienia Sądu Najwyższego – Izba Karna z dnia 17 października 2000 r., V KKN 362/2000*, Orzecznictwo Sądów Powszechnych 2001, Nr. 7–8, S. 414; S. Steinborn, *Porozumienia…*, S. 398–400

den allgemeinen Grundsätzen durchgeführt wird.[31] Diese Ansicht beruht auf der Annahme, dass die Anfechtung des in konsensualer Verfahrensweise erlassenen Urteils die vorherige Absprache rückgängig macht, und dass das Erfordernis der Einhaltung der Bedingungen der Vereinbarung durch das Gericht nicht mehr gültig ist.

Im Jahr 2003 hat man unter dem Einfluss der Praxis den Art. 434 § 3 StPO hinzugefügt, nach dem das Berufungsgericht im Falle der Anfechtung, die nur zugunsten des Angeklagten eines aufgrund einer wirkenden Vereinbarung erlassenen Urteils erfolgte, das Urteil auch zu seinen Ungunsten geändert werden kann. Dies bedeutete für den die Vereinbarung abschließenden Angeklagten also die Entziehung des sich aus dem Grundsatz *reformatio in peius* ergebenden Schutzes. Ziel dieser Regelung war es, das illoyale Verhalten und die „Erschleichung" einer milderen Strafe zu vermeiden. Von Anfang an wurde der Art. 434 § 3 StPO von der Lehre stark kritisiert, es wurde die Verfassungswidrigkeit bzgl. des Rechts auf Verteidigung gerügt.[32]

Der polnische Verfassungsgerichtshof (VerfGH) stellte 2009 fest, dass diese Vorschrift insofern verfassungswidrig ist, als Urteile zu Ungunsten des Angeklagten möglich sind, und zwar in Folge eines Verstoßes, für den das Gericht und nicht der Angeklagte haftet.[33] Art. 343 § 3 StPO wurde in 2010 novelliert, um die Entscheidung des VerfGH zu implementieren. Dennoch kann aus verschiedenen Gründen diese Entscheidung nicht als günstig angesehen werden. Ohne ins Detail zu gehen, muss festgestellt werden, dass der Wille, die Anfechtbarkeit der aufgrund von Vereinbarungen erlassenen Urteile zu beschränken, nicht nur ungünstig zu sein scheint, sondern auch keinen ausreichenden Grund dafür darstellt, dass eine der wesentlichsten Prozessgarantien des Angeklagten, nämlich das Verbot der *reformatio in peius*, in Frage gestellt wird. Aus diesem Grunde hebt die StPO-Novelle vom 27. September 2013 diese kontroverse Regelung wieder auf. Stattdessen wird ein vollständig neuer Mechanismus eingeführt, der zum Ziel hat, die Anfechtung der in Folge konsensualer Verfahren

---

31 Beschluss des OG vom 25. September 2013, I KZP 5/13, OSNKW 2013, Nr. 11, Pos. 92.

32 Siehe T. Grzegorczyk, *Wybrane zagadnienia najnowszej nowelizacji procedury karnej*, Państwo i Prawo 2003, Nr. 8, S. 12–13; A. Sakowicz, *Wyłączenie stosowania zakazu reformationis in peius w przypadkach określonych w art. 343 lub 387 k.p.k. a konstytucyjny standard prawa do obrony* (in:) *Ocena funkcjonowania porozumień procesowych w praktyce wymiaru sprawiedliwości*, C. Kulesza (Hrsg.), Warszawa 2009, S. 130ff.; S. Steinborn, *Porozumienia…*, S. 406–423; S. Zabłocki, *Ograniczenie zakazu reformationis in peius*, Palestra 2003, Nr. 7–8, S. 125.

33 Urteil des polnischen VerfGH vom 28. April 2009, P 22/07, OTK-A 2009, Nr. 4, Pos. 55.

erlassenen Urteile zu beschränken, und der die Möglichkeit ausschließt, in der Berufung gegen ein Urteil, das auf einer Vereinbarung beruht, die Rüge bzgl. der fehlerhaften Tatsachenfeststellungen sowie der groben Unangemessenheit der Strafe zu erheben, soweit diese mit dem Inhalt der Vereinbarung verbunden ist (Art. 447 § 7 StPO). Dies stellt eine rationalere Lösung dar, die nicht gegen das System der Prozessgarantien des Angeklagten verstößt. Damit wird sich die Berufungskontrolle eines solchen Urteils vor allem auf der Verifizierung der in der StPO vorgesehenen Voraussetzungen einer solchen Verfahrensweise sowie auf der Kongruenz der Entscheidung mit den Vorschriften des materiellen Rechts konzentrieren.

VI. Sonstiges

O. W. Ignatiuk

Sekretär der Strafkammer des Berufungsgerichts der Oblast Kiew

O. P. Milewskyj

Dozent am Lehrstuhl für Strafrecht, Strafprozess und Kriminalistik der Nationalen Universität des Staatlichen Steuerdienstes der Ukraine

Die Stellung des summarischen Gerichtsverfahrens bei Strafvergehen im Strafprozess der Ukraine

Die Entwicklung des modernen Strafverfahrens ist durch eine allgemeine Tendenz zur Differenzierung seiner prozessualen Form gekennzeichnet, die einerseits auf die Beschleunigung und Vereinfachung der Modi seiner Abwicklung und andererseits auf die Unzulässigkeit der Beschneidung der Rechte und Freiheiten der am Strafprozessbereich beteiligten Personen ausgerichtet ist.

Ungeachtet dessen, dass die meisten Wissenschaftler dazu tendieren, in der Argumentation die strafrechtliche (den Grad der sozialen Gefährdung durch die Straftat) und die strafprozessuale (die Komplexität des Verfahrens) Differenzierung hervorzuheben, scheint die durch den Gesetzgeber in der Strafprozessordnung der Ukraine (StPO) zweimal vorgenommene Verwendung des begrifflichen Systems „besondere Verfahrensart" etwas misslungen zu sein, weil es dadurch zu einer gewissen Begriffsverwirrung bei der Handhabung dieser Kategorien und zur Synonymisierung der Kategorien „Differenzierung" und „Eigenart" kommt. Werden strafrechtliche Delikte in Straftaten und Strafvergehen unterteilt, dann wird in Bezug auf jede Gruppe eine entsprechend einheitliche Form des Strafverfahrens angewendet, d.h. solche Verfahren existieren parallel. Dabei stellt sich die Frage, warum die Besonderheit den Strafvergehen zugestanden wird und nicht umgekehrt. Das Strafverfahren wegen Straftaten und Strafvergehen sollte unserer Meinung nach auf gleicher Ebene betrachtet werden. Eine Differenzierung der prozessualen Form des Strafverfahrens erfolgt in Bezug auf strafrechtliche Delikte. Es wird somit zwischen einem Strafverfahren wegen Straftaten und einem Strafverfahren wegen Vergehen (vereinfachtes Verfahren) unterschieden.

Die Verfahren auf Grundlage von Vereinbarungen, das Jugendstrafverfahren usw. (Kapitel VI StPO) beziehen sich sowohl auf Straftaten als auch auf Strafvergehen.

Früher gab es folgende summarische Verfahren: die Protokollform der vorgerichtlichen Vorbereitung der Prozessakten; die Einigung zwischen dem Geschädigten und der Person, die eine Straftat begangen hat, in deren Folge von der Einleitung des Strafverfahrens abgesehen wird oder dieses durch den Richter eingestellt wird; die Einigung zwischen dem Angeklagten und dem Geschädigten (Art. 46 des StPO); die Möglichkeit für das Gericht, von der Beweisaufnahme in der Verhandlung abzusehen und nur die Vernehmung des Angeklagten durchzuführen, der ein umfassendes Geständnis bzgl. der gegen ihn erhobenen Anklage abgelegt hat (Art. 299, 301–1 StPO 1960). Angesichts des Umstandes, dass die historischen Besonderheiten des Strafverfahrens sich nach bestimmten Kategorien der am Strafprozessrechtsverhältnis beteiligten Personen richten (ein derartiger Ansatz ist für die meisten Strafprozessordnungen der GUS-Länder typisch) oder sich auf Verfahren beziehen, die Informationen enthalten, die Staatsgeheimnisse darstellen, ist eine derartige Verankerung der Bestimmungen des Kapitels VI der Strafprozessordnung der Ukraine logisch. Ungeachtet einiger tatsächlicher Besonderheiten sowohl bei Verfahren wegen Strafvergehen als auch bei der Verhandlung von Fällen durch ein Schwurgericht, wäre es unserer Meinung nach ratsam, das Kapitel 30 StPO, das das summarische Verfahren und das Verfahren vor einem Schwurgericht regelt, um ein Sonderkapitel 30–1 zu ergänzen, was zu einer klareren Terminologie beitragen würde.

Recht interessant scheint die auf der Ebene der Legislative im Jahr 2012 durchgeführte Erörterung von Vorschlägen für die Aufnahme von Bestimmungen in die StPO über die besondere Erledigung von Verfahren bei den erstinstanzlichen Gerichten zu sein. So hieß es bezüglich des summarischen Verfahrens in der Stellungnahme des Europarates zum damals von der Nationalen Kommission zur Stärkung der Demokratie und der Rechtsstaatlichkeit vorbereiteten Entwurf der Strafprozessordnung der Ukraine, der der verabschiedeten Strafprozessordnung zugrunde gelegt wurde: „Jedes Rechtssystem ist gezwungen, Maßnahmen zur Lösung des Problems der Überlastung der Strafjustizsysteme zu ergreifen, indem verkürzte Formen der Gerichtsverhandlung oder die beschleunigte bzw. die vereinfachte Erledigung von Verfahren eingeführt werden. Das hier geregelte summarische Verfahren ist dem deutschen Strafbefehlsverfahren sehr ähnlich."

In der Ukraine wurde die Fassung des Art. 381 StPO dagegen zum Gegenstand der Kritik seitens der Hauptabteilung „Wissenschaftliche Begutachtung in der Verwaltung der Verchovna Rada der Ukraine": „Nach der Rechtslage wäre die Bestimmung, dass ein summarisches Verfahren wegen eines Strafvergehens vom Gericht ohne gerichtliche Verhandlung des Falls durchgeführt wird, fehlerhaft und unverständlich. In diesem Fall wäre es unklar, wie ein Gericht überhaupt verhandeln sollte." Dabei wurde in Art. 381 Abs. 2 StPO angeführt (de facto im Widerspruch zu den Bestimmungen in Abs. 1), dass „... ein summarisches Verfahren nach den allgemeinen Regeln des in dieser Strafprozessordnung vorgesehenen Gerichtsverfahrens durchgeführt wird." Die angeführten Bedenken wurden vom Parlament jedoch nicht berücksichtigt.

Zugleich lagen zum Stand vom 1.5.2013 der Verchovna Rada der Ukraine nur zwei Gesetzentwürfe (von insgesamt 14) zur Erörterung vor, die sich auf die Frage des summarischen Verfahrens wegen Strafvergehen bezogen. Im ersten Entwurf ging es um die Abstimmung der Bestimmungen der Strafprozessordnung der Ukraine mit denen der Verfassung der Ukraine (Registernummer 11459 vom 27.11.2012) und darin wurde auch vorgeschlagen, die Formulierung „Strafvergehen" durch das Wort „Straftat" zu ersetzen, im Kapitel 30 StPO den Art. 1 zu streichen, um die Notwendigkeit für die Annahme des Gesetzes der Ukraine „Über Strafvergehen" zu beseitigen. Im zweiten Gesetzentwurf ging es um die Außerkraftsetzung der StPO als Ganzes (Registernummer 1212 vom 8.1.2013), aber beide Gesetzentwürfe wurden zurückgezogen.

Ungeachtet einiger Einwände bzgl. der Zweckmäßigkeit der Einführung eines summarischen Verfahrens in das Strafprozessrecht mit der Begründung, dass in der Regel die Garantien der Wahrung der Prozessrechte der Parteien in solchen Verfahren eingeschränkt würden, bestehen an ihrer praktischen Akzeptanz keine Zweifel, vor allem angesichts des von der Ukraine eingeschlagenen Kurses der europäischen Integration. So hat sich das Ministerkomitee des Europarates im Jahre 1987 an die Mitgliedstaaten des Europarates mit einer Empfehlung bzgl. der Vereinfachung der Strafrechtspflege gewandt, in der es heißt: „Im Falle von kleineren strafrechtlichen Verstößen, wenn die Tatsachen ziemlich klar erscheinen und wenn zweifellos feststeht, dass eine Person der Urheber des Verstoßes ist, kann ein summarisches Verfahren angewendet werden, d.h. ein schriftliches Verfahren, beschleunigt durch die Justizbehörden" (Kapitel 2 „Summarisches Verfahren, Einigung zwischen dem Angeklagten und dem Geschädigten, vereinfachtes Verfahren"). In den angeführten Empfehlungen wurde die Wichtigkeit der Zeitersparnis beim summarischen Verfahren betont.

Mit der Annahme der neuen StPO erfüllte der Gesetzgeber unserer Meinung nach die grundlegenden Bedingungen für ein summarisches Verfahren beim erstinstanzlichen Gericht umfassend. Die Besonderheit der ukrainischen Version des summarischen Gerichtsverfahrens besteht darin, dass es sich nur auf Strafvergehen und das entsprechende Gerichtsverfahren bezieht, dass es ohne Durchführung einer Verhandlung vor Gericht, in Abwesenheit der Parteien des

Gerichtsverfahrens und beim Vorliegen von mehreren Bedingungen erfolgt: 1) der Angeklagte, der durch einen Verteidiger vertreten wird, hat ein umfassendes Geständnis abgelegt; 2) der Angeklagte bestreitet die in der Voruntersuchung festgestellten Umstände nicht; 3) der Angeklagte willigt in die Prüfung der Anklageschrift in seiner Abwesenheit ein; 4) der Geschädigte erhebt kein Widerspruch gegen das summarische Verfahren. Zugleich ist diese Art des Gerichtsverfahrens wegen Strafvergehen nicht bedingungslos, weil das Gericht erforderlichenfalls (was es nach eigenem Ermessen prüft) berechtigt – und beim Einspruch des Geschädigten gegen eine solche Vereinfachung verpflichtet – ist, eine Überprüfung der Anklageschrift in der Gerichtsverhandlung unter Beteiligung der Parteien des Strafverfahrens anzuordnen.

Die Einführung des Instituts des Strafvergehens wird als für den Bereich des Strafrechts „unkonventionell" bezeichnet, auch wenn der Rahmen für die Umsetzung dieses Instituts durch die Reform der Strafjustiz in der Ukraine im Jahre 2008 schon skizziert wurde. Eigentlich fehlt die Definition des Begriffs „Strafvergehen" in der StPO, aber das Verfahren der Verhandlung solcher Rechtsverstöße ist ausführlich beschrieben, einschließlich des summarischen Verfahrens im Gericht erster Instanz. Es ist geplant, dass die Bestimmungen der StPO für das Verfahren der Strafvergehen gleichzeitig mit dem Inkrafttreten des Gesetzes der Ukraine über Strafvergehen in Kraft treten. Allerding besteht zum jetzigen Zeitpunkt keine einheitliche Ansicht über die Definition des Strafvergehens, über seine Abgrenzung von einer Straftat und einem Ordnungsvergehen sowie über die Zweckmäßigkeit des Erlasses einer speziellen Rechtsvorschrift zur Regelung dieses Instituts. So wird ein Jahr nach der Verabschiedung der StPO keine Untersuchung in Form einer Ermittlung durchgeführt, und der Art. 1 des Kap. 30 der StPO zeigt keine Rechtswirkung.

Bei der Definition des Begriffs „Strafvergehen" sollte man unserer Meinung nach von der etymologischen Bedeutung des Wortes „Vergehen" ausgehen: „Eine Handlung, die gegen die Normen, Verhaltensregeln, die allgemeine Ordnung verstößt"; „Verschulden" ist also eine Handlung, die gegen strafrechtliche Vorschriften verstößt. Trotz unterschiedlicher wissenschaftlicher Ansichten über die Abgrenzungskriterien von den strafrechtlichen Delikten erscheint folgender Standpunkt als der am meisten akzeptable: 1) dass die Grenze zwischen einer Straftat und einem Strafvergehen in dem Vorliegen einer Gesamtheit von objektiven und subjektiven Tatbestandsmerkmalen besteht (als Kriterium der Abgrenzung gilt der Grad der öffentlichen Gefahr eines Angriffs); 2) dass die gesetzliche Regelung des Instituts der Strafvergehen (als Instituts des Strafrechts) durch die Novellierung von geltenden kodifizierten Akten in den Bereichen des Strafrechts und der Ordnungsvergehen vorzunehmen ist, was erheblich den Arbeits- und

Zeitaufwand reduzieren und die Rechtsanwendung erleichtern würde. Die Einführung dieses Instituts wird zur Einengung des Bereichs der strafrechtlichen Repression und zur Entkriminalisierung einer größeren Zahl von als kriminell eingestuften Taten bzw. zur Entfernung strafrechtlicher Vorschriften aus den Gesetzen beitragen, die sich auf Ordnungswidrigkeiten beziehen (*L. Pavlik*).

Es soll betont werden, dass das summarische Strafverfahren vor Gericht bislang nur in einer Begrenzung der Beweisaufnahme bestand, wenn das Gericht nach der Vernehmung des Angeklagten (einer obligaten Ermittlungshandlung) direkt zu den Plädoyers überging. Zum jetzigen Zeitpunkt wurde vom Gesetzgeber ein Modell zur Vereinfachung des Verfahrens vor dem Gericht erster Instanz vorgeschlagen, nach dem das Gericht die Anklageschrift wegen eines Strafvergehens ohne Gerichtsverhandlung prüft. D. h., dass in Übereinstimmung mit Art. 382 StPO das Gericht verpflichtet ist, nachdem es solche Anklageschrift und den Antrag des Staatsanwalts oder des Ermittlers (in Abstimmung mit dem Staatsanwalt) erhält, innerhalb einer Frist von 5 Tagen diese Unterlagen zu prüfen und ein Urteil zu sprechen. Das Verfahren in der ersten Instanz umfasst aber neben der Gerichtsverhandlung auch ein Zwischenverfahren. Folglich wird bei einem summarischen Verfahren wegen Strafvergehen auch diese Phase des Strafverfahrens beseitigt, was der Gesetzgeber außer Acht lässt. Der Verweis in Art. 381 Abs. 1 StPO allein auf die Vereinfachung des Verfahrens hinsichtlich der Gerichtsverhandlung stellt die Frage nach der Notwendigkeit der Durchführung des Zwischenverfahrens, was auch durch die Bestimmung des Abs. 2 dieses Artikels bestätigt wird, nach der das summarische Verfahren in Übereinstimmung mit den allgemeinen Regeln des Gerichtsverfahrens erfolgt. Darüber hinaus verpflichtet jeder Antrag während des Strafverfahrens die zuständige Person, an die der Antrag gerichtet ist, über die Stattgabe oder die Nichtstattgabe des Antrags zu entscheiden. Zieht man das Recht des Gerichts in Betracht, die Anklageschrift wegen eines Strafvergehens im Rahmen des summarischen Verfahrens zu prüfen, so darf das Gericht den gestellten Antrag auch abweisen. Aus der Bestimmung, nach der ein Gericht verpflichtet ist, innerhalb einer 5-tägigen Frist nach dem Eingang der Anklageschrift und des einschlägigen Antrags die Akte zu prüfen und alternativlos ein Urteil zu sprechen (Art. 382 Abs. 1 StPO), folgt jedoch die kategorische Pflicht des Gerichts bzgl. des summarischen Verfahrens. Zugleich weist der Gesetzgeber darauf hin, dass eine der Voraussetzungen für ein summarisches Verfahren wegen eines Strafvergehens die Zustimmung des Geschädigten zu einem solchen Verfahren ist. D. h. folgerichtig, dass, wenn der Geschädigte gegen ein solches Verfahren Einspruch einlegt, wobei übrigens die Einlegung des Einspruchs schon während der Fallbearbeitung durch das Gericht möglich ist, das Gericht verpflichtet ist, eine Gerichtsverhandlung anzuordnen und alle Parteien des Strafverfahrens vorzuladen. Darüber hinaus ist diese Option auch in Art. 382 Abs. 3 StPO vorgesehen. Da dem Gericht die Möglichkeit zur Entscheidung gewährt wird, die Beweisaufnahme in einem allgemeinen oder summarischen Verfahren wegen Strafvergehen durchzuführen, erscheint es somit sinnvoll, das Gericht zu verpflichten, die jeweilige Entscheidung (den Beschluss) über das summarische Verfahren zu erlassen. Für eine solche Beschlussfassung ist es natürlich notwendig, eine angemessene Frist vorzusehen, z.B. 24 Stunden – gerechnet ab dem Zeitpunkt der Beschlussfassung über die Anordnung des summarischen Verfahrens.

In Anbetracht des oben Angeführten wird zur prozeduralen Präzisierung des summarischen Verfahrens wegen eines Strafvergehens und zur Verhinderung von Fehlern in der Zukunft (wenn dieses Institut tatsächlich eingeführt wird) vorgeschlagen, in Art. 381 Abs. 1 StPO nach den Worten „wegen der Begehung eines Strafvergehens ohne Durchführung" die Worte „des Zwischenverfahrens" sowie den Teil 1 mit folgendem Satz zu ergänzen: „Das Gericht beschließt die Anordnung des summarischen Verfahrens wegen eines Strafvergehens innerhalb von 24 Stunden nach dem Erhalt der Anklageschrift wegen Strafvergehens und des Antrags des Staatsanwalts oder des Ermittlers in Abstimmung mit dem Staatsanwalt." Einer jeweiligen Präzisierung bedarf auch Art. 382 Abs. 1 StPO: „... ab dem Tag der Beschlussfassung über die Anordnung des summarischen Verfahrens". In Art. 314 Abs. 1 StPO ist vor den Worten „zu der die Parteien des Gerichtsverfahrens vorgeladen werden" folgender Text zu ergänzen: „mit Ausnahme der Fälle der Beschlussfassung des Gerichts über die Anordnung des summarischen Verfahrens nach Eingang der Anklageschrift bei Gericht bzgl. der Begehung eines Strafvergehens mit dem Antrag des Staatsanwalts oder des Ermittlers in Abstimmung mit dem Staatsanwalt".

Eine Analyse der Strafprozessgesetze der meisten kontinentaleuropäischen Staaten, Großbritanniens und der USA in Bezug auf die Möglichkeit der Durchführung eines summarischen Verfahrens in erster Instanz legt nahe, dass im ukrainischen Gesetz unserer Meinung nach die konzeptionell besten Regeln für ein solches Verfahrens enthalten sind, nämlich nur bezüglich einer geringen öffentlichen Gefahr, in Absprache mit den wichtigsten Verfahrensbeteiligten – dem Angeklagten und dem Geschädigten, dem Schuldbekenntnis des Angeklagten und – wenn keine Zurückweisung der Beweise vorliegt – unter Beteiligung des Verteidigers des Angeklagten. Wenn also nach Auffassung der Kommission für Menschenrechte des Europäischen Gerichtshofs das Kontumazialverfahren zulässig ist, vorausgesetzt, dass Maßnahmen ergriffen wurden, um den Angeklagten über die Zeit und den Ort der Verhandlung rechtzeitig zu informieren, und seine Weigerung, vor Gericht zu erscheinen, ausdrücklich erklärt wurde, hat der ukrainische Gesetzgeber hier ein „proaktives" Verfahren verankert, indem zuerst die Einigung mit dem Angeklagten (und dem Geschädigten) erzielt werden muss und dann der jeweilige Antrag gestellt wird.

Als Voraussetzung für die Anwendung des summarischen Verfahrens wegen Strafvergehen bestehen gesetzlich vorgeschriebene Anforderungen bzgl. der Ausübung des *jus dispositivum* des Angeklagten auf die Wahl der Form des Gerichtsverfahrens (allgemeines oder summarisches Verfahren). Die in Art. 381 Abs. 1 StPO aufgelisteten Voraussetzungen lassen sich in zwei Gruppen einteilen: 1) solche, die als Garantie der Wahrung der Rechte und legitimen Interessen der Verteidigung gelten (das Verständnis des Angeklagten der Konsequenzen des summarischen Gerichtsverfahrens; die Vertretung des Angeklagten durch einen Verteidiger während der Voruntersuchung); 2) solche, die als Garantie der Wahrung der Rechte und legitimen Interessen der Verteidigung gelten (die Zustimmung des Geschädigten zum summarischen Verfahren, das Schuldbekenntnis des Angeklagten, die Nichtanfechtung der in der Voruntersuchung festgestellten Umstände durch den Angeklagten). Grundlage für die Durchführung des summarischen Verfahrens bei Strafvergehen ist ein Antrag des Staatsanwalts (des Ermittlers in Abstimmung mit dem Staatsanwalt), wobei aus dem Inhalt des Antrags die Einhaltung der oben genannten Bedingungen hervorgehen muss.

Zusammenfassend stellen wir fest, dass der Hauptzweck des summarischen Verfahrens in einem Strafprozess die Reduzierung der Sachkosten des Staates, des Zeitaufwandes des Gerichts und der Parteien des Strafverfahrens ist. Die Zügigkeit der Gerichtsverhandlung bringt die Parteien des Strafverfahrens deutlich näher zu dessen Abschlussphase (Vollstreckung der gerichtlichen Entscheidung) und verkürzt damit die Fristen für den Schutz der verletzten Rechte der Bürger, wobei der Zeitpunkt des Eintritts der erzieherischen Wirkung auf das Subjekt des Strafvergehens näher rückt. Als positiv wird auch die Tatsache bezeichnet, dass das summarische Verfahren im Strafprozess die Nutzung von Vereinbarungen (Deal) in diesem Institut fördert.

T. M. Barabasch

Sektorenleiter beim Institut für Gesetzgebung der Verchovna Rada der Ukraine

Die Verwirklichung der normativen und der rechtlichen Grundlagen der Gerichtsverhandlung im Strafverfahren der Ukraine

I. Einleitung

Eine wirksame und effiziente Funktion der Gesellschaft und des Staates ist ohne ein ausgewogenes System der Gesetzgebung, dessen Entwicklung durch die Notwendigkeit der Harmonisierung, Vereinheitlichung und Systematisierung bedingt ist, unmöglich.

Angesichts des Umstandes, dass das Strafrecht immer durch das tatsächliche Bedürfnis der Gesellschaft nach strafrechtlichen Verboten produziert wird, und dieses Bedürfnis in den Normen des Gesetzes mehr oder weniger angemessen berücksichtigt wird, verursachen Veränderungen der sozio-politischen und wirtschaftlichen Lebensbedingungen der Gesellschaft und des Staates die Notwendigkeit einer weiteren Reform des Strafrechts der Ukraine in Richtung einer Demokratisierung, Humanisierung, der Stärkung des Schutzes der Menschenrechte und Grundfreiheit in Übereinstimmung mit den internationalen Rechtsakten und den Verpflichtungen des Staates gegenüber der europäischen und der Weltgemeinschaft.

Nach Ablauf eines Jahres seit dem Inkrafttreten der neuen Strafprozessordnung der Ukraine (im Folgenden: StPO) können wir uns inzwischen auf die Fragen konzentrieren, die im Zusammenhang mit ihrer Verabschiedung entstanden sind und in der Praxis der Rechtsanwendung bereits deutlich sichtbar werden. Wesentlich reformiert wurde die Strafrechtspflege, die die Rechte und Freiheiten des Menschen am meisten betrifft und durch die diese Rechte, bei denen die Notwendigkeit der Gewährleistung der im Grundgesetz der Ukraine erklärten Prinzipien besonders akut ist, eingeschränkt werden. Die Einhaltung der Verfahrensformalitäten eines Strafverfahrens vor dem Gericht erster Instanz ist die Gewähr für eine rechtmäßige, begründete und motivierte gerichtliche Entscheidung, für die Verhinderung eines Justizirrtums und für die Verwirklichung der Aufgaben der Strafrechtspflege im Allgemeinen.

Die umfassende Darstellung und die Identifizierung von Problemen des Gerichtsverfahrens in der ersten Instanz als des zentralen Teils des Strafverfahrens sind daher von wichtiger Bedeutung für das theoretische und wissenschaftliche Verständnis der jeweiligen rechtlichen Kategorien und Institute. Dies ist nötig, um eine angemessene rechtliche Regelung der Rechtspflege in Bezug auf Straftaten zu gewährleisten, die sich durch hohe quantitative Indikatoren auszeichnen. Der erstinstanzliche Strafprozess wird zudem als einer der Schwerpunkte des staatlichen Handelns anerkannt, und diese Anerkennung trägt zur Durchsetzung von Recht und Ordnung in der Gesellschaft und zur Geltung des Rechtsstaats bei, dessen Grundlage die Vorrangstellung der natürlichen Rechte des Menschen ist.

Es ist zu beachten, dass eine beträchtliche Anzahl von Bestimmungen (sowohl inhaltlicher als auch rechtstechnischer Natur) bzgl. der Durchführung der erstinstanzlichen Gerichtsverhandlung in Strafverfahren zum ersten Mal eingeführt wurde.

II. Darstellung des erstinstanzlichen Verfahrens der Gerichtsverhandlung in einzelnen Stichpunkten

1. Neben der Regelung von allgemeinen Bestimmungen zur Gerichtsverhandlung und ihrer Grenzen wurden die Phasen der Gerichtsverhandlung (deren Anzahl unverändert blieb) unter dem Begriff des „Verfahrens" zusammengefasst. Das Verfahren beginnt mit einer Vorbereitungsphase, es folgt die Gerichtsverhandlung (Eröffnung der Gerichtssitzung, Anwesenheitskontrolle der an der Verhandlung Beteiligten, Belehrung der an der Gerichtsverhandlung beteiligten Personen über ihre Rechte und Pflichten) und endet mit dem sich Zurückziehen des Gerichts, um eine endgültige gerichtliche Entscheidung zu fällen, und der Entscheidung der gesetzlich vorgesehenen Fragen (Art. 368 StPO).

Es ist zu beachten, dass der Begriff „Verfahren der Gerichtsverhandlung" in der StPO der Ukraine nicht erläutert, sondern vom Konzept des „due process" abgeleitet wird (als Rechtsprinzip, verankert in den Art. 9, 10, 14 und 15 des Internationalen Paktes über bürgerliche und politische Rechte, IPBürg), erwähnt unter den Aufgaben des Strafverfahrens (Art. 2 StPO). Das rechtliche Verfahren wird wiederum als „eine Gewähr für die Wahrung der Rechte und Freiheiten des Menschen und Bürgers, als eine unabdingbare Voraussetzung für die praktische Geltung des Rechts, für die erfolgreiche und wirksame Verwirklichung der rechtlichen Regelung" anerkannt. Das Wort „Verfahren" bedeutet die offiziell festgelegte oder konventionelle Art der Verwirklichung, Durchführung oder Gestaltung einer Reihe von Handlungen. Darauf basierend ist unter einem „Verfahren der Gerichtsverhandlung" die gesetzlich vorgeschriebene Weise der Durchführung einer Gerichtsverhandlung zu verstehen, d.h. die durch ihre Zielrichtung verbundenen konsequenten Handlungen des Gerichts und der am Strafverfahren Beteiligten, die sowohl in zwingender als auch in dispositiver Form und innerhalb festgelegter Fristen erfolgen und in Übereinstimmung mit dem Prozessrecht dokumentiert werden. Durch die Vereinigung sämtlicher Phasen der Gerichtsverhandlung zu einem einheitlichen Begriff durch diesen erfolgreichen Normsetzungsansatz des ukrainischen Gesetzgebers, stellt die Gerichtsverhandlung ein systemisches Gebilde dar und ist als eine eigenständige Phase des Strafverfahrens anerkannt.

2. In besonders zeitaufwändigen Strafverfahren, insbesondere in Fällen von besonderer Komplexität, die dadurch bedingt ist, dass es z.B. viele Tatabschnitte, mehrere Angeklagte oder Geschädigte gibt, ist die Bestellung eines Ergänzungsrichters vorgesehen, der während der Verhandlung im Gerichtssaal anwesend ist. Die Entscheidung über die Notwendigkeit der Bestellung eines Ergänzungsrichters erfolgt durch das für das Gerichtsverfahren zuständige Gericht zeitgleich mit der Anordnung eines Zwischenverfahrens (Art. 320 StPO).

Gegenwärtig gibt es Medienberichte, in denen die Möglichkeit der Beteiligung eines Ergänzungsrichters an der Gerichtsverhandlung kritisiert wird. Daher gibt es bereits zwei Entwürfe für ein Gesetz der Ukraine, „Über die Novellierung einiger Rechtsvorschriften der Ukraine", in denen eine weitere Anpassung der StPO und anderer Rechtsvorschriften der Ukraine an die europäischen Standards der Strafrechtspflege angestrebt wird (Registernummer 2270).

Unserer Auffassung nach ist die Beteiligung eines Ergänzungsrichters zur Sicherstellung der Kontinuität der Gerichtsverhandlung und ihres Abschlusses innerhalb einer angemessenen Frist sinnvoll.

Ein Problem hierbei kann allerdings aufgrund der Personalausstattung des Gerichts, insbesondere aufgrund der Zahl der Richter und der Geschäftsverteilung entstehen, weil zusätzlich sowohl Ermittlungsrichter als auch für die Verhandlung von Jugendstraftaten zuständige Richter bestellt werden müssen. Der Ausbau der personellen Ressourcen ist jedoch nur eine Frage der Zeit, und die Beteiligung eines Ergänzungsrichters ist eine zusätzliche Verfahrensgarantie, zumal die StPO der Ukraine von 1960 eine ähnliche Bestimmung über den Ergänzungsvolksbeisitzer verankerte, der zur Vermeidung einer Verzögerung des Gerichtsprozesses beteiligt wurde. Deswegen ist der Mechanismus der Beteiligung einer „Ergänzungsperson" für die Rechtsanwendung nicht neu. Zudem wurde die Bestimmung über die Beteiligung eines Ergänzungsrichters in der Stellungnahme des Europarates hinsichtlich der StPO der Ukraine (2012) bestätigt.

3. Es wurde eine abschließende Aufzählung von Fällen festgelegt, bei denen die Vertagung der Gerichtsverhandlung nicht als Verletzung der Kontinuität der Gerichtsverhandlung gilt.

4. Die Frage des Rechts auf Anwesenheit im Gerichtssaal wurde geregelt (Art. 328 StPO). Die Zahl der im Gerichtssaal anwesenden Personen kann vom Vorsitzenden des Gerichts nur wegen Platzmangels im Gerichtssaal eingeschränkt werden. Nahe Verwandte und Familienangehörige des Angeklagten und des Geschädigten sowie Medienvertreter werden bzgl. der Anwesenheit bei der Gerichtsverhandlung privilegiert.

5. Die Möglichkeit der Durchführung von Prozesshandlungen während des Gerichtsverfahrens im Rahmen einer Videokonferenz wurde festgelegt.

6. Dem Gericht wurde das Recht eingeräumt, zur fairen gerichtlichen Entscheidung und zum Schutz der Menschenrechte und Grundfreiheiten nur wegen einer Änderung der rechtlichen Qualifikation der Straftat, die Grenzen der in der Anklageschrift erhobenen Anklage zu überschreiten, wenn es die Situation der Person verbessert, auf die sich das Strafverfahren bezieht (Art. 337 Teil 3 StPO Ukraine).

Im Gegensatz zur ukrainischen StPO aus dem Jahr 1960 wurden die Fälle, in denen das Gericht die Grenzen der in der Anklageschrift erhobenen Anklage überschreiten kann, und die Gründe für eine solche Entscheidung präziser definiert.

7. Auch die mündliche Vereidigung von Zeugen wurde vorgesehen. Ein stummer Zeuge wird schriftlich vereidigt, indem er den Text mit dem Inhalt unterzeichnet, der dem vom Zeugen gesprochenen mündlichen Eid entspricht. Die vernommenen Zeugen sind nicht verpflichtet, bis zum Ende dieser Sitzung im Gerichtssaal zu bleiben. Sie müssen nur dann bis zum Ende der Sitzung bleiben, wenn das Gericht sie dazu verpflichtet.

Zum ersten Mal wurde die Möglichkeit vorgesehen, auf Antrag einer Partei des Strafverfahrens oder des Zeugen selbst die Vernehmung des Zeugen in Abwesenheit eines bereits vernommenen Zeugen durchzuführen. Auch die wiederholte Vernehmung des Zeugen in der gleichen oder nächsten Gerichtsverhandlung auf seinen Antrag, auf Antrag einer Partei des Strafverfahrens oder auf Initiative des Gerichts wurde zugelassen, u.a. wenn sich während der Gerichtsverhandlung herausstellt, dass der Zeuge Aussagen über Umstände machen kann, zu denen er bislang nicht vernommen wurde (Art. 352 StPO).

Die Verfahrensbeteiligten werden vom Vorsitzenden Richter über ihre Rechte und Pflichten nicht mündlich aufgeklärt, sondern der Gerichtsdiener verteilt an sie ein Merkblatt über ihre in der StPO vorgesehenen Rechte und Pflichten.

Gesetzliche Anforderungen an gerichtliche Entscheidungen bzgl. ihrer Rechtmäßigkeit, ihrer Begründetheit und ihrer Motiviertheit wurden verankert.

8. Eine weitere Neuerung besteht darin, dass der Vorsitzende Richter das Recht hat, ein Plädoyer zu unterbrechen, allerdings nicht bereits dann, wenn der Redner die Grenzen des Strafverfahrens überschritten hat, sondern nur in dem Fall, wenn er nach der Zurechtweisung die Grenzen des durchgeführten Strafverfahrens wiederholt überschritten oder sich eine Aussage beleidigender oder obszöner Art wiederholt erlaubt hat. Dann darf der Richter das Wort einem anderen Beteiligten zum Plädoyer erteilen (Art. 364 Abs. 6 StPO).

Im Urteil muss das Gericht nicht nur über die Frage entscheiden, ob einer erhobenen Zivilklage stattgegeben werden soll (zu wessen Gunsten und in welcher Höhe), sondern auch über das Verfahren der Stattgabe (Art. 368 Teil 1 Absatz 7 StPO der Ukraine).

9. Die Einführung eines Geschworenengerichts ist die wichtigste Neuerung im Strafprozess.

III. Besondere Probleme des erstinstanzlichen Verfahrens

Darüber hinaus wirft eine so wichtige Neuregelung wie das Verfahren der Gerichtsverhandlung, das eine Verkürzung der Fristen der Gerichtsverhandlung unter gleichzeitig angestrebter Wahrung der Rechte der am Strafverfahren beteiligten Personen bezweckt, einige problematische Fragen auf, die in wissenschaftlichen Publikationen regelmäßig erörtert werden und die Diskussionsgegenstand unter den Vertretern der Judikative an Runden Tischen, Seminaren und auf Konferenzen sind.

1. Bei der Verankerung der Möglichkeit der Vornahme bestimmter Prozesshandlungen außerhalb des Gerichtsgebäudes (Art. 318 Teil 3 StPO) hat der Gesetzgeber nicht definiert, welche Handlungen genau gemeint sind, was möglicherweise gegen die Verfassungsgrundsätze der Rechtsstaatlichkeit, Gleichheit und Gerechtigkeit verstößt, aus denen sich die Forderungen nach Bestimmtheit, Klarheit und Eindeutigkeit der Rechtsnormen ergeben.

2. Nach Art. 341 StPO muss der Staatsanwalt, wenn er aufgrund der Gerichtsverhandlung davon überzeugt ist, dass es notwendig ist, die öffentliche Anklage zurückzuziehen, sie zu ändern oder eine Subsidiaranklage zu erheben, die einschlägigen Verfahrensunterlagen mit dem Leiter der Staatsanwaltschaft, an der er tätig ist, abstimmen, und – falls dieser an der Gerichtsverhandlung teilgenommen hat – mit dem Staatsanwalt der höheren Behördenebene.

Gegen diese Bestimmung wird der Einwand geäußert, dass sie im Widerspruch zu den Grundprinzipien des Strafverfahrens wie der Dispositionsmaxime, der Unmittelbarkeit der Beweisaufnahme usw. steht und zudem die Notwendigkeit der Wahrung der Unabhängigkeit des öffentlichen Anklägers in der Gerichtsverhandlung nicht genug berücksichtigt. Dieses Verfahren würde in den Strafprozess Verwaltungselemente einführen; dies sei inakzeptabel angesichts der Tatsache, dass der Staatsanwalt sich von den Vorgaben des Gesetzes und von seiner inneren Überzeugung leiten lassen muss, die auf der Abwägung aller Tatumstände basiert.

3. Als problematisch wird auch die Frage nach der Möglichkeit der Verlesung von Aussagen in der Gerichtsverhandlung angesehen, die während der vorgerichtlichen Untersuchung oder vor Gericht gemacht wurden. So dürfen nach Art. 225 Abs. 5 StPO die Aussagen von Zeugen und des Geschädigten während der Gerichtsverhandlung nur verlesen werden, um Unterschiede zu den Aussagen, die sie vor Gericht gemacht haben, zu klären.

Auf den ersten Blick scheint eine solche Regel gerecht und geht aus dem Grundsatz der Unmittelbarkeit der Beweisaufnahme (Art. 23 StPO) und aus dem Umstand hervor, dass das Gericht kein Recht hat, Urteile mit den gegenüber dem Ermittler oder dem Staatsanwalt gemachten Aussagen zu begründen oder sich darauf zu berufen (Art. 95 Abs. 4 StPO).

In der Praxis sind jedoch Fälle bekannt, in denen beispielsweise ein Zeuge, der seine Aussage während der vorgerichtlichen Untersuchung macht, und der die Absicht hat, auch in der Gerichtsverhandlung auszusagen, aber aus objektiven Gründen, z.B. wegen einer schweren Erkrankung oder Tod, verhindert ist, bei der Gerichtsverhandlung anwesend zu sein, und auch im Rahmen einer Videokonferenz nicht vernommen werden kann. Zugleich sind seine Aussagen relevant. Daher ist es unserer Meinung nach sinnvoll, dem Gericht das Recht einzuräumen, den Parteien zu erlauben, solche Aussagen auf ihren Antrag unter Einhaltung von drei Bedingungen zu verlesen: a) müssen tatsächlich objektive Gründe für das Nicht-Erscheinen eines Zeugen oder Geschädigten vor Gericht vorhanden sein; b) müssen die Auffassungen zu diesem Antrag der übrigen am Verfahren Beteiligten geklärt werden; c) muss dem Angeklagten das Recht gewährt werden, während der vorgerichtlichen Untersuchung und der Gerichtsverhandlung gegen die Aussagen des Zeugen bzw. des Geschädigten Widerspruch zu erheben. Dieser Ansatz steht im Einklang mit den Vorgaben bzgl. der Unmittelbarkeit der Beweisaufnahme.

IV. Die zwei gegenwärtig am meisten diskutierten Fragen

Die Behauptung der Wirkungslosigkeit der neuen Strafprozessordnung wegen des Rückgangs der Zahl der Freisprüche seit ihrem Inkrafttreten und das Modell des Geschworenengerichts.

1. Der Rückgang der Zahl der Freisprüche

Traditionell erzeugen Neuerungen und ein grundlegender Wandel in diesem oder jenem System lebhafte Diskussionen, eine kategorische Ablehnung durch die einen und eine bedingungslose Unterstützung durch die anderen. Das führt zu konträren Auffassungen in Bezug auf ein und dasselbe Phänomen, die rechtlichen Bestimmungen und die Tatsachen. Man kann dies sehr gut bei Gerichtsurteilen beobachten. So behaupten die Vertreter der Judikative und der Staatsanwaltschaft, dass die Zahl der Freisprüche steigt.

Dagegen betonen ihre Opponenten, die die Strafprozessordnung der Ukraine kritisieren und die Unwirksamkeit ihrer Bestimmungen darlegen möchten, die steigende Zahl derartiger Urteile im Jahre 2013 (ungeachtet der Tatsache, dass das Kalenderjahr zum Zeitpunkt der Abfassung des Aufsatzes noch nicht zu Ende war) in den Verfahren nach den Regeln der StPO von 1960 (bis 1,5 %) und den Rückgang auf 0 13 % (von 0,17 %) in Verfahren nach den Regeln der StPO von 2013.

Diesen Einwänden wird entgegengehalten, dass die Möglichkeit des Abschlusses einer Vereinbarung über das Schuldbekenntnis besteht, die mit einer Verurteilung endet, und dieser Prozess ist schneller, als ein Verfahren, das mit Freispruch endet.

In jedem Fall darf die Zahl der Freisprüche kein Zweck des Strafverfahrens sein. Diese Kennzahl ist nur ein Indikator für die Beurteilung der Humanität des Strafprozesses und des Niveaus der Objektivität des behördlichen Handelns. Der Prozess der Ablösung von Stereotypen und der korporativen Interessen der Staatsanwaltschaft und der Gerichte hat begonnen. Er braucht Zeit. Aber positive Tendenzen in dieser Richtung sind schon da.

2. Das Geschworenengericht

Was das Geschworenengericht angeht, so ruft diese Frage wahrscheinlich die meiste Kritik hervor. Aber wenn man vom ukrainischen Modell des Geschworenengerichts spricht, analysiert man in der Regel die 15-jährige Erfahrung der Russischen Föderation, die nach der Auffassung einiger positiv ist und von anderen negativ bewertet wird. Nach Ansicht der Befürworter des Geschworenengerichts bedeuten ca. 20 % von Freisprüchen deutlich für dieses Modell.

Die Einfachheit der Manipulation der Geschworenen, die Verzögerung des Prozesses, erhebliche Kosten, unbegreifliche Freisprüche und Verurteilungen sind unbestreitbare Mängel, die die Gegner des Geschworenengerichts betonen. Aber das russische und das ukrainische Modell des Geschworenengerichts unterscheiden sich deutlich.

Bekanntlich haben die meisten europäischen Länder das klassische Modell des Geschworenengerichts (das klassische Geschworenengericht stellt ein von der Besetzung des Gerichts getrenntes Kollegium dar, dessen Aufgabe die Entscheidung der Frage über Schuld oder Unschuld einer Person ist) nicht akzeptiert und die Geschworenen verhandeln die Fälle zusammen mit den Berufsrichtern, wobei sie über einen Umfang von Prozessrechten verfügen, der dem der Richter praktisch gleicht. Zahlenmäßig ist das ukrainische Geschworenengericht wie das deutsche Schwurgericht mit fünf Personen besetzt.

Ohne das Modell des Geschworenengerichts hier ausführlich diskutieren zu können (hier kann man sowohl Vor- als auch Nachteile finden), unterstützen wir die These, dass das Geschworenengericht die beste Form der Rechtsprechung ist, und meinen auch, dass seine Einführung ein wichtiger Schritt zur Demokratisierung der Gesellschaft, zur Festigung des Vertrauens in die Rechtsprechung des Staates bedeutet.

Die Rechtsprechung des Geschworenengerichts beginnt sich erst herauszubilden: 10 Strafverfahren endeten mit den Verhandlungen durch Geschworenengerichte (drei Urteile wurden in der Oblast Lugansk, zwei auf der Krim und je ein in den Oblasten *Mykolayiv, Chmelnyzkyj, Riwne, Tschernigiw* und *Sumy* gefällt). Die meisten Entscheidungen sind Verurteilungen (in 3 Fällen mit lebenslanger Freiheitsstrafe). Aber es gab schon den ersten Freispruch in der Oblast Sumy, der einen 20-jährigen jungen Mann betraf, der ein Jahr in Haft war und aus Mangel an Beweisen an seiner Beteiligung an zwei Tötungsdelikten freigesprochen wurde.

Wichtig ist auch der Umstand, dass eine in den Prinzipien des Strafverfahrens enthaltene Tendenz zur Einhaltung einer „schnellen" Ermittlung und Gerichtsverhandlung entstanden ist. So erließ z.B. ein Geschworenengericht wegen eines in der Oblast Tschernigiw im Februar 2013 verübten Verbrechens im Oktober 2013 ein Urteil, für einen im März 2013 in der Region Rivne begangenen dreifachen Mord fällte ein Geschworenengericht schon im Juni 2013 die Entscheidung über eine lebenslange Haftstrafe.

Die Gefahr liegt unserer Auffassung nach anderswo, und zwar im Handeln des Ermittlungsrichters, weil – wenn man von den Zahlen der Gerichtsstatistiken ausgeht – ein klarer Trend zu verzeichnen ist, dass den von der Anklage gestellten Anträgen durch den Ermittlungsrichter stattgegeben wird (85–95 % der Fälle), was entweder vom vollen Vertrauen in die Strafverfolgungsbehörden und die imputative Neigung oder von der großen Belastung der Ermittlungsrichter und vom Zeitmangel für eingehendes Aktenstudium bzw. dem Mangel an erforderlicher Erfahrung zeugt. Diese Frage bedarf der weiteren Beobachtung.

V. Zusammenfassung

Wenn man zusammenfassend von den gesetzlichen Garantien des Strafverfahrens in der Ukraine spricht, ist zu beachten, dass wir heute über einen neuen kodifizierten Akt im Bereich der Strafjustiz verfügen, der von internationalen Experten positiv begutachtet wurde. Wenn man ihn mit ähnlichen Kodizes anderer Ländern vergleicht, hat er die gesamten positiven Erfahrungen bzgl. des Schutzes der Rechte, Freiheiten und der berechtigten Interessen des Menschen übernommen.

Es bleibt die offene Frage nach der ordnungsgemäßen praktischen Anwendung der Strafprozessordnung in strikter Übereinstimmung mit ihren Vorschriften, ohne erweiternde Auslegung. Diesbezüglich gibt es eine negative Tendenz seitens der Strafverfolgungs- und Justizbehörden (unzählige Anordnungen und Schreiben des Revisionsgerichts der Ukraine für Zivil- und Strafsachen, die manchmal im Widerspruch zu den gesetzlichen Vorschriften stehen). Vor allem ist aber eine grundlegende Wende im imputativen Bewusstsein der Richter erforderlich, die Herausbildung einer inneren Überzeugung davon, dass Entscheidungen ausschließlich auf Basis der vorliegenden Beweise gefällt werden müssen und dass eine wirkliche Unabhängigkeit erforderlich ist. Die Bestimmungen der Strafprozessordnung der Ukraine tragen dazu bei.

Die meisten neuen Probleme, die angeblich die Unwirksamkeit der Strafprozessordnung zeigen sollen, sind unserer Ansicht nach mythisch. Das vom Staat gewählte Modell des Strafverfahrens scheint richtig zu sein. Deshalb muss die Aufnahme von präzisierenden Änderungen und Ergänzungen in die Strafprozessordnung der Ukraine erfolgen. Dieser Prozess ist folgerichtig, da die Schaffung eines perfekten kodifizierten Rechtsakts im prozessualen Bereich objektiv unmöglich ist. Diese Präzisierungen verletzen die bereits verankerte prozessuale Form der Strafrechtspflege, ihren Systemcharakter und die Strukturiertheit des Strafverfahrens nicht.

Studien des Instituts für Ostrecht München

Begründet von Professor Dr. Reinhart Maurach
Herausgegeben von Professor Dr. Friedrich-Christian Schroeder,
Dr. h.c. (Breslau), Regensburg

Band 41 Manfred Gratzl: Die Reform der tschechischen Strafprozeßordnung nach 1989. Im Spannungsfeld von Rechtsstaatlichkeit, Verfahrensökonomie und Effizienz. 2002.

Band 42 Thomas Paintner: Die Insolvenz des Unternehmers in Polen. 2003.

Band 43 Niels von Redecker (Hrsg.): Deutsch-Estnische Rechtsfragen. 2003.

Band 44 Niels von Redecker: Die polnischen Vertreibungsdekrete und die offenen Vermögensfragen zwischen Deutschland und Polen. 2003. 2., durchgesehene Auflage 2004.

Band 45 Niels von Redecker: Das polnische Beamtenrecht. Entwicklung und Stand beim Beitritt Polens zur Europäischen Gemeinschaft. 2003.

Band 46 Cornelia Stefanie Wölk: Das Deliktsrecht Rußlands nach dem neuen Zivilgesetzbuch. 2003.

Band 47 Petr Bohata: Untersuchungshaft im deutschen und tschechischen Recht. 2003.

Band 48 Attila Széchényi: Das neue ungarische Strafprozessrecht im Spannungsverhältnis zwischen Rechtsstaatsprinzip, Verfahrensökonomie und Effizienz. 2003.

Band 49 Agnes Balawejder: Das polnische Telekommunikationsrecht. Umsetzungsbemühungen und -stand des telekommunikationsrechtlichen acquis communautaire im polnischen TK-Recht vor dem Unionsbeitritt Polens. 2004.

Band 50 Sven I. Oksaar / Niels von Redecker (Hrsg.): Deutsch-Estnische Rechtsvergleichung und Europa. 2004.

Band 51 Friedrich-Christian Schroeder (Hrsg.): Justizreform in Osteuropa. 2004.

Band 52 Herbert Küpper: Kollektive Rechte in der Wiedergutmachung von Systemunrecht. Teil I und Teil II. 2004.

Band 53 Sören Langner: Der GmbH-Geschäftsführer im tschechischen Recht. Organstellung und Anstellung im Rechtsvergleich. 2005.

Band 54 Herbert Küpper: Einführung in die Rechtsgeschichte Osteuropas. 2005.

Band 55 Anja Spitzweg: Das russische föderale Gesetz „Über Investmentfonds“. 2007.

Band 56 Herbert Küpper: Die ungarische Verfassung nach zwei Jahrzehnten des Übergangs. Einführung mit Textübersetzung. 2007.

Band 57 Axel Boës: Die Gesellschaft mit beschränkter Haftung im russischen und deutschen Recht. 2007.

Band 58 Katrin Heinritz: „Defekte Demokratisierung“ – ein Weg zur Diktatur? Turkmenistan und die Republik Sacha (Jakutien) in der Russischen Förderation nach dem Ende der Sowjetunion. 2007.

Band 59 Stefan Hülshörster: Recht im Umbruch. Die Transformation des Rechtssystems in der Ukraine unter ausländischer Beratung. 2008.

Band 60 Carsten Dewald-Werner: Versicherungsmarkt und Versicherungsaufsicht in der Russischen Föderation. 2008.

Band 61 Oleksiy Feliv: Die Hypothek im deutschen und ukrainischen Recht. Der systematische Vergleich des Hypothekenrechts in Deutschland und der Ukraine einschließlich der rechtstheoretischen Grundlagen und der Ausblicke für das gemeinsame Hypothekenrecht. 2009.

Band 62 Christoph Kurzböck: Die Abwicklung deutsch-tschechischer Erbfälle. 2010.

Band 63 Friedrich-Christian Schroeder / Herbert Küpper (Hrsg.): Die rechtliche Aufarbeitung der kommunistischen Vergangenheit in Osteuropa. 2010.

Band 64 Herbert Küpper / Wolfgang Brenn (Hrsg.): Rechtstransfer und internationale rechtliche Zusammenarbeit. Deutsche und japanische Erfahrungen bei der Kooperation mit Osteuropa und Zentralasien. 2010.

Band 65 Daniela Horner / Dragan Bataveljić: Grundeigentum und Registrierung von Liegenschaften in Serbien. Eigentumsschutz in der Praxis. 2010.

Band 66 Nail Mammadov: Die Straffreistellungsgründe im russischen und aserbaidschanischen Strafrecht im Vergleich zur deutschen Strafrechtsdogmatik. 2010.

Band 67 Matthias Farian: Dingliche Nutzungsrechte an fremden Grundstücken im russischen Recht. 2010.

Band 68 Manuchehr Kudratov: Die Straftatausschließungsgründe nach tadschikischem Strafrecht. Eine Analyse aus deutscher Perspektive. 2011.

Band 69 Michael Holland: Die Staatsanwaltschaft im russischen Strafprozess. 2012.

Band 70 Herbert Küpper: Ungarns Verfassung vom 25. April 2011. Einführung – Übersetzung – Materialien. 2012.

Band 71 Friedrich-Christian Schroeder / Manuchehr Kudratov (Hrsg.): Das strafprozessuale Vorverfahren in Zentralasien zwischen inquisitorischem und adversatorischem Modell. 2012.

Band 72 Tina de Vries (Hrsg.): Mediation als Verfahren konsensualer Streitbeilegung. Die deutsche, polnische und ukrainische Perspektive. 2012.

Band 73 Monika Lipińska: Die Sexualstraftaten im polnischen Strafkodex im Vergleich zum deutschen Strafgesetzbuch. 2013.

Band 74 Mirona Marisch: Das System der Arbeitnehmervertretung und des Sozialen Dialogs im rumänischen Recht im Vergleich zum deutschen Recht. 2013.

Band 75 Friedrich-Christian Schroeder / Manuchehr Kudratov (Hrsg.): Die strafprozessuale Hauptverhandlung zwischen inquisitorischem und adversatorischem Modell. Eine rechtsvergleichende Analyse am Beispiel des deutschen und des zentralasiatischen Strafprozessrechts. 2014.

Band 76 Evren Somer: Direct Democracy in the Baltic States. Institutions, Procedures and Practice in Estonia, Latvia and Lithuania. 2014.

Band 77 Florian Plagemann: Die russische Aktiengesellschaft. Darstellung aus Sicht des ausländischen Investors. 2014.

Band 78 Tatjana Seibel: Das russische Zwangsvollstreckungsrecht. Darstellung des Föderalen Gesetzes vom 02.10.2007 Nr. 229-FZ „Über das Vollstreckungsverfahren" unter Hervorhebung der Gemeinsamkeiten und Unterschiede zum deutschen Zwangsvollstreckungsrecht. 2015.

Band 79 Friedrich-Christian Schroeder / Tina de Vries (Hrsg.): Neue Tendenzen im Strafprozessrecht – Deutschland, Polen und die Ukraine. 2015.

www.peterlang.com

www.ingramcontent.com/pod-product-compliance
Ingram Content Group UK Ltd.
Pitfield, Milton Keynes, MK11 3LW, UK
UKHW022102051026
15623UKWH00003B/622

9 783631 650820